JN265871

母からの手紙が塗りこめられた「張子の御影」
(光明寺御影堂　長岡京市粟生　撮影／高野晃輔)

法然の父の邸跡に建つ誕生寺の山門
（重要文化財　岡山県久米南町　撮影／同前）

小学館文庫

法然の哀しみ（上）

梅原 猛

小学館文庫

第二章　伝記が語る法然像

第二節　浄土宗聖典の完成

序章

なぜ法然か

日本的霊性の目覚め

もしも、数ある日本の仏教者の中から、もっとも日本的な仏教者をあげよといわれたら、私は躊躇《ちゅうちょ》なく法然と答えるであろう。なぜならば、法然を原点にして日本の仏教をながめると、ほぼ日本仏教の全体の姿を見渡すことが可能であるが、他の仏教者、たとえば、最澄や空海や親鸞や道元などを原点にとったら、日本仏教全体の見通しを得ることが困難であるからである。

日本仏教を海外、とくに西欧に知らしめたすぐれた功績者である鈴木大拙《すずきだいせつ》は、かつて『禅と日本文化』の中で「日本的霊性」は鎌倉時代に目覚めたといった。私は若き日、この鈴木大拙の説を読み、強い反撥を感じて、鈴木大拙批判の論文を書いた。そのとき、まだ私は仕事らしい仕事を世に出していなかったが、鎌倉時代になってはじめて目覚めるほど日本的霊性は呑気なものではない、すでに最澄や空海において日本的霊性は目覚めている、鈴木大拙は禅でもって日本の文化のすべてを説明しようとするが、それは大きな間違いであり、日本文化の中で禅のみで説明できる文化はわずかであり、茶の湯も能も庭も禅のみでは説明できない、鈴木の説は日本文化についての誤解を世界に広めるものだ、ときびしく批判した。ちょうどそのとき、鈴木大拙は九十六歳の天寿を全うして亡くなった。私の論文は、鈴木の死後に出たために、死者に鞭打つものだと顰蹙《ひんしゅく》をかったのである。しかし、この神のごとく崇拝された鈴木の学説をこてんぱんにやっつけた男があらわれたといって、私のことはドイツの新聞にも出た。こういうわけで、私はろくな仕事もしないうちに、蛮勇を振るうとんでもない学者として有名になった。

今、あらためて鈴木の説を読み直してみても、やはり、日本的霊性が鎌倉時代に目覚めたというのは誤りであるといわねばならない。鈴木の説は、最澄、空海によってつくられた平安仏教は貴族仏教、祈禱《きとう》仏教にすぎないという、この間まで教科書に書かれていた通説のうえに立っている。このような常識が日本の思想界の常識であったといってよい。最澄、空海の仏教は貴族の仏教であり、それは民衆の仏教ではない。そのうえ、それは祈禱仏教、つまり科学的には迷信としか思われない加持祈禱によって、病気を治したり、国家の平安を祈ったりする仏教にすぎない。このように平安仏教は貴族仏教、祈禱仏教という一言によって片づけられていた。

鈴木の仏教理解も、こういう常識のうえに立っている。彼がもっとも好んだ仏教は、臨済《りんざい》禅と親鸞の浄土真宗であった。鈴木は哲学者西田幾多郎《にしだきたろう》と親友であり、若いときから西田とともに、参禅の体験をもった。そして彼は晩年、大谷大学に奉職し、親鸞仏教に魅せられた。禅と念仏を一体化した念仏禅という立場が彼の思想的な立場であろう。そういう立場から、鎌倉時代に日本的霊性ははじめて目覚めたという理論が生みだされたのであろう。

私は若き日、京都大学で哲学を専攻した。京都大学の哲学科は西田の学風が残っていて、東京大学などの哲学科とちがって、哲学を勉強するには、西洋の哲学のみでは十分ではなく、東洋の思想、とくに仏教思想を研究しなければならない、という学風があった。ところが、そこで仏教というのは、やはり西田や鈴木の説に従って、禅と浄土、つきつめれば臨済禅と親鸞であるということになっていた。したがって、私も長い間、こういう説を信じていたが、ふとした機会に空海の著作を読み、空海の流麗な、しかも活力に満ちた言葉で語られる、はなはだ独創的な思想をもつ著書に魅せられて、ここに、やはりひとつの巨大な哲学があると思わざるをえなかった。そしてまた最澄の著作も読んだ。最澄の著作はおもに論争の書であるが、その鋭利な論理と、その透徹した心境に私は深く心を打たれた。日本的霊性はまちがいなくすでに最澄、空海において、十二分に目覚めているのである。

さらにその後、私は思いがけなく、『隠された十字架—法隆寺論』という著書で法隆寺の謎をとき、その後、法隆寺をつくった聖徳太子という人を明らかにするために

『聖徳太子』という分厚い本を書いた。聖徳太子は、『勝鬘経《しょうまんぎょう》』『維摩経《ゆいまぎょう》』『法華経《ほけきょう》』の三経の注釈書である『三経義疏《さんぎょうぎしょ》』を書いたといわれてきたが、その書は、津田《つだ》左右吉《そうきち》などの歴史家によって太子の書ではないと否定された。津田は十分その書の内容を吟味せずに、太子のような摂政《せっしょう》の位にある政治家がこんな経典の注釈書を書くはずがないといって、『三経義疏』を偽書ときめつけた。これは、津田左右吉説の数多い誤りの中でも、とりわけ批判されるべき誤りであると私は思う。

津田左右吉は、現代の政治家を標準にして聖徳太子をみていたのではないか。たしかに現代の政治家は、そんな宗教や哲学の注釈書を書く教養も暇ももたない。しかし、彼の時代の政治家はちがう。聖徳太子は明らかに仏教崇拝の心の篤い政治家であるが、彼が自ら見習うべき理想の皇帝と考えた梁《りょう》の武帝や隋の煬帝《ようだい》などは仏教の注釈書を数多く残している。こういう中国の皇帝を理想にした太子が、このような仏典の注釈書を書こうという気を起こさないはずはない。『三経義疏』には多くの誤りがあるという。字の誤りもあるし、思想の理解にも初歩的誤りがある。こういう誤りがありながら、ここには、はなはだ創見に富む独自な見解がところどころにみられる。これは、仏教の僧のように専門的な知識はやや乏しいものの、仏教思想をよく理解し、断固として仏教思想にもとづいて新しい政治を行おうとした聖徳太子ならではの誤りであると私は思う。

このように考えると、日本的霊性はすでに聖徳太子において目覚めていたというべきであろう。また、奈良時代において、聖徳太子とともに仏教の布教にもっとも貢献したと思われる行基《ぎようき》については、私は、まだ『聖徳太子』を書いた頃には、その人物像についてよくわかっていなかった。彼は、太子のように著書というものをまったく書いていない。しかし、彼についての説話や伝承は聖徳太子とならんではなはだ多い。この行基をどう考えたらよいか。行基は長い間、私にとってよくわからない仏教者であったが、あの行基仏の名で伝えられる、日本の寺院とくに関西の寺院に多く存在する素木《しらき》の仏像は、伝承どおり、行基あるいは行基集団の作ではないかとする井上正氏の説を読み、氏とともに行基仏のある寺をまわって、私ははじめて行基を身近に感ずることができた。聖徳太子は仏教を日本の地に根づかせたが、それはやはり貴族の間だけであったと思う。この貴族の間に根づいた仏教を、どん底の民衆にまで広く普及したのは、行基の力に負うところ大であったと思う。行基は、寺をつくり、仏像をつくり、橋を架け、道を直し、旅人宿をつくり、こういう社会事業をすることによって、仏教を日本の民衆の心の底まで浸透させたのである。

日本では樹木は昔から神の宿るものであった。その神の宿る樹木に、行基は新しい神というべき仏を宿らせたのである。当時、おそらく中国ではすでに森はほとんど伐採されていたのであろう。それで中国では仏像は金銅あるいは乾漆《かんしつ》あるいは土でつくられる。しかるに中国とちがって日本には青々と大樹の茂る森が残っている。森は日本では神の宿るところであった。行基は仏教を森あるいは樹木と結びつけた偉大な思想家といえよう。仏教が日本の民衆の底辺まで広がるとき、仏教は森と結びつかざるをえないのである。井上氏は、行基仏のあるところ、かならず神像があるという。行基は仏教を日本の民衆の底辺にまで広め、仏を神と出会わせたのである。この神仏習合の思想は、行基が援助したと思われる東大寺の華厳《けごん》仏教においてはっきり示される。それはまた最澄、空海の平安仏教に受け継がれているのである。

こういうことを考えると、日本的霊性は平安時代ばかりか、すでに奈良時代において、聖徳太子や行基において目覚めていたといわねばならない。しかし、このように鈴木の思想は明らかに誤謬《ごびゅう》といわれてもよいであろう。しかし、鈴木の考えは、奈良時代およぴ平安時代における日本仏教をほとんど認めないことにおいて完全な誤謬であるが、しかし、それにも一理があるといってよい。

宗教的霊性が燃えあがった時代

なぜなら、鎌倉時代初期こそ、まさに日本仏教の黄金時代であるからである。たしかに奈良・平安時代において、聖徳太子や行基や最澄や空海のような人が出て、十二分に日本的霊性を発揮したとしても、その霊性が火と燃えあがった時代は、やはり鎌倉時代であるからである。たとえばヨーロッパのキリスト教の歴史においても、やはり決定的に新しい宗教運動が展開されたのは、十六世紀初期のルターによるプロテスタンティズム運動であり、それにつづいてカルバンの運動が起こった。そしてそのような宗教改革の流れに対して、カトリック教団においてもジェスイット教団のようなはなはだ布教に熱心な新しい宗教運動が起こったのである。いわばこのルターにあたるものが法然であろう。

鎌倉時代初期に法然という一人の宗教改革者が出現して、それにつづいて親鸞や一遍《いっぺん》などの改革派の流れのうえに立つ仏教が興った。そしてこの新しい改革派の仏教に対して、古い伝統的な仏教、すなわち天台仏教を守れと、日蓮という熱血の宗教家が出現したのである。そのうえ、また禅という新しい仏教を中国から輸入しようとした栄西《ようさい》、道元などの宗教家があらわれたのである。この、法然が活躍し、それにつづいて親鸞、日蓮、栄西、道元などの宗教的偉人が続々と出現した鎌倉初期ほど、日本の宗教的精神が火と燃えた時代はあるまい。

鎌倉初期というのは、藤原氏がつくった律令体制という旧秩序が崩壊し、政治権力が交代する激動の時代であった。一時わが世の春を謳歌した平氏ははかなく滅び、長く巨大な権力を誇った上皇も過去の栄光を失い、政治権力が鎌倉幕府に移っていった時代である。旧体制は音もなく崩壊していったのである。その旧体制を支えた仏教もとっくの昔に、別のかたちの、ひたすら名利《みようり》を求める場所になっていた。そして乱れた世に、自衛の手段としての僧兵という武力をもつことによって、仏教はいっそう堕落した。そういう既成仏教に乱世を救う力はない。そこで、この未曾有の変革期に宗教改革運動が起こったわけである。

法然はルターのごとく、この宗教改革運動のトップバッターであるとともにトップスターである。彼はその性格においてたいへん温厚な人間であったが、その理論の激しさにおいて少しも容赦なかった。彼の信仰ははなはだ明晰な論理に支えられていて、その理論を彼は一歩も譲ろうとしなかった。この理論のわかりやすさゆえであったろうか、法然の思想は水が低きに流れるがごとく、上は上皇から下は一般民衆にまで浸透した。

かの浄土真宗の開祖とされる親鸞は、『歎異抄《たんにしょう》』の中で、「たとひ法然聖人《ほふねんしやうにん》にすかされまひらせて、念仏して地獄におちたりとも、さらに後悔《こうくわい》すべからずさふらふ」といっている。二人の間には出自や性格の違いがあり、その思想の力点が多少異なるところがあるが、少なくとも親鸞自身の意識において、彼はあくまで法然の忠実な弟子であった。それゆえ、法然の浄土宗とはちがった浄土真宗という教団をつくるというようなことは、おそらく親鸞の意志ではなかったであろう。

法然の弟子証空《しょうくう》の流れをくみ、法然の浄土念仏を歌と踊りで広めた一遍も、親鸞以上に法然の忠実な弟子であるといえる。この浄土宗、浄土真宗および時宗を合わせると、信者数においても、寺院数においても、日本仏教の約半分の勢力を示すといってよい。その巨大宗派はすべて法然を祖師と仰ぐのである。

日蓮は、この、浄土すなわち来世への信仰によって人間を救済しようとする仏教に、強い反撥をおぼえた。それは、あの世にのみ希望をもたせ、この世に力強く生きる生の力を弱めることになるのではないか。日本仏教は聖徳太子や最澄の伝統にもとづいて、『法華経』をもっとも重要な根本経典としなくてはならない。『法華経』こそ永遠の生命に目覚め、この世に力強く生きる生き方を教えるものだ。しかるに法然の教えは、『法華経』のかわりに『無量寿経《むりようじゆきよう》』『観無量寿経《かんむりようじゆきよう》』『阿弥陀経《あみだきよう》』という、いわゆる「浄土三部経《じょうどさんぶきょう》」を中心経典として、あの世すなわち極楽浄土に生きることにのみ希望をかける。これはまさに邪教であり、この世に生きる生の力を喪失させるものである。

日蓮は、このように激烈な言葉で法然を批判したが、にもかかわらず彼は法然から強い影響を受けた。それは、法然が念仏を従来のような観想《かんそう》の念仏とは考えず、口称《くしょう》の念仏と考え、口で「南無阿弥陀仏《なむあみだぶつ》」を称えれば、どんな凡夫でも悪人でも往生できると考えたことである。この法然の教説の影響であろう、日蓮は、口で「南無《なむ》妙法《みょうほう》蓮華経《れんげきょう》」すなわち題目を称えることをもって、その天台仏教にかわる日蓮仏教の特徴としたからである。『妙法蓮華経』、すなわち『法華経』という経典がすばらしい呪力をもっているので、その名を称えることによって強い生の力を生むという思想であるが、それは「南無阿弥陀仏」と阿弥陀如来の名を称えることによって極楽浄土へ往生できるという思想を、日蓮なりに天台仏教、法華《ほっけ》仏教のかたちに合わせて改造したものであろう。このように考えると、日蓮という思想家も、法然なくしては出現しえなかった思想家といわねばならない。

禅はたしかに直接、法然の影響を受けない。それは当時、中国で流行していた禅仏教をそのまま輸入したものであるが、栄西などは、その布教の仕方を法然に学んだ点が多くある。法然が新しい仏教の道を開かなかったら、禅仏教もやすやすと日本に広がることはなかったであろう。

法然に入り、法然より出る日本仏教

このようにみると、法然は、日本の宗教的霊性が火のように燃えた時代である鎌倉時代に、最初の宗教改革の火の手をあげた仏教者といわねばならない。それゆえ、彼に視点をおいて鎌倉仏教およびその後の仏教をながめれば、ほぼ日本仏教が全体として見渡すことができるであろう。どういうわけか、その後の日本は、鎌倉時代のような、すばらしい仏教者が次々と出現する時代をもたない。巨星はこの時代に群をなして出現し、後の時代は、その巨星の光を受けてかろうじて光を発する小さい星しか生んではいない。

また、法然に視点をおけば、それ以前の仏教も十分見通すことができるのである。青年法然は師叡空《えいくう》のもとで、比叡山西塔《さいとう》の青龍寺《せいりゅうじ》の書庫に隠遁《いんとん》し、『一切経《いっさいきょう》』を読んだといわれる。彼は十分に奈良仏教も平安仏教も熟知していたはずである。そのように伝統仏教を熟知しながら、彼は、もっぱら中国の唐の時代に活躍した浄土教の僧善導《ぜんどう》の説に従って、念仏を口称念仏と断定し、新しい浄土教を広めた。それに対して師叡空の浄土教は、だいたい恵心僧都《えしんそうず》源信の『往生要集』による浄土教であり、それは天台仏教と浄土教とを融合し、念仏を観念の念仏、すなわちイマジネーションによって浄土の世界を観想することであると考える浄土教であった。そこにはもちろん奈良・平安仏教の伝統がある。しかし、法然はあえてそういう仏教の伝統を否定して、新しい浄土教をつくり、浄土宗という宗派の祖師となった。それゆえ、彼に視点をおけば、また彼以前の宗教を広く展望することができる。

新カント派の哲学者W・ヴィンデルバントは、すべての近代の思想はカントに流れ、カントから出る、といった。これはややドイツ哲学に偏った見方のように思われるが、やはり見方として正しいであろう。デカルト、ベーコン、ライプニッツなどの思想はすべてカントに入り、フィヒテ、ヘーゲル、ショーペンハウアー、マルクスなどの思想はすべてカントから出るという意味であろう。こういうカントの地位にある思想家を日本の仏教史で探すとすれば、法然しかないであろう。

もう一つ、ここでいっておきたいことがある。それは、奈良・平安時代の仏教宗派の多くは、当時中国において興隆していた仏教宗派をそのまま輸入し、それを日本に定着させたものであるということである。奈良時代における三論《さんろん》、法相《ほっそう》、華厳《けごん》も、当時の中国においてもっとも盛んであった仏教思想を日本に輸入したものであり、最澄の天台宗も、日本への輸入が華厳仏教の輸入とやや前後するが、やはり中国で栄えていた天台仏教を日本に輸入したものである。空海の真言宗もまた、唐の玄宗《げんそう》の御世に全盛を迎えた真言密教《しんごんみっきょう》を日本にはじめて体系的に輸入したものであった。つまり、日本の仏教はほぼ同時代の中国の仏教を輸入したものであり、禅もまた、宋の時代において新しく勃興した禅仏教を、そのまま日本に伝えたものであった。

しかるに法然の浄土宗はちがう。それは、七世紀に中国で活躍した浄土教の僧善導の仏教思想にもとづいて、教団を設立したものである。法然は「偏依善導《へんねぜんどう》（ひとえに善導に依《よ》る）」というが、法然がこの説をとなえたのは十二世紀で、善導のときより、約五百年の時がたっている。五百年前の中国仏教を日本に輸入せしめようとするものであり、仏教の輸入の歴史からみれば、アナクロニズムといわねばならない。しかし、このアナクロニズムの仏教はみごとに日本に根づいたのである。それはいったいどういうわけであろう。

善導はたいへんな芸術的才能をもっていて、純粋な精神世界を求めて放浪する求道《ぐどう》者であり、じつにすばらしい絵を描き、すばらしい詩を書いた。彼が、この醜い世界をのがれて、あの美しい世界、浄土にいこうと訴えかけると、多くの若者が従ったという。彼は理論家というよりも詩人であり、エキセントリックといってよいほど激しい一面をもっていた。法然にはこのような詩人の魂はなかったが、善導の思想を学び、もっぱら善導によって彼の新しい浄土念仏の教えを立てたと自ら語る。法然の仏教がはたして善導の仏教そのものであったのか。それは多少疑問であるにせよ、法然はそれが善導の思想であると信じ、それにもとづいて新しい浄土宗なる教団を設立したのである。そして、それがみごとに日本で花咲いた。

なぜ、このような五百年前の中国の仏教を日本という国土にあらためて輸入するという試みが成功したのであろうか。それについては後で考えてみることにして、このようなアナクロニズムであることによって、法然の浄土宗はきわめて特色あるもの、その意味ではなはだ日本的なるものになった。その点、法然の思想に影響されつつ、強く法然の思想に反撥して、あえて伝統仏教、天台仏教護持の立場に立った日蓮もまた、同時代の中国仏教の影響を多く受けることなく、日本独自の仏教をつくったといえよう。このようにみると、まさに法然こそ、日本仏教を代表する仏教者であるといわねばならない。

近代人になじめない清僧のイメージ

法然はこのように、日本の仏教においてたいへん重要な思想家でありながら、法然を論じた一般書は意外に少ない。もちろん宗派の学者たちによるすぐれた法然の研究書はたくさんある。しかし、法然という人間を一般の人にわかりやすく伝えるような本が少ない。

親鸞については、多くの思想家、文学者が親鸞に惚れこみ、その生々しい人間像を伝えた。とくに清沢満之《きよざわまんし》をリーダーとする東本願寺の僧たちは、『歎異抄』を新しく発見し、悪人が善人よりもはるかによく往生できるという思想、悪人正機《あくにんしょうき》説を世に知らしめた。それは、煩悩を解放し、その煩悩に苦しむ人間を描くという私小説を中心とする日本文学の風潮にも適合したのであろう。そして、倉田百三の『出家とその弟子』はあらためて親鸞の人間像の再検討を迫り、その線にそって多くの思想家がそれぞれの親鸞像を描いた。服部之総《はっとりしそう》、三木清、吉川英治、丹羽文雄、野間宏など、親鸞に傾倒し、親鸞の人間に魅せられ、その伝記や小説を書いた学者や作家は数知れない。また、日蓮についても内村鑑三、高山樗牛《たかやまちょぎゅう》、田中智学などの崇拝者があり、道元についても和辻哲郎、橋田邦彦、寺田透などの学者が礼讃の筆をとっている。しかるに法然について、このような讃美の言葉を語り、彼に傾倒して、その人生や思想を世に知らしめようとした学者や作家ははなはだ乏しい。わずかに木下尚江や倉田百三や佐藤春夫などが、その生涯について語るのみである。

　これはいったいどういうわけであろう。法然はこのような歴史的にも重要な役割を果たした偉大なる宗教家でありながら、この宗教家に魅せられ、それについての伝記や小説を書く学者や作家が少ないのは、なぜであろうか。私は、それは法然があまりに人格円満な宗教者として考えられてきたからではなかろうかと思う。法然の肖像を見ると、いずれも、その小太りな悠然たる風貌に包まれた、まことに慈悲あふれる温雅なお顔である。まさに典型的な聖者を目のあたりにする。しかし、この典型的な聖者というのは、近代人の共感を呼ばないのである。私小説をもっともすぐれた近代文学であると考える日本人は、人間はどこかに欠点をもっていて、まったく人間的欠点がない聖者などというものはありえないと考える。たとえあったとしても、そういう聖者には親しみがわかないのである。

　親鸞は何人かの妻をもったといわれる。そしてその著作『教行信証《きょうぎょうしんしょう》』の中でも、「愛欲の広海に沈没《ぢんもち》し、名利《みやうり》の太山《たいせん》に迷惑して」などと臆面もなく語っている。それゆえ、こういう親鸞を、それ自身愛欲の海に沈み、名利の欲望に溺れている庶民は愛するのである。親鸞ですら愛欲や名利の欲望を脱することができなかったのだから、ましてや自分はとうていできない。しかもその愛欲や名利に溺れている人間を阿弥陀仏は救い給うのである、と。この親鸞が説いた教えは、まさにわが身に照らしてすばらしいことであると思うのである。親鸞の肖像を見ると、それはけっして法然のような円満な姿ではない。「熊皮の御影《くまがわのみえい》」は、なにか鬱屈した思いを内に秘めた頑固な老人がそこに座っているという感じである。しかも、彼は熊の皮を敷いている。それは彼が殺生《せっしょう》の罪と無縁ではないことを示している。そういう御影を見て、近代人は親鸞を身近に感じるのであろう。

また日蓮の著書を読むと、彼は、自分は日本の柱だとか、世界の宝だとかいう。それは多少、子どもっぽい自尊自慢の言葉である。こういう言葉を嫌う人もあるが、しかしまた、こういう賢い人ならばけっして語らない自尊自慢の言葉に、また愛すべき子どものような日蓮の無邪気さをみる人もあろう。こういう少しの欠点が、逆にこの日蓮という人物に対する親しみを起こさせるのであろう。

しかるに法然には、このような人間の愛すべき欠点だと思われるような欠点がほとんどないのである。彼は完璧な人格者である。そして彼は、勢至菩薩《せいしぼさつ》の生まれ変わりといわれるほどのたいへんな智者で、『一切経』を三遍にわたって全部読んだという。

そのうえ、彼はたいへん戒律《かいりつ》の堅固な僧である。法然の浄土宗は一面、戒律をもっとも重視する教団であった。それは金戒光明寺《こんかいこうみょうじ》という、法然を始祖と仰ぐ教団の寺の名前にはっきりと残っている。僧はもともと肉食妻帯が禁止されているが、実際は一生、肉食せず妻帯をしないような僧は少なかったと思われる。もし肉食も妻帯もいっさいしない清僧が日本にいたとすれば、それは法然であるとよくいわれる。法然は、その思想においては、戒律を守ることはかならずしも極楽往生にとって必要な行とは考えなかったが、実生活においては、ほぼ完璧に戒律を守ったのである。こういう智者であるうえにきびしく戒律を守った一生不犯《ふぼん》の高僧は、学もなく戒律も守れず、さまざまな欲望に支配されるふつうの庶民には、親しみのもてない存在であったのであろう。

とくに近代日本が露悪の時代であるとすれば、そのような露悪をよしとする近代人にとって、法然はまったく親しみにくい存在であったにちがいない。このようなことが、法然が近代の日本の学者や作家にいまひとつ親しまれなかった原因であったのではなかろうか。しかし、はたして法然はそんなに完璧な聖者なのであろうか。完璧な聖者であるとすれば、その聖者の心の中に隠されているものは何であろうか。

心の奥に秘められた深い疵

法然とは、私はいささか縁がある。私は仙台市の生まれであるが、一歳少しで母を亡くし、愛知県の片田舎の伯父の家で育てられた。伯父、伯母は自分に実子がなかったので、私をわが子のように、実の父、母と思わせて、私を育てた。梅原家の宗派は曹洞宗《そうとう》であるが、べつに家に深い宗教的な空気があったわけではない。そこで私は育てられ、町の小学校を終えると、名古屋にある東海中学に入学した。それは第一志望の愛知一中を受けて落ちた結果の入学であった。この東海中学は、東京の芝《しば》中学および大阪の上宮《うえのみや》中学などとならんで、浄土宗の知恩院の設立であった。椎尾辨匡《しいおべんきょう》という浄土宗の学者が名誉校長をしていて、われわれは年に二、三回、椎尾辨匡の講演を聞いた。この椎尾辨匡はすぐれた仏教学者であったが、彼は「共生」という言葉をはじめてつかった思想家でもあった。椎尾辨匡はそれを「ともいき」と読んだが、彼は共生という現代における重要な思想の最初の提唱者であった。

私はこの、年に二、三回聞くことを義務づけられた椎尾辨匡の講演をすべて理解したとはいえないが、しかし、それはふつうの教師が語る言葉よりはるかに深く心に残った。私は中学の三年頃、青春の悩みに襲われ、文学とともに宗教に興味をもち、友人と共に宗教研究会をつくり、法然の著作などを読みあったこともある。そういう影響がかすかに心のどこかに残っていたのであろうか、私は西洋哲学を勉強しながら、仏教に心惹かれたのである。私が、西洋哲学の研究者から日本思想の研究者になったのは、主として空海という思想家と真言密教という仏教との出会いであったが、その後、仏教についても多くの書物を書いた。しかし、法然についてはほとんど何も書いていない。日本の思想史のうえでもっとも重要な仏教者であり、しかも私の人生には他の仏教者よりもはるかに深い関係をもっている法然について何も書いていないのは、思想家として怠慢であるとともに、人間として忘恩的なことであるといわねばならないのである。

ここで断っておきたいことがある。この著書は、法然の完全なる伝記書でもなく、それかといって法然の学説の研究書でもない。それは、法然の人生と学問があざなえる縄のように交じりあう、その交点を探ろうとするものである。私はこの著書で、法然という人の魂を形成したと思われる幼少年時代の体験について、従来の研究書とはいささかちがった角度で観察してみたいと思っている。

人は、おそらく幼少年時代に、自分というものがどういう人間であるかという、その核心がほぼ形成されると思う。子どものときにどこか体に傷を受けたら、その傷は一生残る。しかし、心の疵《きず》はそんなに簡単なものではない。心の疵も一生残るにしても、生命は、そういう疵を受けた場合、その疵を受けながらどうして生命体を維持するかを必死になって求めるはずである。その心の疵によって、一人の人間がまったく変わることが往々にしてあるのである。少年法然を襲った、そういう心の疵はいったい何であったか。私は、その疵ゆえに、法然というまったく独自な個性をもった宗教家が誕生したのではないかと考える。そして、その疵がその後の法然の人生にどのような影響を与え、彼をしてどのような新しい教説の創始者にならしめたか、その教説は、どのようにしてつくられ、どのようにして完成されたか、もしも法然の浄土教説の完成体が『選択本願念仏集《せんちゃくほんがんねんぶつしゅう》』すなわち『選択集』にあるとすれば、『選択集』はどのようにしてつくられ、どのような内容のものであろうか、こうして私は、いったん法然の教説の問題に深入りした後に、ふたたび彼の人生にかえってみたい。法然の人生について、弟子たちとの関係、女性たちとの関係、そして、最晩年の法然を襲った流罪の体験と彼の死の三点に焦点をあてて、考察してみたい。

このように法然の人生を考察した後に、ふたたび法然の教説を論じたい。とくに法然になくて親鸞にある教説は何かということについて考えたい。それは、悪人正機と二種廻向《にしゅえこう》と三願転入《さんがんてんにゅう》の説であると思うが、そういう思想が法然にあったかどうか、そして法然にあったとすれば、それは親鸞の思想とどうちがうかを考えることにしよう。あるいは、こういう問いを問うことによって法然と親鸞の人間の違いもはっきりするかもしれない。その違いが彼の人生とどう関係するかを考えよう。このように法然の思想と人生を広く深く見渡したうえで、法然という人間をつくづくと観察して、この著を終えたいと思う。

第一章

御影を読む

法然ほど御影の多い祖師はない

たしかに法然は円満な相をしている。小太りに肥り、頭は大きく丸く、はなはだ形がよい。頭の中央が少しへこんでいて、この形の頭を後世、法然頭という。そして濃い眉、やさしい眼、筋の通った大きな鼻とひきしまった小さな口、長く垂れ下がった福耳、それはいかにも円満で慈悲あふれる聖者のお顔である。これは親鸞や一遍の異相ともいうべきお顔とは大きく異なる。このようなお顔をした法然が、完璧な聖者と尊敬されてきたのはよくわかる。その完璧な聖者という印象が法然を、かえって近代人にやや近づきがたいものにさせているのである。

はたして法然の御影《みえい》すなわち肖像画は、法然が完璧な聖者であることを物語っているのであろうか。この聖者の心の中にある悲しみ、喜び、怒り、絶望などの感情はすでに克服されているのであろうか。しばらく御影を観察することにしよう。

法然ほど御影の多い僧はない。ほかの祖師たち、たとえば最澄にしても、空海にしても、親鸞にしても、道元にしても、その御影は二、三種類しかない。あとはその御影が写されたものであり、その元をなす御影は二、三種類に限られる。しかし、法然にはじつに多くの御影がある。それは、絵師や弟子たちがそのときどきの法然を写したものであり、法然自らが描いたという自画像もある。このことは法然が当時の人々によってどれほど尊敬され、どれほど親しまれていたかを示すものであろう。

御影ばかりではない。伝記についても、法然伝ほど多くつくられたものはない。ちょうどイエス＝キリストのように、法然が死んでまもなく伝記がつくられ、またその伝記にもとづき、別の伝承を加えて新しい伝記がつくられ、多くの法然伝ができた。そして伝記に絵を加えた絵伝が生まれた。絵伝のはじめは法然の弟子湛空《たんくう》によってつくられた『四巻伝』といわれる『本朝祖師伝記絵詞《ほんちょうそしでんきえことば》』であるが、法然の死後約一世紀後にできた『法然上人行状絵図』（以下『四十八巻伝』、『勅修伝《ちょくしゅでん》』）によって、いちおう法然伝は完成する。この『四十八巻伝』は比叡山功徳院の僧舜昌《しゅんじょう》によってつくられた伝記であり、この原本には後伏見上皇はじめ、さまざまな天皇や公卿《くぎょう》が自ら筆をとっている。そして絵も当時の有名な絵師土佐吉光《とさよしみつ》などによって描かれている。これが、いわゆる勅修伝の『四十八巻伝』であるが、この『四十八巻伝』が浄土宗鎮西《ちんぜい》派《は》の根本聖典の一つとなり、それ以後の法然の伝記は、ほとんどこの『勅修伝』にもとづいて法然の一生を考えている。また、この『四十八巻伝』が他の宗派の祖師伝の手本になったことはまちがいない。たとえば浄土真宗の祖師親鸞上人の伝記『本願寺《ほんがんじ》聖人親鸞伝絵《しょうにんしんらんでんね》』（以下『親鸞伝絵』、『御伝抄』）、および時宗の祖師一遍上人の伝記『一《いっ》遍聖絵《べんひじりえ》』などはもちろん、法然の先駆者である良忍《りようにん》の『融通念仏縁起絵巻《ゆうずうねんぶつえんぎえまき》』も、『四十八巻伝』にならってつくられたものである。

この御影および伝記の多さは、法然が当時の人々からいかに尊敬され、いかに愛された仏教者であったかということを示すものであるが、その御影を一枚ずつながめてゆくとき、私は、法然がすでに喜びや悲しみや怒りや欲望という人間的な感情を克服した聖人であると考えられている常識に、多少の疑いをもたざるをえなくなった。

知恩寺「鏡の御影」——鋭い気迫

ここに一つの御影がある。これは百万遍知恩寺《ひやくまんべんちおんじ》に秘蔵される御影である。知恩寺は京都市左京区の百万遍にあり、京都大学と向かいあって建っている。この知恩寺はもともと法然の最愛の弟子であったと思われる勢観房源智《せいかんぼうげんち》の建てた寺である。源智は平重盛《しげもり》の孫といわれ、平氏滅亡後、法然に庇護されて無事に育った。彼は、子どものときから法然に仕え、法然にかわいがられて、法然の死後、ひとりその財産を相続した。この源智が師法然の恩に報いるために建てたのが、知恩寺である。それゆえ、知恩寺は建立が古く、その名をとって鎮西派の浄土宗総本山となった知恩院が建てられたとみるべきであろう。私は、さきごろ百万遍知恩寺を訪れ、そこで法然の御影をいくつか拝見したが、とくに「鏡《かがみ》の御影」といわれる法然の御影には深く心を打たれた。

この御影は「大原問答」のとき、五十四歳の法然を描いた像だといわれる。「大原問答」というのは、文治二（一一八六）年のことで、法然が比叡山を下りて、新しく善導《ぜんどう》の説にもとづいた浄土宗の立教を宣言した承安五（一一七五）年から、ちょうど十一年後である。久しくつづいた源平の戦乱も、元暦二（一一八五）年の壇ノ浦の戦いで終わり、やっと秩序が回復したその翌年である。この戦乱や、それに合わせて起こった天災地変によって、人々は世の無常を感じ、法然の新しい浄土教の思想を受容するような機運ができていた。このような戦乱や災害を経験して、法然はいっそう自分の教説の正しさを確信したにちがいない。ちょうどそのとき、大原に隠棲していた天台宗の実力僧である顕真《けんしん》に招かれて、法然は大原の勝林院《しょうりんいん》で、当時の碩学《せきがく》、明遍《みょうへん》や貞慶《じょうけい》などと専修念仏《せんじゅねんぶつ》の是非について論争を行ったのである。この論争は全面的に法然の勝利に帰し、新しい浄土念仏の説教者としての存在をあまねく都の人々に知らしめた。それはいわば、一介の隠遁者《いんとんしゃ》にすぎなかった法然の存在を新しい仏教の布教者として広く社会に認めさせた、法然教団にとって忘れられない出来事であった。

その「大原問答」のときの御影が知恩寺にあるのは当然なことであるが、この法然の相貌がまことに興味深い。たしかに彼はまん丸い頭をしていて、じつに円満な顔である。しかし、その眼はカッと見開かれ、らんらんと人を射るような趣がある。このとき法然はすでに五十四歳になっていたが、法然の体から、強い精気のようなものが漂ってくる。この眼はやはり論争の場にふさわしく、相手を説得せずにはおかない激しいきびしい眼である。法然がこんなにきびしい眼をしているのは見たことがない。私はこの御影を見て、なんとなく八方睨《にら》みの像といわれる藤原鎌足《かまたり》の像を思い出した。藤原鎌足の像はちょっと見るとなんでもないが、どこから見ても、人を睨んでいるような眼をしている。おそらく藤原鎌足は全身を神経にしたような鋭い頭脳の持ち主で、彼の前にいる人間はどのような人間で、どのような心をもっているか、一目で見抜く眼をもっていたにちがいない。

もちろん、この「鏡の御影」の法然の眼は、そんな藤原鎌足のように見るからに激しい眼ではない。しかし、それは温和な慈悲の相に包まれているものの、じつに鋭い眼なのである。私はそれを見ながら、かつて嵯峨の清凉寺《せいりょうじ》の釈迦堂《しゃかどう》で見せていただいた、法然の手紙の筆跡を思い出した。その筆跡はじつに雄渾《ゆうこん》なのである。一気に書いたような生き生きとしたリズムがあった。この清凉寺には、やはり彼の弟子、浄土宗西山《せいざん》派《は》の開祖となった証空《しょうくう》や、法力房蓮生《ほうりきぼうれんせい》すなわち熊谷直実《くまがいなおざね》の手紙があったが、証空の筆跡はとみに優しく、直実の筆跡はどこかたどたどしく、その雄渾さにおいて、とても師の筆跡におよばない。この筆跡を見るかぎり、法然は、関東の荒武者であった熊谷直実よりいっそう激しい気迫をもっていたと思われる。

法然の出自は美作《みまさか》国の押領使《おうりょうし》といわれるが、押領使というのは、当時すでに解体の前夜にあった律令体制を強化し、この律令体制を乱す悪党を統制するために、悪党の中から選ばれた中央政府の官僚であった。いわば悪をもって悪を制するという役目を担った官僚であった。いってみれば、法然の出自は武士であり悪党であるといってもよい。法然の血の中には、このような武士の血、悪党の血が入っているのである。一見、温雅な相貌をもちながら、その鋭い気迫は体の外にほとばしる勢いをもっていたのであろう。こういう激しい気迫がなかったならば、あえて既存

鏡の御影（知恩寺・京都市）

の仏教教団の反撥を受け、圧迫を受けるにちがいないと思われる新しい仏教の布教に敢然と立ち向かうことができるはずはない。ここに、聖者という衣の中に包まれた武士あるいは悪党の血をもった法然の一面があらわれているのである。

知恩院「往生要集披講の御影」——藤原隆信の傑作

知恩院には、法然が後白河法皇に『往生要集』の講義をしているようすを描いた御影がある。これは建久二（一一九一）年、五十九歳のときであるという（『知恩伝』）。あの「大原問答」から五年後のことである。『四十八巻伝』には次のようにある。

　後白河法皇、勅請ありければ、上人法住寺の御所に、参じたまひて、一乗円《いちじようえん》戒《かい》をさづけ申されけり。山門、園城の碩徳をめされて、番々《かわるがわる》に往生要集を講じ、おの〳〵所存の義を、のべさせられけるに、上人おほせにしたがひて、披講《ひこう》し給けるに、往生極楽の教行は濁世《じよくせ》末代《まつだい》の目足なり、道俗貴賤たれか帰せざらむものと、よみあげ給より、はじめてきこしめさるゝように、御きもにそみて、たうとく、御感涙はなはだしかりけり。御信仰のあまり、右京権大夫《ごんのだいぶ》隆信《たかのぶ》朝臣《あそん》におほせて、上人の真影を図して、蓮華王院の宝蔵におさめらる。先代にも、その例《ためし》

まれなる事とぞ申あへける。（『四十八巻伝』第十）

後白河法皇は法然の『往生要集』の講義を聞いて、感涙にむせび、そして右京職の長官で絵師としても名高い藤原隆信に命じて、法然の肖像画を描かせたというのである。私は、この絵は、あるいは肖像画家としての藤原隆信の一番の傑作ではないかと思う。

肖像画家としての藤原隆信には、「平重盛像」「源頼朝像」があり、これがフランスの作家アンドレ・マルローによって激賞され、日本美術史上の最高傑作であるとされた。私はその絵を見て、どうしてこれが傑作なのかよくわからなかった。肖像画というものは、その人の個性をはっきりとらえた絵でなくてはならない。この二つの絵が、どのように平重盛あるいは源頼朝という人間の個性的特徴をよくとらえているか。二つの絵はよく似ていて、どれが重盛で、どれが頼朝であるかもわからないようなありさまである。どうしてこれが日本美術の傑作なのか私にはよくわからなかったが、かつてアンドレ・マルローが日本に来て、岡本太郎と対談したとき、岡本太郎は「こんな隆信の絵などくだらない、日本の芸術で世界に誇れるのは縄文土器だけだ」といって、アンドレ・マルローと話がまったくかみあわなかった。おそらく、おたがいに救いがたいアホウだと思って、別れたにちがいない。私は、あまり日本のことを知らない西洋の偉い作家や文化人のいったことを、そのまま鵜呑《うの》みにする日本の知識人の態度を軽薄だと思っていたので、あえて世界の大文学者に対して歯に衣着せぬ論争を挑んだ岡本太郎の態度を、はなはだ痛快であると思ったのである。

　ところが、この「往生要集披講《ひこう》の御影」とも呼ばれる藤原隆信筆の「法然上人像」を見て、私はあらためて肖像画家としての藤原隆信の力量に感銘したのである。法然は畳に座り、その前には本が置かれている。たぶん源信の『往生要集』であろう。その『往生要集』について彼は後白河法皇に講義をしているのであろう。そのときの講義のメモを記したものであろう文章が、『往生要集詮要《せんよう》』とか『往生要集料簡《りょうけん》』という書物になって残されている。それは、『往生要集』のエッセンスは結局、念仏にある、念仏の要は口称念仏《くしょうねんぶつ》にある、というものであった。こういう自説を彼はこんこんと後白河法皇に語っているのであろうが、両手に数珠を持ちながら、彼は講義に熱中しているらしい。

　よく見ると、頭のあたりに薄い毛が生えている。その薄い毛が一本ずつ鮮明に描かれている。そして鼻の下や顎《あご》のあたりにも不精髭《ぶしょうひげ》と思われるような髭が描かれているのである。僧というものはいつも頭を剃り、頭に毛があることを許されない。まして鼻の下や顎に髭などを生やすのは、僧にとって許されることではない。とくにここはハレの場、畏れ多くもかしこくも、後白河法皇に御前講義をする席である。いくら不精者の僧でも、このときには頭を丸く剃り、鼻の下や顎の不精髭など一本たりとも生やしていてはならないものではないか。それなのに、ここに頭の毛を薄く残し、しかも鼻の下にも顎の先にも不精髭を生やした法然の像がある。

　これは、隆信が『往生要集』を講義している法然を忠実に描きとどめたものであるにちがいない。法然はこのように薄い髪の毛を残し、鼻の下と顎の先に不精髭を生やしたまま、後白河法皇に『往生要集』を進講したのであろうか。まさか隆信が、後白河法皇に講義をする法然に、故意に薄毛を残し、鼻の下や顎の先に不精髭を生やしたとは考えられない。事実このような風貌で、法然は後白河法皇にご進講をしたのであろう。それを藤原隆信はいとも忠実に描きとどめた。この薄毛を残し不精髭を生やしたほうが聖者法然にふさわしい、と隆信は考えたにちがいない。法然はおそらく夢中で後白河法皇に『往生

往生要集披講の御影
（藤原隆信画　知恩院・京都市）

要集』の講義をし、法皇を彼の新しい浄土念仏の思想に誘おうとしたのであろう。彼の眼はどこか遠いところを見ているような眼であり、自分の講義にわれを忘れている眼である。その自らの風貌も考えず、ひたすら講義に熱中している法然の姿を、かえって法然にふさわしいものとして、藤原隆信はこの絵を描いたにちがいない。

こう考えると、この法然上人の御影こそ、まさに肖像画家、藤原隆信の傑作であるといわざるをえない。おそらくアンドレ・マルローは、平重盛や源頼朝がどんな人であるかをまったく知らなかったにちがいない。それでその絵だけを見て、この肖像画が日本美術の最大の傑作であるといったのであろうが、肖像画は、やはりその人がどういう人であったかということを知り、絵描きがその人をどうとらえたかを考えることによって、その肖像画がすぐれているかどうかを判断すべきであろう。そのようなことについて何も知らない外国の人たちの感想をそのまま鵜呑みにすることは、けっしてよいことではない。今は、「平重盛像」も「源頼朝像」も、ほんとうに平重盛の像か、ほんとうに源頼朝の像かが疑われているようであるが、私は肖像画であるからには、だれかの肖像画ときめられないような肖像画は、やはりその良し悪しを軽々しく判断することをつつしむべきだと思う。私は「平重盛像」や「源頼朝像」でいささか疑いをもった、この藤原隆信という絵描きの描いた「往生要集披講の御影」といわれる法然像を前にして、あらためて彼の技量のすぐれていることを感じ、彼を偉大な絵師と認めざるをえなくなったのである。

金戒光明寺「鏡の御影」——円満慈悲の相

鏡の御影（金戒光明寺・京都市）

知恩寺、知恩院、粟生光明寺《あおのこうみょうじ》などとならんで、いま一つ、法然にゆかりの深い寺として黒谷《くろだに》（左京区岡崎）の金戒光明寺《こんかいこうみょうじ》がある。黒谷というのは、もともと法然の師叡空《えいくう》のいた青龍寺《せいりゅうじ》のある叡山西塔《さいとう》の谷のことをいうのであるが、この地に青龍寺の出張所があった。そこで、ここは今も黒谷と呼ばれる。山を下りた後も法然は「黒谷の上人」と呼ばれ、ここに住んでいたこともあるらしい。金戒光明寺は、もともと法然がもっとも信任した最初の弟子の信空《しんくう》ゆかりの寺であるが、そこに「鏡の御影」と呼ばれる一枚の法然の御影が伝わっている。この御影は、法然が二つの鏡を左右の手に持って、水鏡を前に頭頂の前後を見ながら、勝法房《しょうほうぼう》の描いた原画を自ら描き直したといわれるものである。

　上人の弟子勝法房は、絵をかく仁なりけるが、上人の真影を、書たてまつりて、其銘を所望しけるに、上人これを見給ひて、鏡二面を、左右の手にもち、水鏡を、まへにをかれて、頂の前後を見合られ、たがふところえは胡粉をぬりて、なをしつけられてのち、これこそ似たれとて、勝法房に賜はせけり。銘の事は、返答に及ばれざりけるを、勝法房後日に又参て申出たりければ、上人の御まへに侍ける紙に

我本因地以㆓念　（われもと因地に、念仏心を
仏心㆒、入㆓無生忍㆒、　もって無生忍に入る。今、こ
今於㆓此界㆒、摂㆓念　の界において念仏する人を摂《おさ》
仏人㆒、帰㆓於浄土㆒　めて、浄土に帰せしむ。）

十二月十一日　源　空

勝　法　御　房

（『四十八巻伝』第八）

と書いた銘文を与え、勝法房はこれを御影に張りつけて、帰依し敬ったという。銘文は『首楞厳三昧経《しゅりょうごんさんまいきょう》』にある言葉であるが、金戒光明寺の「鏡の御影」には、今もこ

の銘文が残っている。

この「鏡の御影」は元久二（一二〇五）年、法然の七十三歳の頃の像であると思われるが、そのお顔を見ると、明らかに大原問答のときの御影や『往生要集』を講義されているときの御影よりだいぶ歳をとっている。顔のしわも多くなり、肌の張りも失われているが、お顔はいよいよ円満慈悲の相になっている。やはり数珠を手に持って、おそらく念仏の数を一つずつ数えているのであろうか。百万遍という寺も念仏の数を一つずつ数え、百万遍の念仏を称えるという意味であるが、法然の門弟には、そういう念仏の多さを競う多念派と、念仏の多さより、その信仰の純粋さきびしさを尊しとする一念派があった。金戒光明寺は、多念を強調し戒律《かいりつ》をきびしく守る多念派の法然の弟子によって設立されたのであるが、この法然像は、おそらく多念派の弟子たちが尊敬した、いかにも戒律厳守、意志堅固な法然の晩年の相をあらわしている。

二尊院「足曳きの御影」――深い孤独と悲しみ

この「鏡の御影」のときより少し後、法然の専修念仏の教えが後鳥羽上皇の忌避にふれて、専修念仏の停止《ちょうじ》が宣下され、法然が土佐に流罪になるという事件が起こった。時に建永二（一二〇七）年、法然七十五歳のときである。それより十一年前、建久七（一一九六）年に、法然の最大のパトロンであり、かつては幕府の力を背景にして朝廷を支配していた九条兼実《くじようかねざね》が関白を罷免され、その政治権力の多くを失っていた。しかし、建仁二（一二〇二）年に彼の息子九条良経《よしつね》が摂政になって、九条家は勢いを盛り返したが、その良経もまた元久三（一二〇六）年に亡くなった。法然の流罪はこのような政治状況とも関係があると思われるが、この九条兼実が別離にのぞんで絵師に描かせたと考えられる法然像が、今は嵯峨の二尊院にある「足曳《あしび》きの御影」である。寺伝によると、兼実の命で詫摩《たくま》法眼《ほうげん》という絵師が、風呂あがりに一方の足を出して休んでおられる上人を秘かにそっと写したが、その描かれている自分の姿に驚いて祈ったところ、出した足が曳いてふつうの姿にもどったと伝えられている。

その法然像は、やはり両手で数珠をまさぐり、左を向いている。その形は金戒光明寺にある「鏡の御影」とはなはだよく似ているが、大きな違いがある。それは座っている法然の前に大きな唐草模様の風呂敷包みが置かれていることである。これは、法然が流罪地に出発するために持っていく荷物である。この御影は伝承どおり、法然が流罪地土佐に向かって、九条兼実をはじめとする愛するパトロンや弟子たちと別れ、一人寂しく流罪地に向かう姿を描いたものであろう。

法然は十五歳のときに上京し、叡山で勉強したが、以後ほとんど都の地を離れることはなかった。それなのに、いま七十五歳の老齢となって、長年住みなれた都を離れて、弟子やパトロンと別れ、流罪地におもむかなければならない。それはあまりに哀れである。高弟の信空は法然に、専修念仏の教えを捨てて流罪を免れてほしいと頼んだが、もちろん法然は受けつけない。そして法然は、「もう自分は八十歳に近い。たとえ、ここに住んでいても、まもなく死の別れがこよう。そしてまた別の地で暮らしても、また近い将来、浄土で会うことができよう。私は、いままで念仏の教えを都だけに布教した。流罪は念仏を田舎に布教するよい機会であろう」といったという。

この御影をよく見ると、眼のあたりが、あの金戒光明寺の御影とはちがう。それは眼を見開いてはいるが、なにかうつろな眼である。知恩寺にある「鏡の御影」のような、論争の場でらんらんと輝くような眼ではなく、知恩院の藤原隆信の描いた御影のように自己の思想に夢中にな

足曳きの御影（二尊院・京都市）

っているような眼でもなく、また金戒光明寺の像のようにほとんど開かれていない、いかにも慈悲にあふれる細い眼ではない。これは見開いているが、放心したような、いかにも悲しげに開いた眼である。おそらく絵師は、この眼に、老齢の法然の深い孤独と悲しみをあらわしたのであろう。

法然堂「鏡の御影」――老耄の影

もう一つ、法然の最晩年と思われる御影がある。叡山の法然堂にある「鏡の御影」であるが、それは、深草の真宗院から移されたもので、もとは摂津箕面《みのお》の勝尾寺《かちおでら》にあった御影を模写したものだという。とすれば、法然が流罪を解かれ京の都に帰る途中、勝尾寺に逗留したときに描かれた御影の写しで、最晩年の法然の姿を描いたものであろう。

叡山にある法然堂は、法然の最初の師といわれる皇円《こうえん》がいた場所に昭和七（一九三二）年に建てられた寺である。皇円は『扶桑略記《ふそうりやっき》』の著者であり、天台宗きっての学者であった。皇円の居住する寺は叡山の延暦寺のほぼ中心部にある、陽のあたる寺であった。『四十八巻伝』によれば、法然はかつて皇円の弟子であったのに、後に叡空の弟子になったというが、こういう陽のあたる寺に住む、権力者でもある皇円のもとを去って、なぜ、西塔の陽のあたらない陰気な谷の中の寺に住む、隠者といってもよい叡空のもとにおもむいたのであろう。この皇円のいた寺が、今は法然堂として浄土宗西山派の管轄下になり、そこに法然を記念する碑が建てられ、この晩年の御影が真宗院から移された。

鏡の御影（法然堂・大津市）

　これは、やはりどう見ても最晩年の法然の像といえる。心なしか、この像には死相とでもいうべきものがあらわれているように思われる。眼はきれいに開かれているが、どこか老耄《ろうもう》の影がこの聖者にもおとずれていることを示している。ところどころ、しみのように見えるのは紙のしみであろうが、それはなにか法然の顔のしみのように思われて、この像をいっそう晩年の法然にふさわしいものに思わせるのである。この御影も忠実に法然の最晩年の姿を写したものにちがいない。眼のまわりの黒ずんだふちや、口のまわりのへこみなど、じつに鮮やかにとらえていて、あの法然の真ん中がくぼんだ頭の特徴がいよいよはっきりしてきたようである。後ろには後光が描かれ、その上には法然が死にのぞんで書いた「一枚起請文《いちまいきしょうもん》」が記されている。

源智が書いたと思われる『醍醐本《だいごぼん》』(『法然上人伝記』)には「御臨終日記」なるものがある。それは、建暦元(一二一一)年十一月十七日、法然が京都へ帰った日から、翌建暦二年一月二十五日に法然が死ぬまでのようすを克明に記したものであるが、そこに「老病の上に日来《ひごろ》の不食殊《こと》に増して、およそこの二、三年、耳おぼろに心は矇昧なり」という言葉が出てくる。法然は亡くなる二、三年前から「耳おぼろに心は矇昧」、すなわち老耄の兆候があらわれていたのである。法然の法然たるゆえんは明晰な頭脳にあった。その頭脳明晰な法然がボケはじめたのである。老人のボケは致し方なかろうが、日ごろ頭脳明晰な人間がボケるのはなんとも悲しいことである。私も近親者にそのような経験をもったが、あのような勢至《せいし》の生まれ変わりといってよいほど頭脳明晰な法然がボケたのは、弟子にとって思いがけないことであったにちがいない。源智はそのボケた師法然をありのままに書きとめているが、この晩年の法然の御影も、そういう法然の姿を忠実に伝えるものであろう。

慰称寺「足なかの御影」――親しみ深い温顔

もう一つ、あまり世に知られていないが、どうしても忘れられない御影がある。それは京都の高雄《たかお》の神護寺《じんごじ》の近く、梅ヶ畑にある慰称寺《いしょうじ》という小さな寺が所有している「足なかの御影」といわれる御影である。

法然の最大のパトロン、九条兼実が道元の父源（久我《こが》）通親《みちちか》の策謀によって源頼朝から疎外され、幕府の庇護を失って関白を罷免され、愛宕《あたご》山の山上にある月輪寺《がつりんじ》に隠遁した頃のことである。この月輪寺には今も兼実の彫像があるが、その像はまことに異様である。それについて私はかつて次のように書いた。「額に数本の深い皺《しわ》があるのはまだよいとして、口のあたりから頬《ほお》にかけて左右に数本の皺があるのはどういう訳であろう。そして一本一本の肋骨《ろっこつ》が浮き出ていて、喉仏《のどぼとけ》が異様に大きい。それは、まるで即身成仏のミイラのようにも見える」（『京都発見　地霊鎮魂』梅原猛著作集第十六巻所収）。この像は、いつごろの兼実の姿をあらわしたものであろうか。頭に毛がないところを見ると、出家した後の兼実の姿をあらわしたものであろう。私は、この像がもしも晩年の兼実の姿を忠実に写したものであるとすれば、当時の兼実は、よほど孤独な心境にあったにちがいないと思う。月輪寺は山深く、とてもやすやすと行け

足なかの御影（慰称寺・京都市）

るようなところではない。九条兼実はここに隠棲して、ほとんどあの世にのみ希望をかける信心篤い念仏者となっていたのであろうか。

　この兼実のいた月輪寺に法然はしばしば通ったらしい。あるとき、月輪寺へ参詣に向かう途中、梅ヶ畑の中島というところで一人の老女に会い、その賤屋《しずや》で法然はお休みになった。老女は世間の辛さを法然に語ったので、法然は老女に念仏の功徳を教えたという。その後も月輪寺に通うたびごとに、老女は法然に念仏のことをおうかがいした。ある風雨が激しい日、老女は、起伏の多い険しい道でたいへんだろうと、自分が履いている「足なか」というわらじのようなものを法然に捧げた。法然はその「足なか」を履いて、愛宕山を登って月輪寺に行ったというのである。慰称寺の伝承では、この話を建久四（一一九三）年の五月中旬としているが、そのとき兼実はまだ関白であり、兼実がもっぱら月輪寺に籠るのは、関白を罷免される建久七（一一九六）年以後のことではなかろうか。

いずれにしても、このとき法然が「足なか」を履いて月輪寺に通う自らの姿を絵像に描いて、老女にお与えになったのが、「足なかの御影」といわれる御影である。この像はいままで見てきた御影と一味ちがうのである。いままで見てきた御影は、やはり一宗の指導者としての法然の像である。どこか宗祖として堂々たる貫禄がある。しかしこの像は、ひょこひょこ気楽に山を歩き、なんとなく老女のところに立ち寄ったという風貌である。日常の法然を描いたものといってよいであろう。こういうお顔で法然は人々に接しられたのであろうか。

法然自刻の彫像——誕生寺と法然寺の本尊

以上述べたのは法然の絵像であるが、法然にはこのような絵像ばかりではなく、木像あるいは乾漆《かんしつ》像の肖像がある。私はこのような彫像をあちこち見てまわったが、とくに心に残る彫像として、法然が生まれた美作《みまさか》の誕生寺にある本尊の木像の彫像と、京都の法然寺にある同じく木像の彫像に、強く心を惹かれた。この二つの彫像はどちらも自刻と伝えられ、熊谷直実すなわち法力房蓮生が関係している。

熊谷直実は、源平の戦いの勇士であり、一ノ谷の合戦で、平家の公達《きんだち》、平敦盛《あつもり》と出会い、敦盛がわが子小次郎とほぼ同じ年齢であり、哀れに思って命を助けようとしたが、すでに源氏軍はあたりに押し寄せていたので、たとえ自分が敦盛を助けたとしても、敦盛が生き長らえることはできないであろうと思い、やむなく敦盛の首を討ちとった。しかし、そのことが、直実の心の奥に引っかかっていたのであろうか。無骨な関東武士の直実は戦乱の時代にこそ能力を発揮するが、平和な時代には世の中をうまく立ちまわることができず、伯父との領地争いでの幕府の裁定が気に入らず、法廷の席から逐電して行方をくらました。そして彼は出家して法然の弟子となった。

出家の遠い原因は後の物語で語られるように、敦盛を討ったときの心の疵《きず》にあるということができようか。法然も何かと身辺が不安なときであり、彼を弟子としてよりむしろ用心棒として重んじたのであろう。直実が法然に入門したのは建久四（一一九三）年のことと伝えられるが、法然は、自分が山を下りて専修念仏の宗教改革者として立つ決意を固めた四十三歳のときの像を蓮生に託して、故郷に、この像を本尊として父母の供養をする寺をつくるように頼んだという。

法然は十五歳のときに故郷を去って叡山に登ってから、一度も故郷へ帰ってはいない。都で新しい専修念仏の布教者としての法然の名声が高まった以後も、法然はけっ

法然自刻の像（法然寺・京都市）

して故郷へ帰ろうとしなかった。ふつう、都で成功すれば、人は故郷へ錦を飾って帰りたいと思うものであるが、法然はけっして二度と故郷へ帰らなかった。なぜであろうか。法然の出家および上京は父の横死《おうし》と関係があるという。多くの法然伝によれば、父は明石源内《あかしのげんない》武者《むしゃ》定明《さだあきら》という男に殺されたという。その残虐な事件の記憶が、法然をして故郷へ帰ることにためらいを感じさせたのであろうか、それとも、ほかに何らかの深い事情があるのであろうか。

法然が、蓮生に四十三歳のときの彼自らの彫像を与えて、故郷へ帰らせたのはなぜであろうか。このとき法然は六十一歳、「大原問答」を経て、法然の名声が都に広まろうとしていた頃である。彼は新しい信仰にふみきった己の姿を亡き父母にも、またなつかしい故郷の人々にも見せたいと思ったのであろうか。しかし自らが故郷におもむこうとせず、蓮生に背負わせた自らの像をなつかしい故郷へ運び、それを本尊にした寺を建ててほしいといったのはどういう気持であろう。

伝承によれば、蓮生はこのかなり重い法然像を背負い、一路、西国街道を西に向かったという。粗忽者《そこつもの》の彼は、美作の法然の父の家があった漆間《うるま》家の跡が見つからず、あちこち迷ってやっとたどり着いたという。今も現地には、蓮生がいろいろ迷ったところとか、村人が蓮生を迎えたところといわれる跡が残っている。この蓮生がはるばる京都から背負ってきたという法然の像が今の誕生寺の本尊であるが、それははっきりと自分の信仰の道を決意した、じつにさわやかな御影である。そして、そこにはいっさいのむだなものを削ぎ落とした、澄みきった心境の中に、力強い信仰の決意を秘めた法然の姿がある。

それからもう一つ、今は京都の嵐山にある法然寺には、五十三歳のときの法然の木像がある。もともとこの寺は烏丸《からすま》三条にあったものであるが、十年ほど前にここに引っ越してきた。この御影は、上人の真影をいただきたいという蓮生の依頼に、法然六十五歳のときに、自ら刻んだ彫像をお与えになったものであるという。法然五十三歳のときといえば、文治元（一一八五）年であるから、「大原問答」の一年前である。この像を見ると、四十三歳のときの像より少し法然は歳をとっているが、全身に気迫がみなぎり、新しい仏教の指導者としてのお姿をとどめている。お与えになった法然六十五歳のときというのは、蓮生が法然の弟子になって四年後である。ありそうな話である。

粟生光明寺「張子の御影」――母と子の深い絆

以上の二つの彫像も私の心に残ったが、もっとも感銘を受けたのは、粟生光明寺の御影堂の本尊である法然の御影である。これは、頭に冠をつけ首に白い襟巻きをつけた晩年の法然の姿をあらわしている。内衣法服は、大正天皇妃の貞明《ていめい》皇后から賜ったものである。

この御影には不思議な由来があり、「張子《はりこ》の御影」（口絵）と呼ばれる。それは湛空という彼の弟子によってつくられた。法然の伝記にはじめて絵を添えた『本朝祖師伝記絵詞』の作者として知られている躭空《たんくう》は、皇円が広円、隆寛《りゅうかん》が劉官と書かれるように、湛空という名で呼ばれる法然の弟子であると考えられるが、その湛空が、法然の流罪のときに別の事件で流罪となり、ちょうど法然の流罪の船と一緒になったので、その船に乗りこみしばらく対面した。法然は湛空に、母が法然に与えた手紙を渡して、それを張って彫像をつくってほしいとお頼みになったという。そして湛空は流罪から帰り、約束どおり、母からの手紙を張り、漆《うるし》を塗りこめて彫像をつくった。これが

「張子の御影」である。それゆえこの彫像は、いわば法然とその母の血肉の結晶といえよう。この像はもともと、法然が再興し、湛空によって寺門がたいへん栄えたといわれる嵯峨二尊院にあったが、今はどういうわけか、西山派の本山粟生光明寺に移され、御影堂の本尊になっている。

それは文字どおり、母と子の血肉の像で、まことにありがたい像といわねばならないが、この話には何か深い秘密が隠されているような気がする。おそらく叡山に入山した法然に母はたびたび手紙を出したのであろう。法然は父についてはほとんど何も語らないが、母についてはしばしば深い敬慕の心をもらしている。おそらく法然は、自分の死後、母の手紙が人手に渡り、それを人に見られることを恐れたのであろう。そして、湛空にその母の手紙を与えて、これを塗りこめて自分の像をつくってくれと頼んだにちがいない。

このような手紙でつくった乾漆の像というものは珍しいが、いま一つ、ほぼ同じ時代の像に同じような手紙を塗りこめてつくった乾漆の像がある。それは大原の寂光院にある建礼門院の像である。建礼門院は平清盛の娘であり、高倉天皇の中宮となり、安徳天皇を産んだ。平家の一門が壇ノ浦の戦いに敗れて多く平家の将兵は殺され、あるいは自ら海に沈んだりしたなかで、建礼門院は生け捕られて都に帰された。その都に帰った建礼門院がひととき隠れ住んでいたのが寂光院であるが、その建礼門院を高倉天皇の父、後白河法皇が訪ねた話が『平家物語』の有名な「大原御幸《おおはらごこう》」の話である。その建礼門院が住んでいた寂光院に、建礼門院が彼女のところにきた手紙を塗りこめてつくったという彼女自身の像がある。おそらく彼女は、このような手紙に記された自らの過去を、この一体の乾漆の肖像の中に塗りこめてしまおうとしたのであろう。まことに悲しい像である。今はこの像は、寺では彼女の像ではなく侍女の阿波内侍《あわのないし》の像だということになっている。それは江戸時代にこの像があまりに古ぼけて、いかにも美しい建礼門院の像にふさわしくないと思われたので、新たに建礼門院の像をつくり、この像を、寂光院で彼女の世話をした阿波内侍の像としてしまったからである。心ないしわざであるが、法然の像も、建礼門院の像も、同じように手紙を塗りこめてつくられた二つの乾漆像には、いっさいの過去を葬って一つの像の中に閉じこめて、後世に残そうとした悲しい意志がふくまれているような気がする。

　このように御影を見ていくと、法然の御影はけっして一様ではなく、その温顔の中にときどきのさまざまな感情がこめられていることがわかる。これを見ると、法然はたいへん自制心の強い人であり、慈悲の相貌には、すべての人間の喜怒哀楽の感情を包みこもうとする意志があらわれているが、その御影の、とくに眼には、じつにさま

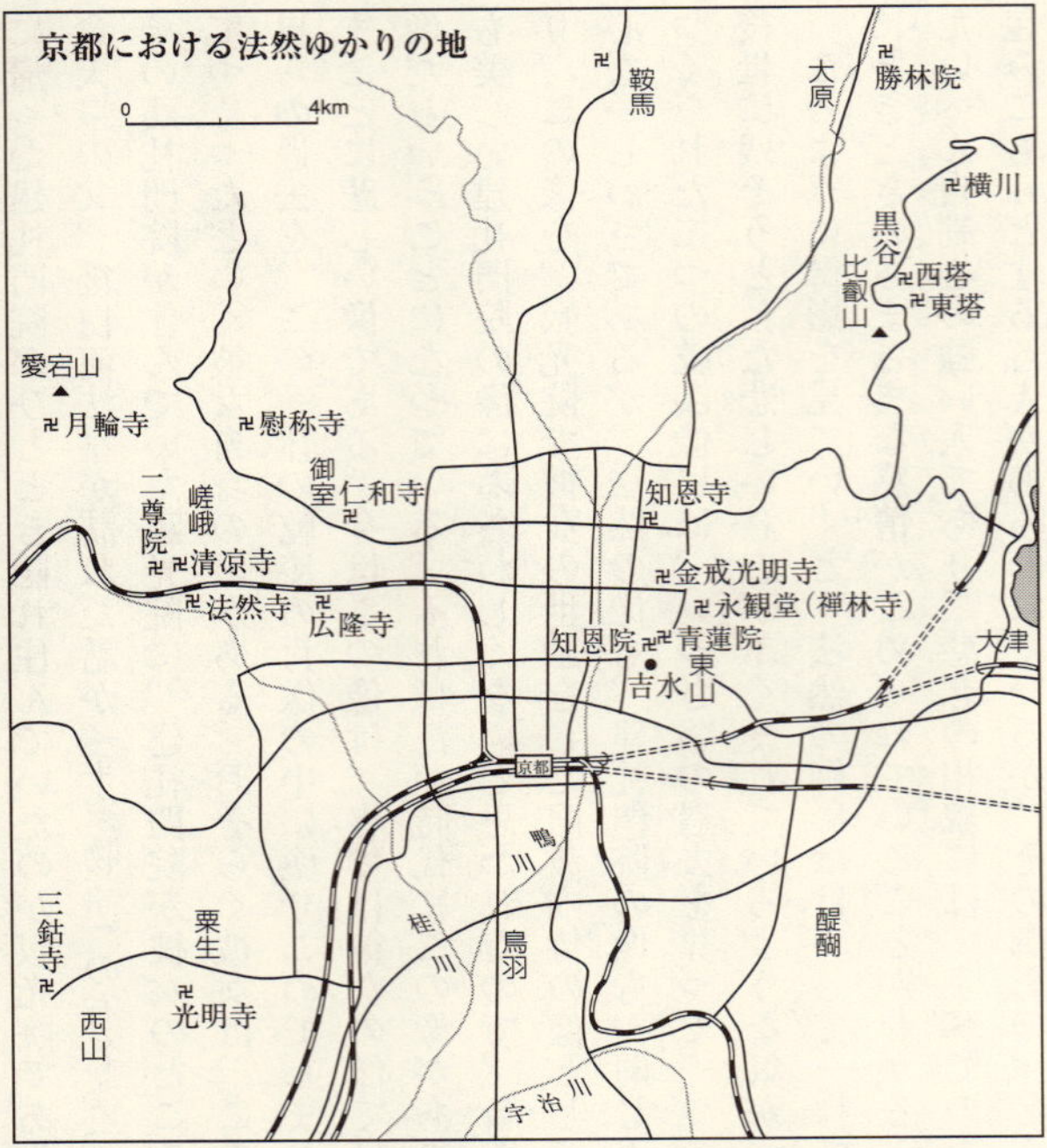

京都における法然ゆかりの地

ざまな、そのときに応じた微妙な感情があらわれているのである。法然はおそらく、内面においてひじょうにデリケートな感受性をもった人だったのではないかと思われる。法然はけっして、生まれながらの聖者ではない。生まれながらの聖者などというものはありえない。あったとしても、そういう人間には、われわれは関心がない。さまざまな人生の体験を積んで、さまざまな人生の苦難を経験して、人はやはり聖者という人間になりうるものである。法然もそういう人であったにちがいない。法然という仏教者はどのような人間であり、彼の少年時代に何が起こり、それにどう彼が苦悩し、そしてその苦悩の結果、彼をして一人の聖者にしたのであろうか。

第二章

伝記が語る法然像

法然を遠ざける過度の聖人像

さきに私は、法然ゆかりの寺に残るさまざまな御影を見てまわり、その御影がそのときどきの状況に応じた法然の微妙な心の襞《ひだ》をあらわしていることに、あらためて感慨を深くした。しかし、それは考えてみればきわめてあたり前なことである。法然といえども、論争のときはきびしい顔をして、講義のときはわれわれを忘れて夢中になり、別れのときは深い寂寥《せきりよう》を心に秘めているのは当然ではないか。それは、法然の体の中に、われわれと同じ、あるいはわれわれよりはるかに熱い血が流れていることを示すものである。しかし、その当然のことが私にとって驚きであったのは、聖者法然という、あまりに完璧な宗教者としての像がわれわれの頭に定着しているからであろう。

法然の死後だいぶたってからつくられて、あまり信用できないと思われる伝記『法然上人秘伝』に、法然の父時国《ときくに》が近くの秦《はた》氏の檀那《だんな》寺である岩間の観音様にお参りしたところ、どこからともなく一匹の白い犬が出てきて、父の左の足を舐めた、それを怪しんで、時国のいとこの左藤兵衛尉《さとうひょうえのじょう》という男が近づいて見ると、その白い犬に「生子有聖無煩悩」という七字が書かれていたというエピソードが記されている。そして『秘伝』は、「この文のこゝろは、生じたらん児清僧にしてもろ〳〵の煩悩あるべからずといふ文なり。これ上人の生前の瑞相なり」と注を加えている。これは、法然を祖師と仰ぐ専修念仏《せんじゅねんぶつ》の徒のつくりあげた法然像の傾向をじつに的確に示している。法然は生まれたときから清僧であって、煩悩をもたない人でなくてはならない。煩悩のない法然は、当然、喜怒哀楽を顔にあらわすようなことはないということになる。しかし私は数多い法然の御影に、抑制はされているが、それぞれの状況に応じて微妙に揺れ動く感情があらわれているのをたしかに見た。

法然を生まれつき煩悩のない清僧にしてしまうのは、彼を祖師として、聖《ひじり》として、尊崇する人にはそれでよかろう。しかし、それでは一般の人は法然に近づけなくなってしまうのではないか。一般の人は法然のような智恵もない。そしてたえず煩悩に動かされて、いろいろ悩む。その一般の人からみれば、智恵は勢至菩薩《せいしぼさつ》に等しく、生まれつき煩悩のない人は、偉い人にはちがいないが、近づきがたい感を与える。法然を聖として、祖師として尊敬する専修念仏の徒は、法然をそのような生まれつき煩悩なき人とすることによって、知らず知らずのうちに法然を一般の人から遠い存在にしてしまったのではないか。まして法然が救おうとしたのは、智恵があり、戒律《かいりつ》を守り、煩悩なき人ではなく、智恵もなく、戒律も守れぬ、煩悩旺盛な人であった。そういう無智の破戒の煩悩多き凡夫をどう救うかが、法然の一生の問いであった。そういう教えを説いた法然が、その弟子たちによって勢至菩薩のごとく賢く、きびしく戒律を守り、しかも生まれつき煩悩なき人にされたのは、かえって法然の教えに背くことになるのではなかろうか。

法然がかたく戒律を守る清僧であったことは否定できない。山を下りた法然が、当時の皇族や貴族など多くの貴顕に尊敬されたのは、専修念仏の説法者としてではなく、最澄以来の円頓戒《えんどんかい》の戒律を守る清僧であるという点にあった。当時、貴族は病気になると、かたく戒律を守っている僧を呼んで、戒を授けてもらうことを習わしとしていたが、法然もそのような戒律の授与者としての令名を得ていた。後に法然の最大の庇護者になった九条兼実《くじょうかねざね》は最初、法然を、そういう戒を授けて病気を癒してくれる僧として招いたのである。『四十八巻伝』などによると、最初に法然が接触した皇族は上西門院《じょうさいもんいん》であると思われるが、上西門院は鳥羽天皇の皇女の統子《とうし》内親王で、後白河法皇の姉である。このような貴人との接触が、一介の身分なき僧である法然にあるはずはなく、それはつくりごとだという学者もあり、また専修念仏をとなえる法然が、彼自ら否定した旧仏教の僧のように戒など与えるはずがないという学者もあるが、私はそれは事実であると思う。当時は源平の戦乱を経て、社会は混乱し、身分秩序が動揺していた時代である。この時代の宮廷を代表する後白河法皇は、遊女を彼が耽溺《たんでき》した今様《いまよう》の師とし、その遊女に子どもさえ産ませたという。法然の身分が低かったことは、九条兼実の娘宜秋門院《ぎしゅうもんいん》の受戒のことに関して、兼実が身分の低い僧を近づけたという噂があったことを、その日記『玉葉《ぎょくよう》』に語っていることによってわかる。後白河法皇は、法然の出身階級の低さにこだわらず法然を重んじられたのであろう。

法然はしたたかな専修念仏の布教者である。そういう法然は小さい純粋さにこだわって、貴顕の招聘《しょうへい》を断り、専修念仏を広める絶好の機会を失うことをあえてしなかったと思われる。法然の教えを伝える、たとえば信空《しんくう》系統の弟子たちが集まった寺である黒谷の金戒光明寺《こんかいこうみょうじ》は、その名からみて、はっきり円仁《えんにん》―良忍《りょうにん》―叡空《えいくう》―源空《げんくう》（法然）―信空と伝えられる金戒を守る寺としての伝統を保っている。この戒の伝統は西《せい》山派《ざんは》においても保たれ、やはりそこで良忍―叡空―源空―証空《しょうくう》の戒の伝統がはっきり主張されている。法然という人間を論ずるときに、法然がこのようにかたく戒律を守った僧であることを忘れてはならない。

親鸞の煩悩と法然の煩悩

その点、法然の弟子親鸞と、法然はまったくちがう。親鸞は、法然のごとく叡山で天台仏教を学んだが、やがて山を下り、六角堂《ろっかくどう》に籠った。そこで百日の祈念をしていたところ、九十五日目の暁に夢のお告げを得て法然の弟子となったという（建仁元年）。しかし、法然の弟子となっても、彼はまだ悩んでいたのである。それは彼の中にある激しい煩悩、すなわち性欲の悩みである。その悩みがあって、どうしても心静かに念仏ができない。それで親鸞はふたたび六角堂に籠った（建仁三年）。そこで聖徳太子の化身といわれる六角堂の救世《ぐぜ》観音が夢にあらわれて、次のような偈《げ》を親鸞に与え給うたという。

行者宿報設女犯　　行者宿報《しゅうほう》ありて、もし女犯《にょぼん》せんに
我成玉女身被犯　　われ玉女《ぎょくにょ》の身となりて犯され
一生之間能荘厳　　一生の間能《よ》く荘厳《しょうごん》して
臨終引導生極楽　　臨終には引導して極楽に生ぜしめん

（『親鸞伝絵』上、第三段）

つまり、救世観音が「おまえが激しい煩悩をもって性欲を抑えられないならば、私が女性の体になって犯され、一生おまえの身を荘厳して、死ぬときには極楽へ連れていってやろう」とおっしゃったのである。これは公然たる妻帯の宣言である。

もとより当時の僧といえども、多くは妻をもち子を養っていた。しかし、それはやはり秘かな行為である。今でも僧の夫人を大黒《だいこく》といい、酒を般若湯《はんにゃとう》というのは、そういう公的には禁止される妻帯や飲酒あるいは肉食を行っていることをカモフラージュするためであろう。法然の弟子でいえば、天台宗の僧でしかも法然に信頼され、そのみごとな説法で有名であった安居院《あぐい》聖覚《せいかく》もまた妻帯者であった。それは例外として許されていたのであろうか。しかし、親鸞は公然と妻帯し、おそらく肉食もしたのであろう。

親鸞が百日参籠した六角堂（京都市）

親鸞には恵信尼《えしんに》というたいへんよい妻がいたことは明らかであるが、親鸞が六角堂に籠って、救世観音のお言葉によってあえて結婚にふみきった女性が、恵信尼と同一人物であるかどうかは疑わしい。恵信尼が、親鸞が死んだ後に越後《えちご》に帰っているところをみると、彼女は越後の人であり、越後に流罪された親鸞がそこで知りあった女性らしいのである。そしてまた、親鸞には善鸞《ぜんらん》という息子があることはたしかであるが、その善鸞の母が恵信尼であるかどうかもはっきりわからない。親鸞には少なくとも二人以上の妻がいたらしいが、こういう性欲という煩悩を容易に克服できない自分を省みて、親鸞は深く罪の自覚をもったことはまちがいない。

浄土真宗に帰すれども
　真実の心はありがたし
　虚仮不実《こけふじち》のわが身にて
清浄《しやうじやう》の心もさらになし
外儀《ぐゑぎ》のすがたはひとごとに
　賢善精進《げんぜんしやうじん》現ぜしむ
　貪瞋邪偽《とむじんじやぐゐ》おほきゆへ
奸詐《かむさ》もゝはし身にみてり
悪性《あくしやう》さらにやめがたし
こゝろは蛇蝎《じやかち》のごとくなり

修善《しゆぜん》も雑毒《ざふどく》なるゆへに
虚仮《こけ》の行《ぎやう》とぞなづけたる
（『正像末浄土和讃《しようぞうまつじようどわさん》』）

「愚禿悲歎述懐《ぐとくひたんじゆちくわい》」という親鸞の和讃のはじめの部分であるが、この黒々とした言葉によって、親鸞の深い煩悩の内省が語られている。また、親鸞の『教行信証《きようぎようしんしよう》』の「信巻」にも、同じような深い自己の煩悩の内省の言葉がある。

誠に知んぬ、悲しきかな愚禿鸞《ぐとくらん》、愛欲の広海に沈没《ぢんもち》し、名利《みやうり》の太山《たいせん》に迷惑《めいわく》して、定聚《ぢやうじゆ》の数に入ることを喜ばず、真証《しんしよう》の証《さとり》に近づくことを快《たの》しまざることを、恥づべし傷むべしと。（『教行信証』「信巻」）

もちろん、このような深い煩悩の内省の言葉は法然にはない。かたく戒を守った法然は、親鸞のような深刻な悩みを経験しなかったのであろうか。法然が清僧であったことはまちがいないであろう。ある仏教学者は、「もし日本の祖師で一生女性に触れぬ清僧があったとすれば、それは法然であろう」といった。それはそのとおりであるが、法然と同時代であり、法然に『往生要集』の講義をさせたり、『法華経』書写の如法経《によほうきよう》の儀式に法然を招いたりした後白河法皇は、「カクスハ上人、セヌハ仏」（『沙《しや》石集《せきしゆう》』巻四）といった。この〝隠す上人〟の中に法然が入っているかどうかはわからないが、『門葉記《もんようき》』には、法然には子どもがあるという噂もあったが、実際は清僧である、と書かれている。

私は、宗祖というものはどこか性的魅力をもっていた人ではないかと思う。法然にしても、日蓮にしても、道元にしても、多くの女性の信者があった。むしろ男性は、妻や子など女性たちの信仰に影響されて、それらの祖師の信者になったという感がある。法然にも、上西門院、宜秋門院、北条政子などの高貴な女性の信者があった。法然は晩年に正如房《しょうにょぼう》という女性の弟子に、いささかラブレターの趣のある連綿たる手紙を送っている。この正如房は、後白河法皇の皇女であり有名な歌人である式子《しょくし》内親王であるという説が前からあったが、最近、あらためて石丸晶子氏によって論証されている（『式子内親王伝――面影人は法然』）。式子内親王の秘かな恋人は藤原定家であるというのが中世以来の説であったが、定家の日記『明月記《めいげつき》』などを見ても、その痕跡はなく、恋の相手はじつは定家ではなく法然であったというのである。式子内親王は賀茂斎院《かものさいいん》を務め、恋などをしてはならない身分の女性である。それに相手が法然であるとすれば、いっそうその恋は忍ぶ恋にならざるをえず、式子内親王が忍ぶ恋の歌の名手といわれたのも無理ないことであろう。

法然はこのように、女性に対しても清僧であったが、他の欲望、たとえば名誉欲とか金銭欲にはしった跡がまったくない。法然は自らいうように、青年時代から世捨人であり隠遁者《いんとん》であった。彼は浄土宗という一宗を立てたはずなのに、その根拠地である本寺を建てようとしなかった。一宗を立てるには、やはりそれなりの巨大な本寺と組織が必要である。法然の専修念仏を信じる人は巷《ちまた》に満ちていたが、彼はその信者たちを糾合して、一つの宗教組織に統一しようとする気持をまったくもたなかった。彼は物欲に対してははなはだ恬淡《てんたん》の人であり、この世にあまり望みをもっていなかった。彼が病気になったときの遺言状を見ても、弟子に譲るものはごくわずかであった。私は、彼が信者から寄進を受けようとすればいくらでも受けられたと思うが、そういう寄進を受けることを潔《いさぎよ》しとしなかったのであろう。性欲においても、物欲、名誉欲においても、出世欲においても、彼は清僧であったといわねばならない。性欲以外の他の欲望に対しては、親鸞もまた師法然のごとく恬淡であったといってよい。彼は常陸《ひたち》で若干の熱烈な弟子を育てたが、六十歳をすぎて都へ帰り、都では諸所に転居し、教団をつくるなどという考えをまったくもっていなかった。

はっきりと法然教団ができるのは、証空の系統の浄土宗西山派をのぞけば、九州における法然の弟子弁長《べんちょう》の弟子である良忠《りょうちゅう》が都にやってきて、鎮西派《ちんぜいは》総本山知恩院を建てた以後のことである。親鸞の浄土真宗も、教団として基礎が確立するのは親鸞の曾孫覚如《かくによ》によってである。

しかし、ここに一つの大きな謎がある。法然が生まれつき煩悩なき聖者であるなら、どうして彼が、智恵もなく、戒律も守れず、煩悩によって支配されている悪人に救済の道を開いたかということである。彼がもし勢至菩薩のごとき智恵者であり、そして戒律もまた完璧なものであるとしたならば、彼には聖道門《しょうどうもん》の救いが似つかわしく、悪人往生を主張する専修念仏の教えを説く必要はないのである。法然と煩悩、法然と悪とはどのように結びつくのか。煩悩や悪が何らかのかたちで法然の心の内面の中心になかったら、はたして悪人救済の教えである、専修念仏の説を説くことができたであろうか。この専修念仏の教えは、明らかに真言《しんごん》、天台《てんだい》の否定である。当然、旧仏教側の反撥が予想される。新しい専修念仏の教えを説くことは、法然の命をかけた仕事であった。法然はどうして、自分と凡夫や悪人の救済にこのような情熱を傾けたのか。法然と悪はどのように結びつくのか。

浄土宗教団の聖法然伝『四十八巻伝』

こういう問いを問うとき、あらためて法然の人生を詳察する必要があろう。法然は僧になって以来、一貫して世捨て人、隠遁者の生活をおくり、したがって、あまり生々しい事件に直接関与しなかった。しかし、法然の少年時代にたいへんなことが起こった。それは父時国の殺害である。この事件によって法然は僧となり、やがて叡山に登って天台教学を勉強した。彼は、恵心僧都《えしんそうず》源信の『往生要集』で説かれる念仏は末代の凡夫の往生の道であるという説から出発したが、この念仏をいままでのように観想《かんそう》の念仏と考えず、口称《くしょう》の念仏だと考える善導《ぜんどう》の『観経疏《かんぎょうしょ》』（『観経四帖疏《かんぎょうしじょうしょ》』）の説に従って、専修念仏にふみきった。

このような新しい専修念仏の説法者法然を生みだしたのは、やはり法然の出家が原因であり、その出家はまた父時国の殺害によるものだとされている。しかし、この父の殺害事件が彼の心の内面にどれほどの影響を与えたかは、いままであまり深く考えられたことはなかった。

前にも述べたように、法然にはじつに多くの伝記がつくられ、直接彼の弟子であった源智《げんち》や湛空《たんくう》によってもそれぞれ伝記がつくられている。こういう伝記の総決算として、法然死後、約一世紀にできた『勅修御伝《ちょくしゅごでん》』あるいは『四十八巻伝』と呼ばれる『法然上人行状絵図』がある。『四十八巻伝』は、正本は鎮西派総本山知恩院に、副本は奈良県当麻寺《たいまでら》往生院に所蔵されている。この『四十八巻伝』の作者は叡山功徳院の僧であり、最後には知恩院第九世門主になった舜昌《しゅんじょう》であると考えられている。そしてその詞書《ことばがき》を書いたのは後伏見上皇、後二条天皇、姉小路済氏《あねがこうじなりうじ》などの貴顕であったと伝えられる。この作者についても、この詞書を書いた貴顕についても、絵についても、いろいろな説がある。『四十八巻伝』は『九巻伝』といわれる『法然上人伝記』の詞書などと共通な点が多く、二つの伝記の関係をどう考えるかも、かなりむずかしい問題である。

しかし、はっきりいえることは、この絵巻は知恩院を中心とする浄土宗鎮西派の教団が確立する過程でつくられたということである。ちょうど、キリスト教が教団の基礎を確立するためにキリストの伝記を中心とするバイブルを必要としたように、法然を宗祖とする浄土宗が教団の基礎を確立するためにひとつの教団公認の聖法然伝を必要としたのである。『四十八巻伝』は、バイブルの「マタイ伝」「マルコ伝」「ルカ伝」「ヨハネ伝」を総合したようなものであるといえようか。そしておそらく、このような浄土宗教団の確立は何らかのかたちで皇族の後ろ盾で行われたのであろう。伝えられる天皇たちが、ほんとうに一宗の祖師の伝記にすぎない『四十八巻伝』の詞書を書いたかどうかは疑わしいが、そういう伝承によって、まさに浄土宗教団の基礎が確立されたわけである。その意味で、この『四十八巻伝』の成立の意味は大きい。この『四十八巻伝』や『本朝《ほんちょう》祖《そ》師《し》伝《でん》記《き》絵《え》詞《ことば》』（『四巻伝』）のような法然伝にならって、覚如が『親鸞伝絵《しんらんでんね》』を、聖戒《しょうかい》が『一遍聖絵《いっぺんひじりえ》』を、良鎮《りょうちん》が『融通念仏縁起《ゆうずうねんぶつえんぎ》絵巻《えまき》』をつくり、それぞれの教団の基礎が固められたのである。

しかし、これらを比べてみると、その分量の多さ、史実の丹念さにおいて『四十八巻伝』は、はるかに『親鸞伝絵』や『一遍聖絵』や『融通念仏縁起絵巻』を凌駕《りょうが》する。こういう立派な絵伝を所有している教団は他にない。まさにこの点で、浄土宗知恩院は他宗に突出してまさっているといわねばならない。それは法然にとってたいへんけっこうなことのように思われるが、一生隠遁者であり、小さな庵に住んでいた法然が、かような荘厳なる絵伝でもって自己の一生を顕彰《けんしょう》されることを喜んでいるかどうかはわからない。かえってこういう立派な絵伝をもつことによって、法然像は型にはまってしまって、そこから一歩も出られず、生まれたときからすでに煩悩のない聖者であるという法然像が確立し、それが法然に対する親しみを妨げているのではないか。

私は、この法然の幼少時代に起こった父殺害の事件にこだわりたい。ここに、人間法然を明らかにする重要な手がかりが秘められているのではないか。法然の悪の体験は、あるいはここから発しているのではないか。

『四十八巻伝』が伝える父時国殺害事件

『四十八巻伝』によれば、事件は保延七（一一四一）年、法然かぞえの九歳のときに起こった。事件の背景および経過は、以下のように要約されるであろう。

（1）法然の父漆間時国《うるまのときくに》は、仁明《にんみょう》天皇の皇子、西三条右大臣源光《みなもとのひかる》の子孫にあたる。『尊卑分脈《そんぴぶんみゃく》』によると、源光は仁明天皇の十一番目の皇子で、右大将、右大臣となり、延喜十三（九一三）年に死んだ。彼は、狩りにいって行方不明になったという、多少謎のある死を遂げた人である。その子孫に式部太郎源年《しきぶたいろうみなもとのみのる》という人があったが、陽明門で蔵人《くろうど》の兼高《かねたか》を殺した。それで、美作《みまさか》国に配流されて、この美作国の久米《くめ》の押領《おうりょう》使《し》である神戸大夫《かんべのたいふ》漆間元国の娘を娶《めと》って男子を産んだ。ところが、元国に男の子がなかったので、この外孫をもって子として漆間の跡を継がしめた。それで源年は姓名を改めて、漆間盛行と称した。その盛行の子が重俊、重俊の子が国弘、国弘の子が時国なのである。

（2）時国は、このように自分が皇統の血を受けているので少し驕《おご》り高ぶる気持があって、稲岡庄《いなおかのしょう》を管理している源定明《さだあきら》を侮《あなど》って、その執務に従わず面会しなかったので、源定明は時国を深く恨んで、保延七年の春、時国に夜討ちをしかけた。

漆間時国は明石定明の夜討ちにあう（『四十八巻伝』知恩院）

(3)　このとき勢至丸《せいしまる》と呼ばれていた時国の子法然は九歳であった。逃げ隠れて物陰から覗いてみると、定明が庭で矢をつがえて立っていたので、小さい矢でこれを射ったところ、定明の両目の間に矢が突き刺さった。その傷が証拠になって、犯人が定明ということがわかったが、時国の親戚があだ討ちをするのを恐れて、定明は逐電《ちくでん》してこの地を去った。

(4)　時国は深い傷を受けて、それがもとで死の床に臥した。死にのぞんで時国は九歳の法然に対して、「これはすべて前世の罪の報いであり、もしそれを恨みに思って復讐すれば、その恨みはいつまでも尽きないだろう、おまえは出家をして、私の菩提《ぼだい》を弔い、自らの解脱《げだつ》を求めてくれ」といって、西に向かってうやうやしく合掌して、眠るがごとく死んだ。

『四十八巻伝』は、この法然の父時国殺害事件を一つの因縁によって説明しようとしている。まず、時国の曽祖父源年は天皇の血を引いているものの、陽明門で蔵人兼高を殺した殺人者である。そして、父時国は美作国の久米の南条稲岡庄《なんじょう》の押領使であるが、自分の血統に驕り、稲岡庄の預所《あずかりどころ》である源定明をばかにしたために、夜討ちをしかけられて殺された。そして父は、「これは祖先の罪の報いが自分にめぐってきたものであり、もしこの恨みをおまえが受け継いで復讐をすれば、この恨みは永遠に尽きないであろう。それゆえ僧になってこの因果の鎖からのがれ、自らも悟りを開き、自分の後世《ごせ》を弔ってほしい」といったという。

まことに首尾一貫した話であり、聖者法然の誕生を納得させる話だといわねばならない。しかし、はたしてそれが真実であるかどうかは疑わしい。だいたい法然が仁明天皇の血を引いているということは、法然自身けっして語っていないし、また『四十八巻伝』以前の法然伝に、そのことは出てこない。『四十八巻伝』ではじめて出てきた説である。それはやはり、「勅修伝」と呼ばしめたように、法然の血統を天皇家に結びつけ、天皇家の権威で知恩院教団の基礎を確立しようとした『四十八巻伝』の著者が思いついたことではないか。

法然が天皇の血を引いているとしたならば、「われはこれ烏帽子《えぼし》もきざるおとこ也」(『和語灯録』)とか「辺国の土民」(『四十八巻伝』)とか、法然がいうはずはない。また、

『尊卑分脈』を見ても、源年なる人の名は出てこない。源年なる人が源光という人の何代目の子孫なのかも明らかではない。この系譜はまったく信ずることができないと思われる。法然を天皇と結びつけようとしたのは『四十八巻伝』ばかりではない。別のかたちで法然を天皇と結びつけようとした伝記も存在している。一つは『法然上人伝』（『十巻伝』）が伝える、法然を平城《へいぜい》天皇―高岳《たかおか》親王の子孫と考える系譜である。もう一つは、法然を桓武天皇の第十一皇子仲野《なかの》親王―南淵の子孫であるとする系譜である（「百万遍知恩寺古文書」）が、いずれも真実とは認めがたい。それらは、知恩院がひとつの巨大教団に成長するにあたって、自らの祖師をなんとかして天皇家と結びつけようとするいろいろな試みを示すものであろう。

ところが『四十八巻伝』の著者は、このように、法然に尊い皇室の血を与えることによって、法然にまた殺人者の血をも与えざるをえなかったのである。というのは、それなくして仁明天皇の子孫であるような尊い血統をもつ源年の血が、なぜ漆間家に入ったか説明できないからである。殺人罪を犯した源年は美作に流され、土地の豪族、漆間元国の娘を娶ってその子重俊をもうけたが、元国に男の子がなかったために外孫の重俊が跡を継ぎ、源年は源を改めて漆間を名のったというのである。それは、貴人の血をもつ氏族が、どうしてここ美作の片田舎に来たかという説明でもあるし、それはまた、恐るべき父時国の殺害の説明にもなっているのである。

『四十八巻伝』によれば、時国は源定明に少し態度が大きいといって恨まれて殺害されたのである。とすれば、この殺害はまことに理不尽な殺害であったことになる。そして、九歳の少年法然は定明に矢を射かけ、定明はその傷によって犯人であることを知られて、逐電したという。しかし、この話はおかしい。九歳の少年が、はたして敵の大将を射ることができるであろうか。法然は子どものときから仏を信ずること篤かったというが、武芸についてすぐれていたとはどこにも書かれていない。いくら防禦のためであったとしても、人を殺すために矢を射るなどということを、後の聖者法然から考えても、けっしてしたとは思えない。この矢を射たというのも、明らかに法然という人間を超人化するためのフィクションであろうが、それは法然という聖者に似つかわしくないことのように思われる。時国がいまわの際《きわ》にいった言葉は、法然を出家させる原因になった、はなはだ重要な言葉であるが、時国ははたして、何代前かわからない遠い祖先の罪が自分の代に報われたとほんとうに思っていたのであろうか。一代や二代前ならともかく、記憶にない遠い祖先の殺人事件がここに報いとなってあらわれ、自分が殺されたというのか。話は一見よくできているように思われるが、全体としておかしい。法然はおそらくこの事件について語りたくなかったのであろう。

彼の法語の中には、この事件について語った言葉はまったく出てこない。

いままで書かれた法然論は、ほとんどすべて『四十八巻伝』の線にそって、この事件をそのように解釈し、そこから法然の一生を理解している。この『四十八巻伝』が浄土宗知恩院教団の公認の法然伝であり、また他の浄土宗の教団も、この点についておおむね『四十八巻伝』の法然理解に従っている。戦後、貴族仏教であった奈良・平安仏教に対して、法然の仏教を民衆の仏教と規定して、法然の天皇や貴族との結びつきを後からのフィクションとして葬り去った学者があらわれたが、それらの学者も法然理解の基礎を形成する父時国殺害事件については、ほぼ『四十八巻伝』の枠組みにそって理解している。

『歎異抄』に比すべき『醍醐本』

しかしここに、このような『四十八巻伝』とはまったく異なった事実を語る文書がある。それは法然の愛弟子、勢観房源智《せいかんぼうげんち》が書いたと思われる『法然上人伝記』（以下『醍醐本《だいごほん》』）である。

源智は平家の遺児であり、殺されるところを法然に助けられて、法然が育てた愛弟子である。おそらく平家の残党をことごとく殺そうとした源氏も、新しい専修念仏の教えの布教者として令名赫々《かくかく》たる法然を 慮《おもんばか》って、法然の弟子になり出家をした源智を見逃したのであろう。源智は法然の死後、その財産をすべて相続した。今、京都大学の北側に百万遍《ひやくまんべん》知恩寺《ちおんじ》があるが、知恩寺は法然から源智へ、源智からまたその弟子の蓮寂房信恵《れんじやくぼうしんえ》へ譲られたものである。そこに源智の肖像があるが、平家の残党らしく、頬のこけた、なにか寂しげな風貌である。この源智が『法然上人伝記』なるものを残した。これは、じつは大正六（一九一七）年に京都醍醐寺三宝院《さんぼういん》で発見された法然伝で、三宝院の第七十九世の座主《ざす》義演《ぎえん》の書写になるものである。義演は江戸時代初期の人であり、この本もそのころの写本にすぎないが、原本の字画、訓点等、鎌倉時代の古写本をそのままたどっているという。義演にとって法然は他宗の祖師であるが、学問好きの義演は、この他宗の祖師の書物を丹念に写したのであろう。

私はこの『醍醐本』を再三読んだが、これは親鸞の『歎異抄《たんにしょう》』に比すべき本であると思う。『歎異抄』の著者は唯円《ゆいえん》であるが、この唯円についてはいろいろな説がある。しかし私は、徳川時代の浄土真宗の僧先啓了《せんけいりよう》雅《が》がつくった『大谷遺跡録』の説が唯一、根拠のあるものであると思う。

常陸国茨城郡河和田法喜山報仏寺ハ、高祖御弟子河和田唯円法師ノ遺跡也、唯円

房、俗姓ハ小野宮少将入道具親ノ朝臣ノ子息ニ、始ハ少将阿闍梨失名ト申ケル人ノ世ヲ遁レテ禅念房トナン号セシ人ノ真弟唯善別腹舎兄ナリト云云、高祖帰洛ノ後、仁治元年十九歳ニシテ、高祖于時六十八歳ノ御弟子トナリ、真宗ノ奥義ニ達セリ、大部平太郎ノ達請ニヨリ、師命モ亦重ケレハ、常陸国ニ下リ、河和田ニ弘興ノ基趾ヲヒライテ、コレヲ泉慶寺ト云、盛ンニ専修念仏ノ法ヲ弘通ス。

（『大谷遺跡録』巻三「法喜山報仏寺記」）

ここに唯円は禅念《ぜんねん》の真弟とあるが、真弟というのは、子であると同時に弟子であるという意味である。その割注に「唯善別腹舎兄」とあるが、禅念は親鸞の娘覚信尼《かくしんに》と結婚して唯善《ゆいぜん》をもうけ、それで唯円は唯善の腹違いの兄ということになった。親鸞は娘の覚信尼を頼って常陸から京都へ帰ってきたが、覚信尼はすでに禅念と結婚していた。したがって、親鸞は血のつながりはないものの、唯円と親戚関係にあったので、この若い唯円に覚信尼は親鸞の世話を頼んだのであろう。時に親鸞は六十八歳、唯円は十九歳であった。こうして唯円は、親鸞が九十歳で死ぬときまで二十二年間、親鸞に仕えた。親鸞が死んだとき唯円四十一歳であった。そしてその後、大部平太郎《おおぶのへいたろう》に請われて唯円は関東へ下り河和田の泉慶寺を開いたが、五十三歳のときに上京した。そして親鸞の死後三十年、親鸞の教えが誤解されるのを恐れて、『歎異抄』という書物を書いた。唯円は小野宮少将《おののみやしょうしょう》源具親《ともちか》の孫であり、具親はまたすぐれた歌人であった。『歎異抄』という本は、唯円が親しく接した親鸞の言動を語り、親鸞というはなはだ魅力的な宗教的人格をみごとに浮き彫りにしている。やはり、すぐれた歌人の血が唯円の中にも生きていたのであろうか。

『四十八巻伝』によれば、源智は備中守《びっちゅうのかみ》平師盛《もろもり》朝臣の子で、平重盛の孫であるという。源智が平家の遺児であることはだれもが認めるが、父についてはいろいろな説がある。あるいは敦盛《あつもり》であるとか、あるいは通盛《みちもり》であるとかいう。母が源智の命を助けたいと思って法然に預けたのは、源智十三歳のときである。おそらく法然は、自分だけでは源智の身の安全が保証されないと考えたのであろう。彼はまた源智を慈円《じえん》に預けた。こうして二重三重にその安全を保証して、やっと源智は一人前になったのであろう。そして法然に仕えること十八年、法然はとくに源智をかわいがったという。

上人憐愍覆護《れんみんふご》他にことにして、浄土の法門を教示し、円頓戒《えんどんかい》このひとをもちて附属とし給ふ。（『四十八巻伝』第四十五）

あの有名な「一枚起請文《いちまいきしょうもん》」が授けられたのも、源智であることを思えば、よほど法然は源智がかわいかったのであろう。『選択集《せんちゃくしゅう》』撰修のとき源智はまだ幼く、経文を書いたり、経文を探したりする任は重いと考えられたのであろうか、その場にはいなかったというが、いろいろ雑用を手伝ったかもしれない。源智はやはりその生まれゆえか、孤独を好み、華々しいことを嫌ったようである。

勢観房一期《いちご》の行状は、たゞ隠遁《いんとん》をこのみ自行を本《もと》とす、をのずから法談などはじめられても所化《しよけ》五六人よりおほくなれば、魔縁きをひなむ、こと〴〵しとて、とゞめられなどぞしける。（同前）

法然は建暦二（一二一二）年に八十歳で死んだが、そのとき源智はちょうど三十歳であった。親しく仕えた年数といい、歳の違いといい、そして何よりも師に対する深い尊敬と親愛の心において、源智の法然に対する関係は、唯円の親鸞に対する関係とはなはだよく似ている。『醍醐本』も法然の死後三十年たって書かれたのである。

上人の入滅以後三十年に及ぶ。当世に上人に値《あ》ひ奉れる人はその数多しと雖も、時代もし移らば在生の有様において定《さだ》んで曚昧を懐かんか。これがために今聊《いささ》か見聞のことを抄記す。（『醍醐本』「御臨終日記」）

これは『歎異抄』に寄せられた唯円の序文の、

故親鸞聖人の御物語のおもむき、耳の底に留まる所いささかこれをしるす。ひとへに同心行者《どうしんぎやうじや》の不審《ふしん》を散ぜんがためなりと。（『歎異抄』序文）

という言葉とよく似ている。

『醍醐本』の構成と内容

『醍醐本』すなわち『法然上人伝記』は六つの部分から成り立っている。それは「一《いち》期《ご》物語」「禅勝房《ぜんしょうぼう》との問答」「三心料簡事《さんじんりょうけんのこと》」「別伝記」「御臨終日記」「三昧発得記《さんまいほっとくき》」である。「一期物語」は、折にふれて法然が自らの人生に起こったことを、その教説とともに語ったことを源智がそのまま記したものである。それは伝記であるが、けっして完結した伝記といえない。語りの順序もけっして、法然の人生に起こったことの順序ではない。はじめに「一期物語」があり、「禅勝房との問答」がつづく。遠江《とおとうみの》国《くに》蓮華《れんげ》(花)寺《じ》の住職禅勝房という僧が法然のところにやってきて、いろいろ訊いた。法然は東国に専修念仏の教えを布教しようとする心をもち、禅勝房も東国の弟子の一人であり、東国の弟子をたいせつにした。たとえば熊谷蓮生《くまがいれんせい》、たとえば津戸三郎《つのとのさぶろう》である。仏教について十分な教養があったとは思えないが、ずけずけ法然に質問をして、専修念仏の教義を理解しようとする熱心さをもっていたのであろう。「禅勝房との問答」は専修念仏の入門書のような感がある。

次の「三心料簡事」には、法然の専修念仏の教えのもっとも本質的なものが語られているように思われる。そして、それはもっとも的確に、法然という宗教者の生々しい語り口をとどめているといえよう。「一期物語」などはすべて漢文で語られるが、ここではおそらく法然の生々しい語り口をそのまま生かそうとするためであろう、ときには和文が混じっている。この終わりに『歎異抄』とほぼ同じ内容の言葉がある。

一、善人尚《な》ほ以て往生す、況《いわん》や悪人をやの事。口伝これ有り

私に云はく、弥陀の本願は自力を以て生死を離るべき方便ある善人のためにおこし給はず。極重悪人、無他方便の輩を哀みておこし給へり。然るを菩薩賢聖もこれにつきて往生を求む。凡夫の善人もこの願に帰して往生を得。況や罪悪の凡夫もっともこの他力を憑《たの》むべしと云ふなり。悪しく領解して邪見に住すべからず。譬へば為凡夫兼為聖人（凡夫のためにして、兼ねて聖人のためにす）と云ふが如し。能《よ》く能く、心得べし心得べし。初め三日三夜これを読み、余の後一日はこれを読み、後の二夜一日はこれを読む。（『醍醐本』「三心料簡事」）

この標題は、『歎異抄』の第三条に出てくる有名な言葉、「善人《ぜんにん》なをもて往生をとぐ、いはんや悪人《あくにん》をや」と同じである。弥陀の本願は、自力をもって生死を離れるべき方便として善人のためにおこした願ではなく、他の方法によって往生することができないきわめて重い悪人を哀れんでおこした願である。菩薩賢聖も凡夫の善人もこの願に帰して往生を得ているが、この願は、もともと極悪の罪人のためにおこし給うた願な

ので、罪悪の凡夫はこの願こそ憑むべきである、というのである。これについては後に述べる。

この「三心料簡事」の後に、「別伝記」というものがついている。これは、「一期物語」そのものがひとつの法然伝の体裁をなすので、それに漏れた話を「別伝記」として補ったものであろう。また、「別伝記」の後に「御臨終日記」と「三昧発得記」がつけ加えられている。「御臨終日記」は流罪地から京都に帰り、やがて死にいたる法然のありさまを源智が克明に語ったものであり、「三昧発得記」は『選択集』の撰修のときに起こった法然の神秘的体験を記したものであり、この二書については後にくわしく語りたい。

これが『醍醐本』すなわち『法然上人伝記』のだいたいの内容であるが、こういう内容をもつ本にいいかげんなことが書いてあるとは思われない。

「別伝記」が語る法然の人生

少し長くなるが、「別伝記」の全文を引用しよう。

別伝記に云はく。法然上人は美作州の人なり。姓は漆間氏なり。本国の本師は智鏡房《ちきょうぼう》本は山僧なり　上人十五歳に師云はく、直人《ただのひと》にあらずと。山に登らんと欲するに、上人の慈父云はく、我に敵あり、登山の後に敵に打たると聞かば後世を訪ふべし云々。

即ち十五歳にして登山す。黒谷の慈眼房《じげんぼう》を師と為して出家授（受）戒す。然る間に、慈父は敵に打たれ畢《おわ》んぬと云ふ。上人はこの由を聞きて、師に暇《いとま》を乞ひて遁世せむとするに、師云はく、遁世の人も無智なるは悪く候なりと。これに依りて談義を三所に始む。謂《いわ》く、玄義《げんぎ》一所・文句《もんぐ》一所・止観《しかん》一所なり。毎日に三所に遇《あ》ふ。これに依りて三ヶ年に六十巻に亘り畢んぬ。その後、黒谷の経蔵に籠居して一切経を披見す。

師と問答するに、師をりをり閉口す。師は即ち二字を捧げて云はく、知れる者を師と為す。今、上人を返りて師と為さん云々。

また、花厳《けごん》宗の章疏を見立てて、醍醐に花厳宗の先達あるに、行きてこれを決す。彼の師をば鏡《きょう》賀《が》法橋《ほっきょう》と云ふ。鏡賀法橋の云はく、我はこの宗を相承すと雖も、この程は分明ならず。上人に依りて処々の不審を開く云々。これに依りて鏡賀は二字を奉る。即ち梵網《ぼんもう》の心地戒品《しんじかいほん》を受く。

ある時、御室より鏡賀のもとへ花厳・真言の勝劣を判じて進ずべし云々。これに依りて鏡賀は思念すらく、仏智の照覧に憚りあり。真言を勝と為すと。ここに上人、鏡賀の許へ出来たり給へり。房主悦びて云はく、御室より此《か》くの如き仰せあり云々。上人の問ふらく何様に判ぜんとか思し食《おぼめ》すと。房主云ふに、上のごとく申す。ここに上人、存外の次第なり。源空が所存の一端を申さむとて、花厳宗の真言に勝りたることを一一《いちいち》に顕はさる。これに依りて房主は承伏して御室の返答に花厳の勝れたる由を申し畢んぬ。

その後、智鏡房、美作州より上洛して二字を奉る。但し、真言宗をば中河少将阿闍梨にこれを受け、法相の法門を見立て蔵俊《ぞうしゅん》にこれを決す。蔵俊返りて二字す。已上の四人の師匠はみな二字の状を進ず。

竹林房法印静賢《じょうけん》、上人に値《あ》ひ奉りて、念仏の信を取る。その文は心義なり 三井の公胤《こういん》は殿上において七ヶの不審を上人に開く(聞)。上人は老耄《ろうぼう》の後に聖教《しょうぎょう》を見ずして三十年、その後、山僧筑前の弟子竪義《じゅぎ》を遂げしめんために上人に参ず。内々に法門を談ず。竪者《じっしゃ》云はく、三十年は聖教を見ずと仰せらるれども、それぞれ分明なること当時の勧学にも越えたまへり。直《ただ》の人にはあらずおはしけり云々。公胤夢に見て云はく、源空の本地身は大勢至菩薩にして衆生を教化せんが故にこの界に度々に来たる云々。

(『醍醐本』「別伝記」)

この文章は前後二つの部分に分かれると思う。前半は「法然上人は」から「一切経を披見す」までである。後半は「師と問答するに」から「この界に度々に来たる」までである。後半の文章については、他の伝記と矛盾するところはあまりない。法然の本国の師は智鏡房観覚、叡山の師は黒谷の慈眼房叡空、華厳宗の師は鏡賀法橋、そして法相宗の師は蔵俊である。この四人はたしかに法然の師であるが、後に法然の弟子になったという。このことについて、たとえば叡空などに関しては多少疑問があるが、源智が法然からそのような話を聞いたことはまちがいない。そして竹林房静賢および三井の公胤は法然の専修念仏の反対者であったが、後に法然に説得されて専修念仏の信者となったというが、このことも、公胤が法然忌の導師を務めたことをみても、まったく根拠なきことではないであろう。この後半の文章はまず問題はないが、問題は前半の文章なのである。

「別伝記」と『四十八巻伝』の違いは、父の殺害を、法然が叡山に登る前にするか、後にするかの違いである。「別伝記」は後だとする。おそらく智鏡房観覚のもとで僧になった法然を、智鏡房観覚は「これはたいへんな才能である。このまま田舎の寺においておくのはもったいない。叡山に登らせて名だたる学生《がくしょう》になってほしい」といって、法然を連れて、父時国のところへ別れの挨拶に立ち寄ったと思われる。しかし、

法然の父漆間時国と母秦氏の像（誕生寺・岡山県久米南町）

その父の答えはまったく驚くべきものであった。「我に敵あり、登山の後に敵に打たると聞かば後世を訪ふべし」。つまり、「私には敵がいる。おまえが叡山に登った後に私が殺されたと聞いたなら、私の後世を弔ってほしい」といったというのである。このとき法然は十五歳であった。十五歳といえば、今の中学二年生である。そのような息子に父は恐ろしいことをいったものである。父は、才能を見込まれて叡山に登るわが息子に祝福の言葉をいえなかったのであろうか。おそらく父は心の余裕を失っていたのであろう。この一言によって、時国がどんなに追いつめられた心境にあったかがわかる。しかし、子の法然にとって、この言葉はどんなに恐ろしい言葉であったろう。おそらく山に登っても、法然は父のことが気がかりでならなかったにちがいない。やがて父の予言は事実となった。それを聞いて法然はショックを受けて、師に暇を請うて遁世しようとしたとある。すでに法然は俗世を捨てて叡山に登って、僧となったはずである。それがまた遁世しようというのはどういうわけであろうか。

当時、僧になることはたしかに遁世であったが、とりわけ出身階級の低い僧にとって叡山で僧になることは異例の出世を望めることであった。恵心僧都源信が、高貴な人に招かれて説教したということを母に知らせたところ、その母が次のようにいったという。

此様ノ御八講《みはつかう》ニ参リナドシテ行《あり》キ給フハ、法師ニ成シ聞エシ本意ニハ非ズ。其《そこ》ニハ微妙《めでた》ク被思《おぼさる》ラメドモ、嫗《おうな》ノ心ニハ違ヒニタリ。嫗ノ思ヒシ事ハ、「女子《をむなご》ハ数《あまた》有レドモ、男子《をのこご》ハ其ノ一人也。其レヲ、元服ヲモ不令為《せしめ》ズシテ、比叡ノ山ニ上《のぼせ》ケレバ、学問シテ身ノ才《ざい》吉《よ》ク有テ、多武《たむ》ノ峰ノ聖人ノ様ニ貴クテ、嫗ノ後世ヲモ救ヒ給ヘ」ト思ヒシ也。其レニ、此ク名僧ニテ花ヤカニ行《あり》キ給ハムハ、本意ニ違フ事也。我レ年老ヒヌ。「生タラム程ニ聖人ニシテ御《おは》セムヲ心安ク見置テ死ナバヤ」トコソ思ヒシカ。

(『今昔物語集』巻十五第三十九)

つまり、「おまえを叡山に出家させたのは、世にもてはやされる、位の高い僧にするためではない。学問をして、ほんとうの道を求め、立派な聖人になってもらいたいと思ったからだ」と母は息子を非難したというのである。叡山はこの世とは別な、あるいは、この世よりもっと露骨な権力と金銭を求める俗な世間になり、それを嫌って叡山を去り、遁世する僧が多かった。源信の弟子であり、法然の師叡空の師にあたる良忍もまた、叡山を出て大原に隠遁した。おそらく法然は叡山を出て、父の菩提を弔うために諸国を遊行する乞食僧《こつじきそう》になろうと思ったのであろう。しかし師の慈眼房叡空は、遁世するのは天台教学を勉強してからでも遅くはないといって、法然に「天台三大部」の勉強を勧めた。「天台三大部」とは『法華玄義《ほっけげんぎ》』『法華文句《ほっけもんぐ》』『摩訶止観《まかしかん》』である。法然は、それぞれの専門の師のところに通ってそれを学んだのであろう。そして三年間で天台六十巻を学び終え、その後は黒谷の経蔵に籠居した。これは学問的遁世といえる。

この「別伝記」に書かれた法然の伝記は、やはり、法然の最愛の弟子である源智によって語られたものとして、動かしがたい信憑性をもっているように思われる。もし、これが真実であるとすれば、『四十八巻伝』が語る一連の話は、一見たいへん首尾一貫した物語のように思われるものの、まったくのフィクションであることになる。これはさきに述べたようにいろいろおかしい点がある。

法然の父の殺害が、法然が叡山に登る後であったとすれば、いまわの際に語った、「どうか復讐はやめてほしい。それは永遠に怨恨がめぐることになる。その因果の鎖を断ってほしい」という話はまったくありえないことになる。ただ、自分の後世を弔ってほしいという願いだけが父の語った言葉なのである。このように、法然が僧になることを勧める父の遺言もありえないことであるなら、そのとき遠い祖先が起こした殺人事件に因果を発するという説もまったくのフィクションであり、源年なる人物もまったくフィクションによってつくりあげられた人物であることになる。

三田全信氏による〝法然上人諸伝の研究〟

われわれはここにきて、父殺害事件をもう一度、根本的に考え直さなくてはならないことになった。それには、数多い法然の伝記がいかにしてできたかを詳細に検討しなければならない。

前にも述べたように、法然の伝記はじつに多くつくられた。そして、それらの伝記がいつ、だれによってつくられ、それがどのような傾向をもっているかを精密に考証する必要があるが、この法然伝記の研究は、三田全信《さんだぜんしん》氏の『成立史的法然上人諸伝の研究』でほぼ大成されたと思う。三田氏にはそれ以前、昭和三十四年に発行された『浄土宗史の諸研究』があるが、昭和四十一年に発行された『成立史的法然上人諸伝の研究』によって法然伝の研究を完成させたのである。私の見るところ、以後、部分にお いては三田説を一部訂正する説はあるものの、三田説を根本的に覆すような法然伝研究はまだあらわれていない。あらゆる浄土宗の経典にあたり、諸伝記に記された事象を克明に比較研究して、冷静な判断をくだしている三田氏の著書に私は多くのことを教えられた。

『醍醐本』をもっとも古く、もっとも信頼できる法然の伝記として、すべての法然伝を考え直そうとしたのは、三田氏がはじめてであるが、残念ながら、その『醍醐本』の「別伝記」にもとづいて、法然の人生を考え直し、それと法然の学説がどうかかわるかについては三田氏も論ぜられていない。それはおそらく後につづく学者の仕事であろう。私はもちろん専門の法然研究者ではないが、法然という人間の苦悩について、とりわけ深い関心をもつ哲学者である。三田説にもとづいて、法然の人間像を考えてみよう。

三田全信氏は『成立史的法然上人諸伝の研究』で、十七の法然伝を比較研究している。

一、法然上人伝記（醍醐本）
二、源空聖人私日記（私日記）
三、知恩講私記
四、本朝祖師伝記絵詞（四巻伝）
五、法然上人伝（増上寺本）
六、「源平盛衰記」に収められた法然上人伝
七、「古今著聞集」に収められた法然上人伝
八、「私聚百因縁集」に収められた法然上人伝
九、「黒谷上人伝」（信瑞本）及び「明義進行集」（進行集）
十、源空上人伝（知恩伝）
十一、法然聖人絵（弘願本）
十二、法然上人秘伝（秘伝）
十三、黒谷源空上人伝（十六門記）
十四、法然上人伝絵詞（琳阿本）
十五、拾遺古徳伝絵（古徳伝）
十六、法然上人伝記（九巻伝）

十七、法然上人行状絵図（四十八巻伝）

このなかには、純粋の法然伝とはいえない、『源平盛衰記《げんぺいせいすいき》』や『古今著聞集《ここんちょもんじゅう》』や『私聚百因縁集《しじゅひゃくいんねんしゅう》』の中に収められた法然の伝記もふくまれている。三田氏はそれらの伝記にふくまれる特異記事を、他の伝記にふくまれる記事と比較対照して克明に検討している。

いちばん古い法然伝は、『醍醐本』と、『西方指南抄《さいほうしなんしょう》』に収められている『源空聖人私日記』（以下『私日記』）である。『西方指南抄』は、親鸞が、法然をはじめとする浄土教の専修念仏の師たちの書いたものを集め、写したものである。その末尾に「康元元丙辰年十月十四日　愚禿親鸞八十四歳書之」とあるから、この書も法然の死後四十五年目に親鸞がそれを筆写したものであろう。とすると、『私日記』も、少なくとも康元元（一二五六）年までにはできていたと考えねばならない。三田氏は、親鸞の『教行信証』の一文や記事の内容から、この書はすでに建保六（一二一八）年頃にはできていたのではないかという。親鸞が自ら筆写した『私日記』は現在、伊勢高田専修寺《たかだせんじゅじ》が蔵している『西方指南抄』の中に収められているが、かなり脱文があることが指摘されている。それは、たぶん親鸞の写した本にすでに脱文があったからであろう。

おそらく親鸞は、『私日記』を法然の面影を伝えるもっとも忠実な伝記として、感激をもって、この書を筆写したのであろう。この書は、『醍醐本』をのぞけば、もっとも古い法然の伝記として、以後の伝記にも、ここで語られる話がそのまま採用されている。

法然を聖人に仕立てあげた『私日記』

『源空聖人私日記』がどのような伝記であるかを明らかにするために、そのはじめの部分、ちょうどさきの「別伝記」に語られた、法然が師に暇を請うたときまでの部分を引用しよう。

夫れ以《おもんみ》れば、俗姓は美作国庁の官の漆間時国の息なり。同国の久米南条稲岡庄は誕生の地なり。長承二年癸丑聖人始めて胎内を出づる時、両幡天より降る。奇異の瑞相なり。権化の再誕なり。見る者は掌を合はせ、聞く者は耳を驚かす云々。保延七年辛酉春比《ころ》、慈父は夜打のために殺害せられ畢《おわ》んぬ。聖人は生年九歳なり。彼は矯の小箭を以て凶敵の目間を射る。件《くだん》の疵《きず》を以てその敵を知る。即ちその庄の預所《あずかりどころ》の明石源内武者《あかしのげんないむしゃ》なり。ここに因《よ》りて逃《に》げ隠れ畢んぬ。その時聖人は同国内の菩提寺院主の観覚得業《かんがくとくごう》の弟子となり給ふ。天養二年乙丑に初めて登山の時、得業観覚の状に云ふ、「大聖文殊像一躰《たいしょうもんじゅぞういったい》を進上す、観覚、西塔北谷持法房禅下」と。得業の消息を見給ひ奇《あや》み給ふに小児来たる。聖人は十三歳なり。然る後十七歳、天台六十巻これを読み始む。
久安六年庚午十八歳にして始めて師匠に暇を乞請して遁世す。（『源空聖人私日記』）

これが、法然が師に暇を請うて遁世するまでの法然の伝記であるが、この伝記は正確に法然の人生を伝えるというものではなく、法然を、生まれたときから異常な奇跡を起こさしめる聖人としてもちあげようとするものである。

はじめに、彼は漆間時国の息子で、長承二（一一三三）年に久米南条稲岡庄に誕生したという事実が語られているが、次に聖人が胎内を出るときに両幡が天から降りたという奇瑞《きずい》がつけ加えられている。この奇瑞は聖人があらわれたという瑞相であって、見るものは手を合わせ聞くものは驚いたということであるが、このように『私日記』は事実の後にかならず奇跡をつけ加える。そして、こういう奇跡の話が後の伝記に受け継がれ、『四十八巻伝』には、白幡が二流れ飛んできて、その幡についていた鈴の音が空に響き渡って、旗の模様は陽に照らされて輝き、何日かたって天に昇って帰ってしまったとある。おそらくこの両幡がいつのまにか白幡となり、応神天皇の誕生のときの八つの幡が下ったという話に擬せられているのであろう。

また、『四十八巻伝』には、法然の母の秦《はた》氏が剃刀《かみそり》を飲んだ夢を見て懐妊したので、父の時国が「おまえの孕んでいるものは男子で、一朝の戒師になろう」といったとあるが、このことは『法然上人伝記』（『九巻伝』）にはじめて出て、『四十八巻伝』に受け継がれたものである。

『私日記』は、次に法然九歳のときに明石源内による父の殺害について述べるが、この後に九歳の少年が小さな矢で敵の目の間を撃ち、その傷によって、夜討ちをしかけたのは明石源内であり、彼はそれによって逐電したと語るのである。この話がだんだん拡大していって、さきのような首尾一貫した物語になったわけである。

次に『私日記』は、法然が観覚の弟子となり、観覚はかねてからの知りあいの持法《じほう》房源光《ぼうげんこう》に紹介状を書いて、法然を弟子とすることを頼んだという事実を語るが、それにもまた、まずありえないと思われる話がつけ加えられている。観覚は文殊像一体を源光に進上するという手紙を源光に与えたという。こういう手紙を読んで、源光は怪しんであたりを見てみると、十三歳の子どもが立っていた。つまりこの子は文殊様のような智恵があるというのである。観覚は法然の母の弟である。いくら親戚の身びいきでも、自分の甥を文殊様といい、文殊様を差しあげるというのは、まったく源光をばかにした話である。観覚はかつて叡山で学んだ僧であり、源光とは昔の知りあいであったとしても、そんなことをいうはずはない。ただこれも、いかに法然の智恵がすぐれていたかを示すために後からつくられた話であろう。

まあ、それはいいとしても次の、十七歳から天台六十巻を読みはじめて十八歳で師匠に暇を請うて遁世したという話は、前後がつながらないのである。『四十八巻伝』では、法然は最初源光につき、次に皇円阿闍梨《こうえんあじゃり》につき、皇円阿闍梨のもとで戒壇院にて「大乗戒」を受け、僧としての出世街道を進もうとしたが、やがて世を厭い、十八歳にして黒谷《くろだに》の慈眼房叡空の庵にいたって弟子となり、さらに名利《みょうり》を棄て、一向に生死を離れる道を求めて師に暇を請うたという。それが「別伝記」では、師匠は、はじめから叡空一人であり、父の死を契機としてひたすら無常をさとり、遁世することを師の叡空に願ったとある。『私日記』および『四十八巻伝』をふくめて、『醍醐本』以外のすべての法然伝では、法然九歳のときを父殺害のときとし、天養二（一一四五）年、十三歳のとき、あるいは久安三（一一四七）年、十五歳のときを入山出家のときとしているために、なぜ久安六（一一五〇）年、十八歳のとき、法然が隠遁の心をおこしたかが説明できないのである。『醍醐本』のように久安五（一一四九）年に出家し、そのときに父が殺され、法然が隠遁の心をおこして、師から去ろうとしたが、仏教を学んでからでも遅くはないと師にいわれて、「天台三大部」を学んだものの、やはり隠遁の心強く黒谷の経蔵に隠遁したと考えたほうが、法然の心が矛盾なく理解されるのである。

以後も『私日記』は、法然を異常な能力をもった聖人に仕立てあげようとする意志がはなはだ強く、常識では信じられない話が次々と語られている。法然が仏教修行のときに、普賢菩薩《ふげんぼさつ》が目の前にあらわれたとか、法然が『華厳経』を読んでいたときに小さい蛇が出てきて、信空がそれを見て驚いたとかいう話である。また、法然が夜、経典を読んでいたとき、灯明がないのに室内が昼のように明るかったとか、あるいは真言の教えを修していたときに五相成身《ごそうじょうしん》の観行を見たとか、あるいは上西門院に法然が説教したときに、七日の間小さな蛇が出てきて法然の説教を聞いていたが、七日目の日に唐垣の上で蛇が死んで、その蛇の頭が破れて、そこから天人が空に舞いあがった、とかいう話が語られている。研究者は、このような話は信空の門下から出た話ではないかというが、信空は法然の師叡空の弟子で、法然と相弟子であったが、後に法然の弟子となり、法然門下で長老としてもっとも尊敬された篤実な弟子である。その信空の門下からこのような話が伝えられたとすれば、少し怪しげな話であっても真実としないわけにはいかない。親鸞も、このような話を真実であると考えたのであろうか。しかし、この『源空聖人私日記』なる法然伝がもう一つの拠りどころとしたのは、『醍醐本』であることは否定できない。

法然の息吹が伝わってくる『醍醐本』

『私日記』は『醍醐本』を要約したところが多くある。『私日記』と『醍醐本』には、共通の文句のある文章がたくさんある。いまこの二つの文章をとってそれを比較し、どれがもとになったかを考えてみることにしよう。いささか読者に煩雑の感を与えるかもしれないが、大事なところなので正確を期したい。

一つは法然の専修念仏の思想がどのようにして形成されたかという話と、もう一つは法然の師にあたる皇円阿闍梨が死後、大蛇になったという話である。

この故に往生要集を先達と為して浄土門に入るなり。この宗の奥旨を闚《うかが》ひて善導の釈を二反《へん》これを見るに、往生は難しと思へり。第三反の度《たび》は乱想の凡夫は称名の行に依りて往生すべきの道理を得たり。但し、自身の出離においてはすでに思ひ定め畢《おわ》んぬ。他人のためにこれを弘めんと欲すと雖も、時機叶ひ難きが故に、煩ひて眠る夢の中に、紫雲大いに聳《そび》えて日本国に覆へり。雲中より無量の光を出だす。光の中より百宝の色の鳥飛び散りて充満せり。時に高山に昇りて忽《たちま》ちに生身の善導に値《あ》ひ奉る。腰より下は金色なり。腰より上は常の人の如し。高僧の云はく、汝不肖の身たりと雖も、専修念仏を弘むる故に汝の前に来れり。我はこれ善導なり云々。それより後この法を弘む。年々に繁昌して流布せざる境なきなり云々。

（『醍醐本』「一期物語」）

抑《そもそも》、曇鸞《どんらん》・道綽《どうしやく》・善導・懐感《えかん》の御作より始め楞厳先徳《りようごんせんとく》の往生要集に至るに奥旨を窺ふと雖も、二返拝見の時は往生なほ易からざるごとし。第三返の時、乱想の凡夫は称名の一行に如《し》かず。これ即ち濁世《じよくせ》の我等が依怙《えこ》、末代衆生の出離なりと、開悟せしめ訖《おわ》んぬ。況んや自身の得脱をや。然れば即ち世のため人のためにこの行を弘通《ぐつう》せしめんと欲すと雖も、時機量り難く感応知り難し。倩《つらつら》この事を思ひて暫く伏して寝るところ夢想を示す。紫雲広大に、聳へて日本国を覆ふ。雲中より無量光を出だし、光中より百宝色の鳥飛散し虚空に充満せり。時に高山に登り忽ちに生身の善導を拝す。御腰より下は金色なり。御腰より上は常の如し。高僧云はく、汝は不肖の身なると雖も念仏の興行は一天に満ち、称名の専修を衆生に及ぼす故に我ここに来たる。善導は即ち我なりと云々。ここに因りてこの法を弘む。年年次第に繁昌して流布せざるところ無し。

（『私日記』）

この二つの文章は、ともに法然が善導の『観経疏』の説に従って自らの浄土念仏の思想を固め、専修念仏にふみきったことを語る。二つの文章を比べてみよう。

『醍醐本』のほうは、法然の信仰の成熟過程をじつに的確にとらえている。法然が念仏門に入ったのは、『往生要集』がその入り口であった。「それ往生極楽の教行は濁世末代の目足なり。道俗貴賤誰か帰せざる者あらん」という『往生要集』の序文の言葉を再三法然は引用している。ところがそこで、その念仏を観想の念仏と考えるか、口称の念仏と考えるかが問題である。もし観想の念仏によれば凡夫である自分にはとてもできず、したがって往生もできない。口称の念仏ならば凡夫の自分でも可能であり、往生することができる。法然は二たび、善導の『観経疏』を読んで、往生はむずかしいと考えたが、三たび『観経疏』を読んだところ、心が乱れて集中できない凡夫も、称名すなわち口称の念仏の行によって往生することができるという道理を得たというのである。そして、法然はそのような善導の思想にいきあたって、自らの往生は可能であるという確信を得たのである。しかし、他人のためにこれを広めるのは容易ではない。とてもいまの時代にこれを広めることはできないであろう。もちろん南都《なんと》（奈良興福寺）北嶺《ほくれい》（比叡山）の旧仏教の反対が予想される。それを悩んで眠っていたところ、夢の中で紫の雲が大いに湧きあがって、日本国を覆った。そしてこのなかから無量の光が輝いて、その光の中に美しい色の鳥が何羽も飛び立って充満した。鳥は人間にとって昔からあの世の使いであった。百宝の色に輝く鳥といえば、極楽の使いであることは確実である。それでその高い山に登ったら、そこで生身の善導と行き会ったというのである。腰から下は金色で、腰から上はふつうの人間のようであった。腰から下が金色であるというのは、人間の煩悩を克服した姿を示しているのであろうか。そして、腰から上はふつうの人間、生身の人間なのである。そしてその善導が「あなたは愚かな身であるが、専修念仏を広めている。それゆえ、あなたの前にやってきたのだ」といった。そして善導は「私は善導です」とはっきり名のった。こういう夢想を得て、法然は布教の自信を強め専修念仏にふみきったが、年々彼の教えは受け入れられて、専修念仏はあまねく世に流布したというのである。

この文章を『私日記』の文章と比較すると、『私日記』のほうは文章が長くなっていて、どこかボケて、緊張感を失っている。「曇鸞・道綽・善導・懐感の御作より始め楞厳先徳の往生要集に至るに奥旨を窺ふと雖も」というのもおかしい。さきの『醍醐本』で語られた、法然が『往生要集』を先達として浄土門に入ったという点があいまいになり、そして「二返拝見の時は往生なほ易からざるごとし。第三返の時、乱想の凡夫は称名の一行に如かず。これ即ち濁世の我等が依怙、末代衆生の出離なりと、開悟せしめ訖んぬ」というのでは、法然が二返、三返拝見したのが善導の著書であるかどうかもわからない。この文章では曇鸞や道綽や懐感の著書でもかまわないことにになる。

また、法然が布教を決意した夢の話についても、『私日記』は「一期物語」の大意をとっているが、文章を少し変えている。その変えたところが的確ではない。たとえば、「百宝の色の鳥飛び散りて充満せり」というところを、『私日記』では「百宝色の鳥飛散し虚空に充満せり」とあるが、この場合「虚空」はいらない。そして『私日記』は、夢にあらわれた高僧が「念仏の興行は一天に満ち、称名の専修を衆生に及ぼす故に我ここに来たる。善導は即ち我なり」というが、「一期物語」の「汝不肖の身たりと雖も、専修念仏を弘むる故に汝の前に来れり。我はこれ善導なり」という言葉の迫力がここでは薄められているのである。「我はこれ善導なり」（「一期物語」）と「善導は即ち我なり」（『私日記』）とは言葉の迫力がちがう。

「一期物語」は、法然自ら語った自己の信仰確立の過程を源智が忠実に書きとめたものである。これを読むと、法然はじつに明晰な頭脳をもった人であると思わざるをえないが、そういう信仰の確立の過程を自ら語る法然の息吹がじかに伝わってくる。『私日記』の作者は、『醍醐本』を写したにちがいないが、あるいは法然の信仰を十分に理解せず、あるいは言葉をわかりやすくしようとしたために、言葉はあいまいになり、その文章の迫力を減じた感がある。

　このことは、法然の師、肥後の阿闍梨皇円が釈迦の死後、五十六億七千万年後にこの世に出現する弥勒《みろく》の出生に会わんがために、遠江国笠原庄《かさはらのしょう》の桜池という池に大蛇に化身して棲みついたという話に対する両者の叙述の違いにもあらわれている。

　我が師に肥後阿闍梨と云ふ人あり。智恵深遠の人なり。つらつら自身の分際を顧みるにこの度生死を解脱《げだつ》すべからず。もしこの度生を改むれば、生を隔つ。即ち亡（忘るる異本）の故に定んで仏法を忘るるか。然らば長命の報を受けて慈尊の出世を待つべし。大蛇はこれ長寿なるものなり。吾まさに大蛇となるべし。但し、もし大海に住せば中夭《ちゅうよう》の恐れあるべし。これに依りて遠江国笠原庄の内に桜陀と云ふ池あり。領家の放文《はなちぶみ》を取りてこの池に住せんと願ふ。死期に水を乞ひ掌中に入れて死し畢んぬ。彼の池において風も吹かざるに、率《にわ》かに大浪自《おの》づから起りて池の中の塵を排《はら》ひあぐ。諸人奇特を作しこの由を注して領家に申す。その日比《ごろ》を勘《かんが》ふるに彼の阿闍梨の逝去の日時に当たる。智恵ある故に生死出で難きことを知り、道心ある故に仏世に値《あ》はんと願ふ。然して浄土の法門を知らざる故に此くの如き意楽を発す。我、その時この法を得たらんには信・不信を顧みず、この法門を指授すべかりけり。当世の仏法においては道心のある者は遠生の縁を期し、道心のなき者は併しながら名利の思ひに住し、自身（力異本）を以て輒《たやす》く生死を出づべしと言ふは、これ機縁の分際を知る（らざる異本）故なり。

（『醍醐本』「一期物語」）

我が師の肥後阿闍梨と云ふ人は智恵深遠なり。然るに倩《つらつら》自身の分際を計るに、この度、生死を出離すべからず。若し度々生まれ替るに、生を隔つれば即ち忘るる故に定んで仏法をも忘れん。如《し》かず、長命の報を受けて、慈尊の出世に値《あ》ひ奉らんと欲するには。これに依りて我はまさに大蛇身を受けんとす。ただし大海に住せば中夭《ちゆうよう》あるべし。此くの如く思ひ定めて遠江国笠原庄の内の桜池と云ふ所あり。領家の放文を取りこの池に住さんと誓願し了んぬ。その後、死期の時に至りて水を乞ひ掌中に入りて死に了んぬ。しかるに彼の池、風吹かずして浪俄《にわか》に立ち池中の塵を悉く払ひ上ぐ。諸人はこれを見て即ちこの由を注し、領家に触れ申す。その日時を勘ふるに彼の阿闍梨の当《まさ》に逝去の日なるべし。所以は智恵ある故に生死を出ずること難しと知る。道心ある故に仏の出世に値はんずる祈願なり。然りと雖もいまだ浄土の法門を知らざる故に、此くの如く意願を発《おこ》す。我、その時若しこの法を尋ね得たらんには、信・不信を顧ず、この法門を申すなり。しかるに聖道の法においては道心ある者は遠生の縁を期し、道心の無き者は併《しかしなが》ら名利に住す。自力を以て輙《すなわ》ち生死を厭ふべきとは是れ帰依《きえ》を得ざる証なりと云々。

（『私日記』）

『尊卑分脈』によると、皇円は藤原道長《みちなが》の兄の道兼《みちかね》の血を受ける名門の出身である。道兼は兄道隆《みちたか》の死後、関白になったが、わずか一ヵ月足らずで死に、その位を弟の道長に譲らねばならなかった。この道長の子孫が以後、摂政・関白の職を独占したわけであるが、道兼が生きていたらどんな状況になっていたかはわからない。皇円は、この名家の血を引いた豊前守《ぶぜんのかみ》藤原重兼《しげかね》の子である。

今、法然堂のある地が皇円のいた坊の跡と伝えられるが、そこは叡山の東塔で、根本中堂に近い。それはまさに陽のあたるところで、ほとんど陽のあたらない暗い谷の中にある、叡空のいた黒谷の青龍寺《せいりゅうじ》とははなはだ対照的である。『四十八巻伝』などでは、皇円は叡山における法然の二番目の師にあたるというが、『醍醐本』では、法然の師は最初から叡空一人であるとする。しかし、その『醍醐本』の「一期物語」でも、法然が「我が師」といっているところをみると、法然は皇円に天台仏教を学んだと思われるが、彼は歴史に興味をもち、『扶桑略記《ふそうりやっき》』の著者とされる。

私は、最初に『四十八巻伝』で、この皇円が大蛇になろうとする話を読んだとき、これはあまりにばかばかしい話で、『扶桑略記』の著者が、そんなことを考えるはずはない、これはおそらく後からつくられた話であるにちがいないと思った。しかしこの話は、法然の最愛の弟子源智が法然から親しく聞いたこととして「一期物語」にも書きとめている話である。源智が嘘を書くはずはない。そう思って「一期物語」のこの文章をよくよく読んでみると、末法の世に生きるまじめな学僧の哀しみがしみじみと理解されるような話である。そして法然もまた、大蛇になって池に棲まねばならない師の哀しみをよく理解し、自分が師に浄土の教えを教えなかったことを悲しんでいるのである。

私の師である肥後阿闍梨皇円という人はたいへん智恵のある人である。その師が「よくよく自分の分際を省みてみると、この世ではとうてい自分で生死を解脱することはできない。次の世に生まれ変わったとして、前の世のことは忘れてしまうということであるから、きっと仏法のことを忘れてしまうであろう。とすれば、長生きをして弥勒菩薩がこの世にあらわれるのを待つのがよい。この世でもっとも長生きなものは大蛇であるという。それで私は大蛇になろう。しかし大蛇になって大海に棲んだなら、大海にはいろいろな生き物がいるので、途中で死んでしまうということがあろう。だから、池に棲むのがいちばんよい」と、考えた。そしてわが師は遠江国笠原庄内の桜池という池を領有している人にその池を譲ってもらって、この池に棲みたいと思った。それで死ぬときに水をもらい受けて、手のひらの中に入れて死んだ。ちょうどそのとき、桜池では風も吹かないのににわかに大波が起こり、池の中の塵を払いあげた。それを見て人々は驚いて、この池を譲った領主に申し出たが、その日はちょうどわが師皇円阿闍梨が死んだ日であり、まさに時刻も同じ時刻であった、という。

こういうことを法然が源智に語ったのはまちがいないと思われるが、このような、むしろ滑稽な皇円の死のさまを語る言葉にも、智恵深遠であり、しかも道心堅固な求《ぐ》道《どう》者であった師に対する法然の思いやりがうかがえる。皇円は死んで大蛇になろうとまじめに考えていたにちがいない。

このころ末法の世となり、この世に希望を失って、望みを弥勒出現のときにかけた弥勒の世の願生《がんしよう》者が多くあった。五十六億七千万年の未来の世にまた出会おうと、願文とともに経筒《きようづつ》を土に埋める風習が流行していたのである。今、弥勒信仰の聖地と考えられた鞍馬《くらま》山からたくさん経筒が発掘されて世を驚かせたが、まだまだ多くの経筒が鞍馬山には眠っている。

皇円阿闍梨もこういう弥勒の世の願生者の一人であったにちがいないが、彼は本気で五十六億七千万年生き長らえることを考えたのであろう。大蛇はやはり龍であろう。

たとえば釈迦の説法を記した『華厳経』という経典が龍宮に保存され、龍樹菩薩《りゅうじゅぼさつ》が龍宮でそれを見つけて世に広めたという。おそらく皇円はこういうことから大蛇すなわち龍になろうとしたのであろうか。大海はいろいろ危険があるから、五十六億七千万年生きるのはむずかしいと考えたところがおもしろい。それでどういう因縁があるのか、遠江国すなわち静岡県笠原庄の桜池に棲もうという願を立てたが、彼が死んだときにちょうど、桜池には風も吹かないのに波がたって一面の池の塵を吹きあげたという。これは、おそらく大蛇となって池に入ろうとした皇円の入池を荘厳しようとする自然の営みであろう。法然は、皇円がほんとうに大蛇になって桜池に入池したと考えていたのであろう。

これに対する法然の批評がたいへんおもしろい。「師は智恵があるので、自分ではとても生死をのがれがたいということをよく知っていた。しかし師には道心があり、弥勒出現の世に会いたいと思った。しかし残念ながら、師は浄土の法門を知らないので、このような願をおこしたのだ。もし自分が後に知りえた浄土の法門をそのとき知っていたならば、師が信じようと信じまいとにかかわらず、この浄土念仏の法門を師に授けたであろうに」と法然は嘆き悲しんだのである。そして最後に次のようにいう。

「いまの世の仏教者で、こういうまじめな道心のある人が、このような遠い未来の弥勒の世を願っている。そして、まじめではない道心のない僧たちはこの世の出世ばかりを求めている」と。その後の「これ機縁の分際を知る故なり」の文章は、「知」の上に「不」という字があるのではないかと私は思う。自分でたやすく生死を離れるというのは自分の分際を知らないものなのだ。この法然の師に対する批判は、当時、阿弥陀信仰とならんで流行していた弥勒信仰に対する批判であると思うが、この法然の批判の言葉にも師に対する尊敬と哀れみがふくまれている。

このことを語る『私日記』の文章はほとんど同じであるが、少しちがう。不注意のため写しちがえたか、それともわかりやすくするために文章を直したのかわからないが、文章を少し変えたところもあり、言葉を省いたところもある。この文章には「一期物語」の緊迫感が失われている。たとえば、今生《こんじよう》での解脱が問題である。自分の分際では今生の解脱はむずかしい、次の世で解脱をしたいが、たびたび生まれ変わったら仏法を忘れてしまう。それで大蛇になるといった、というのが「一期物語」の話であるが、『私日記』の文章ではそのところがボケている。また「大蛇はこれ長寿なるものなり」という言葉は『私日記』には存在しないが、「一期物語」の、長命の報いを得たい、長命なものは大蛇であるが、大海に棲んだら死んでしまうかもしれない、だから池に棲みたいという、このたたみかけるような切迫した感じが、「大蛇はこれ長寿なるものなり」という一文を省くことによって出てこない。また「一期物語」では「この法門を指授すべかりけり」とあるところを「この法門を申すなり」としているが、「申すなり」では弱い。また『私日記』には、次に「聖道の法においては」という法然の感想の言葉があるが、これはいらないし、「聖道の法」という言葉を法然はつかわない。

このようにくわしく両文を比較すると、やはりどうしても『醍醐本』が原文で、『私日記』はそれを写したものとみなくてはならない。『私日記』は信空の関係者から出たらしい法然伝であるが、この本は、法然に関する奇瑞譚《たん》を集め、それに、『醍醐本』を少し文を変えて引用し、首尾一貫した法然伝をはじめてつくったのであろう。この『私日記』が以後の法然伝のもとをなし、法然を神格化しようとする弟子たちによって、だんだんその奇瑞譚が拡大していったのであろう。

三田氏は、最終的に『醍醐本』をまとめた人は源智の弟子宿蓮房であるという。宿蓮房は法然滅後三十年すなわち仁治三（一二四二）年頃、師源智がたいせつに保存していた一連の本を整理し、現在の『醍醐本』のようなかたちにしたのではないかと三田氏はいう。それに対して『私日記』のほうは『醍醐本』の少し後に成立したものだとみるが、妥当な見解であろう。

時代とともに変形した法然伝

三田全信氏は数ある法然伝を整理し、さきにあげた順にできたものとするが、私は多くの伝記を卒読《そつどく》して、『醍醐本』および『私日記』以外には、『本朝祖師伝記絵詞』（『四巻伝』）、『黒谷上人伝』（『信瑞《しんずい》本』）に注目したい。これらの伝記は明らかに法然の弟子および孫弟子によってつくられたものであるが、それぞれその弟子の性格が出ていて、たいへん興味深い。

『本朝祖師伝記絵詞』は『四巻伝』といわれ、最初に絵を付した法然伝である。この著者は躭空《たんくう》とあるが、躭空は、二尊院で法然の教えを広めた、法然の弟子湛空《たんくう》ではないかと思われる。湛空は「七箇条起請文《しちかじょうきしょうもん》」には名を連ねていないが、法然没後の法然教団においてたいへん重きをなした人物である。もし、この『四巻伝』に出てくる「大納言律師公全《だいなごんりっしこうぜん》」が湛空その人であるとすれば、法然が流罪になったときに共に流罪になり、法然の船に乗りこんで、最後まで法然に仕えた弟子である。そして、あの粟生光明寺《あおのこうみょうじ》の本尊である「張子《はりこ》の御影《みえい》」――法然の母の手紙が塗りこめられているといわれる乾漆の法然像をつくらしめた弟子である。三田全信氏は、湛空はこのような自分の手柄を自ら語るはずはないといって、大納言律師公全なる人物は湛空ではないというが、私はそう考えず、こういうところが湛空の湛空たるゆえんだと思う。『四巻伝』は、いささか気負った、いささかペダンチックな文学的伝記であり、ところどころに法然の歌が添えられているが、どうもその歌は法然の歌ではなく、彼自身がつくった歌らしいのである。この湛空は、法然の死後「嘉禄《かろく》の法難」が起ったとき活躍し、法然の遺骨を嵯峨の二尊院に移し宝塔に納めたという。湛空は強い布教の意志をもち、法然の伝記をはじめて観空《かんくう》という絵描きに描かせたのである。これは『四十八巻伝』の先駆をなすものである。湛空は直接法然と接触があり、信空をはじめとする法然の弟子たちと親しかったので、彼なりに知ることができた法然に関する情報を従来の伝記に加えて『四巻伝』を作製したのであろう。

この湛空の『四巻伝』と対照的なのは、信空の弟子の敬西房信瑞《きょうさいぼうしんずい》が書いた『黒谷上人伝』である。残念ながら、この『信瑞本』は散佚《さんいつ》して伝わっていないが、『信瑞本』に依拠して澄円《ちょうえん》が書いた『獅子伏象論《ししふくぞうろん》』(『澄円本』)という信憑性の高い法然伝が残っていて、この『澄円本』からうかがい知ることができる。『信瑞本』は法然の一貫した伝記というより、法然に関するさまざまな情報をぽつりぽつり語ったような味わいがある。この伝記は『四巻伝』のようなきらきら輝く言葉はないが、信仰をかみしめているようなところがある。

『四十八巻伝』は、このような先行の法然伝を集大成したものであるが、皇円が遠江国笠原庄の桜池に入って大蛇になった話は、次のような話になっている。この話を読むと、『四十八巻伝』もやはり『醍醐本』に従って、それに説明を加えたにすぎないものといえる。たとえば、

　上人の師範、功徳院の肥後阿闍梨皇円は、叡山杉生《すぎう》法橋《ほっきょう》皇覚《こうがく》の弟子にて、顕《けん》密《みつ》の碩才なりき。しかるにつら〳〵思惟すらく、自身の機分をはかるに、このたびたやすく生死を出べからず、もしたびたび生をあらためば、隔生即忘して、さだめて仏法をわするべし。今たま〳〵人身をうくといへども、恨らくは二仏の中《ちゅう》間《げん》にして、なほ生死に輪廻《りんね》せんことを。（『四十八巻伝』第三十）

というのは、その説明であるが、よけいな文章もかなり加わっている。たとえば「もしたびたび生をあらためば」というのは、『醍醐本』ではなくて『私日記』の文に従ったのであろうが、「今たま〳〵」以下の文章は『四十八巻伝』の作者がつけ加えたものである。この文章をつけ加えると、生が変われば仏法を忘れる、それには生き長らえるのがよい、生き長らえるのが最長なものは大蛇だ、大蛇になりたい、しかし海に棲んだら早く死んでしまうかもしれない、池に棲みたい、という緊迫した文章のリズムが間延びになってしまう。すでに『私日記』に存在している間延びは『四十八巻

伝』にいたり、いちじるしくなったようである。

しかし長命の報を得て、慈尊の出世にあはむには、命ながきもの、蛇にすぎたるはなし、我かならず、大蛇の身をうくべし。但大海は金翅鳥《こんじちょう》の恐あり、池にすまむとおもひて、遠江国笠原庄に、さくらの池といふ池を、かの所の領家に申うけて、放文《はなちぶみ》をとり、命終のとき、水をこひ掌の中に入てをはりにけり。其後雨ふらず風ふかざるに彼の池にはかに水まさり、大なみたちて池中のちりもくず悉《ことごとく》はらひあぐ、諸人耳目ををどろかすよしかの所より領家にしるし申たりければ、その日時をかうかへらるゝに、彼闍梨命終の日時にてぞ有ける。当時にいたるまで、しづかなる夜は池に振鈴の音きこゆなどぞ申つたへ侍る。末代にはかゝるためし、ありがたくや侍るらん。（同前）

「一期物語」に「中夭の恐れあるべし」というところを、ここでは「金翅鳥の恐あり」となっている。「金翅鳥」というのはインド神話に登場する想像上の鳥ガルーダで、須弥山《しゅみせん》の下層に棲み、四海を飛行して龍を食べるという。いささか知識をひけらかしたのであろうが、「中夭の恐れあるべし」のほうがよいように思われる。この『四十八巻伝』の文章では、「雨ふらず風ふかざるに彼の池にはかに水まさり、大なみたちて池中のちりもくず悉はらひあぐ」とあるが、雨が降らず水が増したなどという文は『醍醐本』にはない。『醍醐本』は皇円阿闍梨が化して大蛇となったことを荘厳するために、塵を吹きあげたといったのであろうが、水が増すなどということはまったく意味がない。ここで「当時にいたるまで、しづかなる夜は池に振鈴の音きこゆ」というのは『四十八巻伝』の著者が、だれか遠江の人に聞いた話なのかもしれないが、ほとんど意味がない。

次につづく法然の感想も『醍醐本』とは少しちがう。

極楽に往生ののちは十方の国土心に任て経行し、一切の諸仏、おもひにしたがひて供養す。何ぞ必しもひさしく穢土に処することをねがはんや。彼闍梨はるかに後仏の出世を期していたづらにいけにすみ給はんこと、いたはしきわざなりとぞ仰られける。（同前）

ここでは、極楽に往生する楽しさを讃美し、久しく穢土《えど》にいる愚かさをいっているのであろうが、皇円も久しく穢土にいることを願ったわけではない。こういうふうにみると、少なくとも、この皇円に関する『四十八巻伝』の記事は、法然が源智に語った言葉を記した「一期物語」に従っていて、それを出るものではないことは明らかである。「一期物語」の話が徐々に変形していく過程が明らかになるので、多少長くなったが、くわしく述べたわけである。

このようにみると、もはや『醍醐本』は『源空聖人私日記』と比べると、はるかに古く、しかも、その著者のはっきりした本であることは疑いえないであろう。法然の人生を考えるには、やはり『私日記』より『醍醐本』にもとづかなければならないことは、もはや明らかである。

第三章

父時国殺害事件

悪をもって悪を制する時代

このように「別伝記」をふくむ『醍醐本《だいごほん》』が『私日記』よりはるかに古く、しかもはるかに信頼すべき法然の伝記であるとすれば、法然の人生を考えるにあたって、一つの重大な疑問が生じる。それは、法然の父時国《ときくに》の殺害および法然の出家についての従来の説を根本的に疑わねばならないことである。結局、『私日記』の説にもとづく『四十八巻伝』をはじめとする従来のほとんどすべての法然伝は、父時国殺害事件を保延七（一一四一）年におき、この事件を法然出家の原因として、法然の登山のときを天養二（一一四五）年か、あるいは久安三（一一四七）年におく。『私日記』は天養二年、法然十三歳のときのこととするが、『四十八巻伝』は叡山に残された法然受戒の記録などにより久安三年、法然十五歳のときとする。しかしいずれにしても、父殺害事件のはるか後に法然の登山・受戒が行われたとすることは変わりない。

ところが、『醍醐本』「別伝記」では法然の登山・受戒のときを久安三年、法然十五歳のときとし、父殺害事件を登山・受戒以後に起こったこととする。事件を、『私日記』や『四十八巻伝』のように、法然の幼年時代に起こったこととして登山・受戒のはるか前におくか、法然の少年時代に起こったこととして、登山・受戒以後におくかは、法然という人物を理解する根本にかかわってくる。こういう問いとともに、われわれは従来の法然伝を根本的に再検討する必要に迫られるのである。

いったい法然の父時国はどのような人間であったのか。彼はどのような職業についていたのか。『私日記』は時国を「美作国庁《みまさか》の官」としているが、「別伝記」には「美作州の人なり」とのみある。彼の父の職業について、湛空《たんくう》の書いた『四巻伝』ではじめて「押領使《おうりようし》」とされる。『四十八巻伝』もこの押領使説を継承し、現在までのほとんどすべての法然伝もそれに従っている。湛空は生前の法然の弟子であり、彼が『四巻伝』をつくったとき、まだ多くの法然の弟子は生きていた。それゆえ、彼は何らかの根拠ある証拠に従って法然の父時国の職を押領使とし、弟子たちも湛空の説に異議をとなえなかったのであろう。私も、それを疑う確実な根拠を見いだすことはできない。そこで、ここではいちおう時国の職業を押領使とすることにしよう。

さて、押領使という官であるが、それはいったいいかなる官であるのか。いままでの多くの法然伝は、押領使はわかりやすくいうと、戦前の田舎の警察署長のようなものであると説明された。法然は、田舎の警察署長のような職にある有力者の家で何不自由なく育った。ところが、そこに降ってわいたような事件が起きた。それが保延七年、法然九歳のときに起こった父殺害事件である。このように、時国殺害事件は、平和な豊かな田舎の家に起こった天災に似た突然の不慮《ふりょ》の事件のごとく理解されてきた。しかし、そういう理解はどうやらまちがっていたらしい。時国の時代はけっして平和な時代ではなく、押領使という官職も、けっして戦前の田舎の警察署長というような、呑気で安全な職ではなかったようである。

私はこの時代を、藤原不比等《ふひと》によってその基礎がつくられた律令《りつりょう》体制が崩壊に向かっている時代であると考える。稀代《きたい》の政治家藤原不比等は自家の支配に都合がよいように唐の律令を変形し、「大宝律令」や「養老律令」をつくった。それは一言でいえば、天皇の力が中国の皇帝よりはるかに小さく、太政官《だいじょうかん》すなわち実際に政治をとる貴族の力が、中国の皇帝よりはるかに大きいように制定された律令であった。この太政官の要職を藤原氏は独占したのである。こうして不比等によって藤原氏にははなはだ有利なようにつくられていた律令にもとづいて、摂関家の独裁体制というべき特殊な律令体制が日本に生まれたが、それが大きく揺るぎはじめていたのである。

ちょうど都で摂関家の独裁体制が完成しようとしていたとき、関東では平将門《たいらのまさかど》の乱（九三五—九四〇）が起こった。平将門は桓武天皇の曾孫の高望王《たかもちおう》の孫である。彼はそういう天皇の血を引く皇族という誇りもあって、摂関家の支配する中央政府に反旗を翻し、関東の地に新しい政府をつくろうとしたのであろう。摂関家にとって彼はまことに不逞《ふてい》な男であるが、幸いなことに将門は、これまた中央政府から不逞の輩《やから》とみなされていた俵藤太《たわらのとうた》こと藤原秀郷《ひでさと》らによって滅ぼされた。しかし、この将門の乱こそ、新しい勢力である武士の登場を告げるものであった。

不善の輩、押領使の役割

この武士は本来、律令体制を壊そうとするものであり、律令体制の枠内に収まりきれない悪党なのである。このような悪党どもを中央政府は何らかのかたちで取り締まらねばならない。それには「夷《い》を以て夷を制す」という言葉があるように、そのような悪党の中から、比較的御《ぎょ》しやすい悪党を選び彼に官職を与えて、より御しにくい悪党を抑えさせるのがよい。しかし、御しやすいといっても、いつ何どき御しにくい悪党になり変わるかわからない。

『古事類苑《こじるいえん》』には、

押領使ハ兵士ヲ管拘統領スルモノニシテ、合戦アルニ当リ、或ハ朝廷ヨリ命ジ、或ハ大将ヨリ命ズル所ナリ、然ルニ其間ニハ常置ノ職ト為シ、之ヲ諸国ニ設ケ、以テ奸盗ヲ鎮圧セシガ、後世ニハ専ラ平時ノ職ト為レリ。

（『古事類苑』官位部二十七「押領使」）

とある。昔は、押領使というのは戦乱のときに設けられる職であった。

たとえば、天平宝字三（七五九）年十一月九日に次のような詔が出ている。

陸奥国に若し急速有りて援軍を索《もと》めば、国別に二千已下《いか》の兵を差し発して、国司精幹の者一人を択み、押領せしめて速かに相救ひ援けよ。

（『続日本紀』巻二十二）

おそらく蝦夷《えみし》の反乱であろう。陸奥国が援軍を求めたならば、国ごとに二千人以下の兵を召集して、国司の中で一人を選び、それを押領使に任ずるという。この場合、「押」は、「押さえる・取り締まる」、「領」は「統べる・治める」という意味で、押領使とは、そういう兵隊を取り締まって蝦夷の乱に備える武士をさしたのであろう。

ところが、将門の乱によってその性格が変わる。将門の乱の平定のために朝廷は藤原秀郷を押領使に任じた。秀郷は時に流罪中であり、名うての乱暴者である。その秀郷が押領使に任ぜられたことに感激して、果敢に将門と戦い、ついに将門軍を討ち破った。ここから、押領使の性格が変わって、常置の官になり、国々のいたるところで、律令体制を危険にさらす悪党どもを取り締まる役人になったのであるが、それらもやはり多く、悪党の中から選ばれた。押領使ははじめは国司クラスであったが、ついには郡司クラスになった。

ちょうどこのころ『今昔物語集』がつくられているが、『今昔物語集』には、こういう律令制度を破壊しようとする武士を、盗賊、怨霊《おんりょう》とともにほめたたえているようなところがある。その武士の筆頭に将門の名をあげているが、ここでは将門はたんなる悪党として扱われてはいない。新しく勃興した武士といわれる人たちは、はなはだ乱暴で、容易に人を殺したりするが、それはまたどこかきびしい義理の道徳をもち、まことにすばやい行動力をもっている。そういう義理とか行動力を『今昔物語集』の著者は、むしろ讃美しているようにみえる。

将門の乱によって、急速に位をあげたのは武士という人間ばかりではない。仏の中にも、この将門の乱を通じて急激に地位をあげた仏がいる。それは不動明王《ふどうみようおう》である。不動明王というのはもともと大日如来の童子姿の使者であり、仏の位としては低い。不動明王は、アーリア族に征服され、奴隷とされたドラヴィダ族の風貌をしていて、いわば如来や菩薩などの仏の近くにいて仏を護る脇役にすぎなかったが、将門の乱でこの脇役の不動明王が大いに活躍するのである。将門の乱のとき怨敵調伏《おんてきちようぶく》には、空海ゆかりの寺である京都の神護寺の不動明王が出陣し、乱の調伏に大きな手柄を立てたが、乱後も不動明王は「京都へ帰るのはいやじゃ」とおっしゃって、関東の地に居すわってしまった。それが成田山新勝寺の本尊の不動明王であるが、かつて成田の新勝寺からは、何がしかの不動明王の借り代が神護寺に寄せられていたという。今は「成田不動」として庶民に親しまれている。

京都の東南にある東福寺は、昔は法性寺《ほっしょうじ》といって藤原摂関家の氏寺であった。これをつくったのは藤原忠平《ただひら》であるが、子孫たちは競ってそこに御堂を建てて、仏像を安置した。とくに藤原道長はそこにじつに巨大な五大堂を建てて、それぞれの堂にじつに巨大な不動明王をはじめとする五体の明王を安置した。今はもちろん五大堂はなく、五体の明王のうち四体の明王はなくなり、ただ一体、不動明王のみが同聚院《どうじゆいん》という寺に残っている。それは、そのころの『源氏物語』に描かれている美女の髪を思わせるような長い艶麗な髪をした不動明王である。不動明王崇拝は、どこかで藤原氏の武士に寄せる期待を思わせる。武士はインドのドラヴィダ族のように被抑圧民である。貴族は、このような被抑圧民の助けなしには自分の権力を維持することはできない。しかし、せめて貴族たちはその被抑圧民に彼らのごとき貴族の優美さがあればと願って、このような優美な不動明王をつくったのではなかろうか。押領使はまさにこの不動明王に似ている。それは身分が低い、それ自身手のつけられない暴れ者であるが、その力なくして、もはや貴族たちは律令体制を維持することができなかったのだ。

歴史家の井上満郎氏に『平安時代軍事制度の研究』という本があるが、その第二章に「押領使の研究」という一節がある。ここで井上氏は将門の乱後の押領使についていくつか例をあげている。一つは、『水左記《すいさき》』の「承暦三年八月三十日条」に出てくる押領使の話である。それは、相模国の「住人」の権大夫《ごんのだいぶ》為季《ためすえ》という男が押領使の景平の首を斬ったという話である。景平も為季も土地の豪族であるが、景平は押領使という官に任ぜられたので、国家権力をバックにしていろいろ横暴なことをして、それで恨みをかって為季に殺された。ここに登場する景平という押領使はけっして善人ということはできないが、もっと悪い押領使がいる。

それは、『三条家本北山抄裏文書』の「長徳四年二月二十一日備前国《びぜんのくに》鹿田荘《かだのしょう》梶取解《かじとりげ》」（『平安遺文』三七四号収載）に出てくる秦《はた》押領使である。秦はまさしく法然の母の姓であり、押領使はまさしく父の役職である。長徳四（九九八）年のことなので、法然の時代より約百五十年前のことであるが、佐伯吉永《さえきよしなが》というものが船を借りて美作国にある秋篠寺《あきしのじ》領《りょう》の米百八十石と塩二十籠を積んで瀬戸内海を運送している途中、大風に遭って、摂津武庫郡の小港で遭難した。そのとき、水手《かこ》すなわち船乗りの秦米茂なるものが積んであったものを盗んで逃亡したが、秦米茂は摂津河辺郡長渚庄の不善の輩で、字高先生秦押領使らと示し合わせて自分を殺そうとしたといって、吉永が訴え出たわけである。美作国にある秋篠寺領というのは、時国の邸のあった誕生寺《たんじょうじ》の近くである。船乗りの秦米茂、あるいはその背後にあった秦押領使は、法然と何らかの血縁関係があるのであろうか。このようなことは多少詮索にすぎる感があるが、この話によっても押領使が不善の輩、つまり悪党の性格をもっていることは否定できない。後世の「横領」という言葉は、この押領使の「押領」から転じた言葉であるという。とすれば、押領使というものは職業柄、権力を背景にして人のものをも掠めとってしまう可能性がある人間とみられていたことは注意しなくてはならない。

両親の出自と出生の秘密

私は、何度か法然の故郷を訪れたが、意外なことに美作国をはじめとして岡山県には、浄土宗の寺は少なく、日蓮宗や真言宗や禅宗の寺が多い。これは、空海の故郷四国に真言宗の寺が多いこととまことに対照的である。法然の故郷にしても、たしかに誕生寺という、法然の父の邸のあった場所に建てられた寺はあるが、それ以外、この町には浄土宗の寺はほとんどない。法然は故郷では受け入れられなかったのであろうか。たしかに法然は少年の日に叡山に登山して以来、故郷に帰ったことはない。法然は隠遁《いんとん》を好み、彼の弟子の証空《しょうくう》やその証空の孫弟子にあたる一遍《いっぺん》とちがって、あまり旅を好まなかった。四国や近畿には法然が訪ねたという伝承の寺があるが、法然が故郷を訪れた形跡はまったくない。人はだれでも功なり名とげた場合は、故郷へ錦を飾って帰りたいものであるが、法然は令名高く、すでに十分錦を飾って故郷へ帰ることができたと思われるのに、一生ついに故郷に帰ることはなかった。これは、故郷に対する複雑な法然の心を示しているのであろうか。室生犀星《むろうさいせい》がうたったように、法然にとって美作国の久米《くめ》南条《なんじょう》稲岡庄《いなおかのしょう》は「ふるさとは遠きにありて思ふもの　帰るところにあるまじや」というものであったのであろうか。室生犀星には故郷に帰りたくない事情があったが、法然にもそのような事情が伏在していたのであろうか。

誕生寺山門（岡山県久米南町）

私は少年の日の法然のことを調べるために、平成五（一九九三）年に二度にわたって、法然の故

本山寺（岡山県柵原町）

郷を訪ねた。私が主として訪ねたところは、久米南町にある誕生寺と、その誕生寺から東約五キロにある隣村の柵原《やなはら》町にある、子のない法然の父母が子どもを授かるように祈願したという本山寺《ほんざんじ》と、その隣にある波《は》多《た》神社である。それに、法然の故郷から遠く離れた美作国の東北の山の中にある菩提寺、法然の出た漆間《うるま》家の本家にあたるという津山市の立石《たていし》家などである。この法然の故郷を探る旅は、私に、法然という人間を考えるにあたっての重大なヒントを与えた。

　法然の母が秦氏であるというのは、信空《しんくう》の弟子信瑞《しんずい》がつくったといわれる『黒谷上人伝』にはじめて記され、その後の伝記に採用されているが、私のこの法然探求の旅において、それがまちがいないものであることがわかった。法然の生まれた久米南町のあたり一帯は、秦氏の勢力が強い地域である。法然の父母が子なきを嘆いて、子を授かるのを祈ったという本山寺の隣に波多神社があり、この本山寺は波多神社とセットであることは確実である。とすれば、この波多神社がその名のごとく秦氏の氏神であるとしたら、本山寺は秦氏の氏寺であることになる。それは、法然が父方漆間氏より母方秦氏と深い関係があることを示す。そして誕生寺の近くの弓削《ゆげ》というところは、その名からして、そこで弓矢をつくっていたことはまちがいなく、その隣町の錦織《にしこり》という、法然の母の故郷といわれるところは、絹の生産をしていたと思われる。あるいは、法然の本姓漆間という名称からみて、漆間氏も昔は漆《うるし》の生産に携わっていたのではないか。とすれば、秦氏はここに秦氏王国をつくり、農業とともに、このような弓矢や絹製品や漆製品の生産に従事していたのであろう。

波多神社（岡山県柵原町）

　このような渡来人の血を引く手工業の民は、もっと古くから日本で農業を営む民から、二重に差別されたと思われる。その出自において彼らは野蛮の民とされたからである。『新撰姓氏録《しんせんしょうじろく》』においても、このような歴史時代になって海外から移住した人たちは、蕃別《ばんべつ》として身分が低いとされているのである。中央における秦氏、とくに秦《はたの》河勝《かわかつ》は聖徳太子の大蔵大臣のような役目をして重く用いられ高い位にあがったが、子孫には河勝のような高い位につく人もなく、河勝自身も惨めな最期をとげたという伝承がある。また、秦氏は平安遷都に際して大きな役割を果たしたが、遷都後、秦氏が十分報われたという記録はない。この美作の秦氏も高い生産技術をもっていて、さまざまな手工業に携わり、豊かな富を築いたと思われるが、やはり手工業に携わるものは、稲作農耕民を国の基本の民とする律令政府からみれば、稲作農耕民のはるか下におかれたのである。これは江戸時代になっても士農工商という身分の差として残っている。法然の母秦氏の家は、そのような二重の差別を受けた家であるとみなくてはならないが、法然の少年時代は、父の漆間氏のほうより、母の秦氏の影響のほうが強いように思われる。

かならずしも全面的には信用できないが、『正源明義抄《しょうげんみょうぎしょう》』という法然伝によれば、法然の父時国が子のないのを憂い、氏（秦氏）の女性に相談したところ、「それならば、遊女にでも子どもをつくらせなさい。そうしたら私がお育ていたしましょう」といったという。そこで時国が「それならば、おまえの腹にもうけたほうがよい」といって、その氏の女に産ましめた子が法然だという。もしこれが真実を伝えるものであるとすれば、漆間氏と秦氏は親戚関係にある氏族で、しかも秦氏のほうがはるかに身分が低かったとみなければならない。

　またノートルダム清心女子大学教授の三好基之氏は、『四十八巻伝』の法然懐妊の絵図を見ると、漆間時国の館というのは押領使の館には見えず、時国が数名の従者と共に秦氏の屋敷を訪れたふうに描かれているという。これは当時の妻問婚《つまどいこん》の風習を考えれば、きわめて自然なことであろうが、法然はあるいは母の家で育てられたのであろうか。この説はたいへん興味深いが、その真偽はともかく、この久米南町の誕生寺の地が秦氏の勢力下にあったことは否定できない。

立石家の墓地を取材する著者（岡山県津山市）

　一方、漆間氏は美作国の国府のあった津山《つやま》の豪族、立石氏と深い関係をもっていたと思われる。立石家は平安時代からここに本拠を構えた豪族であり、しばしば歴史の舞台に登場し、盛衰を繰り返したが、その荒波をくぐって、現在も本家は津山市に大きな邸を構えている。この立石家の墓地には「立石・漆間」という姓が併記された墓碑がある。そして江戸時代まで誕生寺の住職は代々、まず立石家で装いを調えた後に誕生寺に入山するのを慣例としていたという。明らかに漆間家は立石家と深い関係をもち、漆間すなわち立石、立石すなわち漆間と考えてもよいようである。

ところで、立石家の祖は豊前国宇佐郡立石村から出て、はじめ漆島《うるしま》氏を名のっていたという。宇佐八幡宮につかえる神官に漆島という氏族があるが、立石家の研究者である沼田頼輔氏は、この漆島は辛島《からしま》・韓島と同一氏族であるという。辛島あるいは韓島は、その名からみて韓国からきた氏族であることは疑いえない。漆間が漆島であり、漆島が辛島と同じとすれば、それはやはり蕃別の民、秦氏とつながると考えられる。立石氏と秦氏は渡来の民の血を引くという点で、立石家とどこかで親戚関係にあり、やはり立石氏も秦氏の一族であり、その出世頭であったのではなかろうか。そして立石すなわち漆間は、秦氏の経済力を背景にしてついに押領使になり、押領使になった後も秦氏は漆間時国を経済的にバックアップしていたのではないか。時国はそのようにけっして身分がよいとはいえないが、経済的援助が期待できる一族の秦氏の娘を娶って法然を産んだのではなかろうか。

この推理はあたっているかどうかはわからないが、法然の出自には、まだ解明できない謎が隠されているように思われる。誕生寺では、法然の父時国が死んだのは保延七（一一四一）年三月十九日で、享年四十三歳であり、それに対して母が死んだのは久安三（一一四七）年十一月十二日のことで、享年三十七歳だったと伝えられている。もしそうだとしたら、法然は父三十四歳、母二十二歳のときの子ということになる。時国の死のときについては、『四十八巻伝』の記事に従ったものにちがいないが、母が死んだときが久安三年十一月十二日とされているのは、おそらく寺に伝わる古い伝承によるものであろう。こういう伝承はけっして無視することはできず、根本的にそれを否定する史料を見いださないかぎり、いちおう正しいとすべきであろう。

私はこの母について、誕生寺で住職の漆間徳然氏から奇妙な話を聞いた。この地方には法然の忌日の一月二十五日が近づくと猛烈な風が吹くという。それを土地の人は「誕生寺婆がやってきた」というのである。「誕生寺婆」とは、明らかに法然の生母のことをさすと思われるが、聖人の母で、しかも三十七歳の若さで亡くなった人を「誕生寺婆」と呼ぶのはおかしい。また伝承では、この「誕生寺婆」は龍の姿で菩提寺にいて、法然の忌日が近づくと、生まれ故郷の誕生寺にやってくるという。

この誕生寺には「御忌会」というのがあり、二月十九日から二十四日にかけて行われているが、法然の命日が正月二十五日なので、新暦では二月二十五日頃になる。そのとき、大和の当麻寺《たいまでら》の二十五菩薩練供養《ぼさつねりくよう》にならって、二十五菩薩が練り歩き、時国および秦氏を一年ごとに極楽に迎えるという儀式を行う。ふつう祭事が盛大に行われるのは何らかのかたちで非業の最期を遂げ、どうしても鎮魂が必要とされる霊であるが、源定明《さだあきら》によって夜討ちされた時国の霊はともかく、秦氏の霊も鎮魂を必要としている霊なのであろうか。「誕生寺婆」は龍の姿で菩提寺にいて、法然の忌日になると誕生寺に帰ってくるというのは、むしろ母のほうが父よりも、より鎮魂を必要とする霊のように思われるが、どうして母の霊がそんな鎮魂を必要とされるのであろうか。その母が久安三年十一月十二日に亡くなるときに法然に宛てたといわれる「生死を離るべき方法を教えてくれ」と願う手紙が誕生寺に残されていて、この「御忌会」のときにその手紙が読まれるという。このことを考えると、法然の母秦氏はいっそう鎮魂を必要とされる霊、法然によって極楽浄土往生の教えが与えられないかぎりは救われない霊のように思われるが、それはどうしてであろう。

法然出家の謎

また法然が観覚《かんがく》とともにいた菩提寺は、法然の故郷から遠く離れた山の中にある。観覚は母秦氏の弟ということになっているが、それにしても法然の父は、なぜこのような故郷からはなはだ遠い山の中の寺である菩提寺に法然を預けたのであろうか。法然がこの寺に預けられたのはいつのことであろうか。そしてなぜ法然は故郷から遠い寺で僧にならねばならなかったのか。

　このことは、『私日記』や『四十八巻伝』でははっきりしている。法然がこの寺へ来たのは保延七年、法然九歳のときである。そしてその理由は、父がいまわの際《きわ》に法然に、殺し殺されるという因果の輪をのがれて出家をして、自分の菩提を弔うように頼んだからである。しかしわれわれは、こういうことすべてが後につくられたフィクションではないかと疑う。なぜなら、法然伝としてもっとも信頼すべき『醍醐本』によれば、父殺害事件が起こったのは法然が登山した以後なのである。とすれば、われわれは法然の出家を、父時国殺害事件以前の出来事として理解しなければならない。それはいつか。『醍醐本』「別伝記」にはその時を記していないが、われわれは他の史料によってその時を推察することができ

那岐山菩提寺（岡山県奈義町）

る。

知恩院を本山とする浄土宗鎮西派《ちんぜいは》の第二祖聖光房弁長《しょうこうぼうべんちょう》の書いた『念仏三心要集《ねんぶつさんじんようしゅう》』には「黒谷《くろだに》の法然上人は十歳より道心《どうしん》者にして日本到来の諸宗を一一にこれを学ぶ」とあり、また『末代念仏授手印《まつだいねんぶつじゅしゅいん》』裏書にも「黒谷の法然上人十一歳よりの道心者にして、日本到来の諸宗を一一にこれを学びたまふ」とある。十歳と十一歳では多少ちがうが、十歳の頃に法然は菩提寺に入り、観覚の弟子となったとみるべきであろう。また浄土宗西山派《せいざんは》の第二祖証空の孫弟子にあたる行観《ぎょうかん》の『選択本願念仏集秘鈔《せんちゃくほんがんねんぶつしゅうひしょう》』には「抑《そもそも》上人はもと美作の国の人なり。十歳より菩提心を発《おこ》し、菩提寺の聖教房観覚の室に入り倶舎《ぐしゃ》を学し」とある。

このような史料によって、法然が観覚のもとで僧になった歳は十歳の頃とわかるが、それでは、なぜ法然は僧になったのであろう。従来の解釈ではもっぱら、父が殺害され、父の遺言に従って法然は僧になったと考えられていた。これなら法然が僧になった理由がよくわかる。しかし、それが父時国の殺害事件の前であるとすると、その理由がわからなくなる。聖光房弁長の書いた『念仏三心要集』や『末代念仏授手印』などは法然が十歳にして道心をおこして僧になったというが、十歳の少年がまったく自ら道心をおこして寺に入るであろうか。道心をおこしたとしても、父母の承認が必要である。むしろ十歳の子どもが僧になる場合、それは本人の意志より父母の意志であるとみなくてはならない。しかし父母の意志としても、それは容易に理解できない。なぜならば、さまざまな伝記が語るように、法然は時国のただ一人の息子である。そしてまた諸伝記が語るように、法然は子のない時国夫婦が神仏に祈って得た子である。その子は当然、押領使という重要な任務を担ったこの地の名家、漆間家の跡取りとして立派な武士に育てあげ、押領使を継がせねばならないはずである。それなのに、どうしてこのたいせつなかわいい子を出家させたいのか。それは、時国の仏教に対する信仰心の篤さゆえとも考えられるが、いくら時国が篤い仏教信仰の心をもっていたとしても、たった一人しかないわが子を出家させ、あえて跡継ぎを失ってしまうというようなことをするであろうか。

日本の歴史上、このような例を探してみれば、それはなきにしもあらずである。藤原鎌足《かまたり》の子に定慧《じょうえ》という子があったが、十一歳のときに出家させ、遣唐使の船に乗せて留学させた。そのころまだ鎌足には不比等は生まれておらず、定慧はたった一人の息子であった。どうして藤原鎌足は、当然わが家を継ぐべき長男定慧を出家させて渡航させたのか。これについてもある歴史家は、藤原鎌足の仏教尊崇の心が篤かったからであるとするが、何よりも自家の繁栄を願った政治家藤原鎌足がみすみす自家の跡継ぎを失うようなことをするはずはない。仏教崇拝の心が篤かったという理由だけ

法然の養父母といわれる稲岡栃之介とお社の像
（誕生寺・岡山県久米南町）

では、とてもこのことは説明できない。私は、この定慧は藤原鎌足と阿倍妃《あべひ》との間にできた子であるが、阿倍妃はかつて孝徳天皇の妃であり、天皇が君臣のつながりをいっそう厚くするために藤原鎌足に下賜された女性であるとする『日本書紀』の記事を重視したい。定慧は孝徳天皇の子ではないかと思われる。この鎌足が定慧を出家させて渡航せしめたのは、実力者である中大兄皇子《なかのおおえのおうじ》すなわち天智天皇と孝徳天皇の間が険悪になり、中大兄皇子が、孝徳天皇の皇后であり皇子の同母妹でもある間人皇后《はしひとのこうごう》など文武百官を引き連れて飛鳥に帰り、難波の都に孝徳天皇を置き去りにしたときなのである。こういうときに、孝徳天皇の皇子であると疑われても仕方がない定慧を藤原鎌足が出家、渡航させたのは、定慧の命を安泰にするとともに、自らの立場を安全にしようとした鎌足の政治的打算の結果であろうと、私はかつて論じた（『塔』）。

法然、熊谷直実、証空の直筆の手紙に見入る著者
（清凉寺・京都市）

この定慧の出家とともに、法然の出家も一つの謎である。定慧のように、法然もほんとうに時国夫婦の子なのであろうか。法然が、時国夫婦のほんとうの子ではなく養い子にすぎず、じつは別の人の子ではないかという疑いもある。誕生寺には、熊谷直《くまがいなお》実蓮生《ざねれんせい》が京都から背負ってきたといわれる本尊の法然自刻の像のほかに、蓮生の像と法然の両親の像があるが、その傍らに法然の養父母といわれる稲岡栃《いなおかとち》之介《のすけ》とお社《こそ》夫婦の像がある。しかも、この育ての親の養父母の名をとって、誕生寺の山号は栃社山《とちこそざん》と名づけられた。このことを考えると、養父母とされる稲岡栃之介とお社こそ、ほんとうの法然の父母ではないかという疑いがかけられなくはないが、しかし、登山する法然と別れる母の深い悲しみと、法然の母に対する強い思慕を考えるとき、やはり法然の母は秦氏の女、法然の父は時国と考えねばならぬであろう。

法然を定慧のごとく時国の実子ではないと

考えることはできない。とすると時国は、疑いなくただ一人の男の実子であり、当然、漆間家の跡取りになるべき法然を、なぜ僧にしたのか、理由はますます謎になる。あるいは法然はもともと虚弱で、学問には向いているが、押領使という父の職には向いていないと時国は思って、彼を僧にしたのではないかとも考えられる。私もそう考えたことがあるが、それもありえないと思った。なぜなら、清凉寺《せいりょうじ》（嵯峨釈迦堂）に残された法然の手紙の筆跡を見ると、まことに雄渾《ゆうこん》なのである。一気にほとばしるように手紙は書かれているが、それは同じく清凉寺に残された熊谷蓮生の筆跡より、はるかに雄渾なのである。

これを見て私は、法然は武士としても、かなりすぐれた武士になれた人であると思った。そしてその人生においても、法然は勇敢であった。彼は自分があえて正しいと思った専修念仏《せんじゆねんぶつ》の道をひたすら突き進んだ。法然はこの新しい浄土教が伝統的な仏教と矛盾し、伝統仏教の側からの猛反撥が起こることを十分知っていたにちがいない。しかし、法然はそういう反撥を恐れず、自分が確信した専修念仏の教えの道をまっしぐらに進んだ。それには、戦いの場でただ一騎、衆を恐れず敵に突入する武士のごとき勇気を必要とする。こういうことを考えると、彼は武士としても名武将になったのではないかと思われる。おそらく法然は、そういう才能をすでに少年時代に十分示していたのではないか。

とすると、少年法然の性質から法然出家の理由を見いだすことはできない。その理由は、もっぱら法然の父のほうにあったとみなければならないであろう。それは、法然が叡山に登るために別れにきた際に父が語った「私には敵がある。おまえが叡山に登った後、私が敵に襲われたと聞いたなら、私の後世《ごせ》を弔ってくれ」という言葉に求められねばならないであろう。

予言された暗殺と父の遺言

すでにこの言葉が発せられた久安三（一一四七）年よりだいぶ前から、時国は身の危険を感じていたにちがいない。時国が押領使であるとしたならば、そういう血を血で洗う争いの真っ只中にいたのではないか。われわれはいままで法然を聖者と考え、その聖者法然の延長上に父時国をみていたので、そういう聖者の父時国が何らかの悪行をするはずはないと思っていたのであるが、押領使という職業を考えれば、時国もまた、律令社会が音もなく崩壊する過程において、血を血で洗う修羅の世界に立っていた人間だとみてもおかしくはないのである。彼はやり手の政治家であったにちがいない。時国がやり手であればあるほど、彼によって領地を奪われたという恨みをもって、殺したいほど憎んでいた敵も多くあったのであろう。

おそらく時国は、自分の運命を予感していたのであろう。そして、彼は息子法然を、そういう修羅の中に立たせたくないと思ったにちがいない。法然は幼年の頃から聡明であった。学問をしても、すぐれた学者になれるであろう、武士としても立派な武士になれるであろう。しかし彼は息子を、自分のような命の危険をいつも覚悟していなくてはならぬ武士にしたくはないと思ったのではなかろうか。時国はやがて起こる悲劇を予感し、法然を故郷久米の里から遠く離し、観覚のもとで仏教を学ばせたのであろう。母秦氏も、夫のおかれた苦境を考え、夫の決断を支持したのかもしれない。賢明な法然には、なんとなく父のおかれた苦境がわかっていたと思う。法然は父のことを心配し、母のことを慕っていたが、父母も観覚も、生々しい憂き世のことは法然の耳に入れず、法然は学問に熱中することができたのであろう。

このようにして法然は、十歳の頃、父母のもとを離れて菩提寺の観覚のもとに引き取られ、そこで教育を受けたが、その教育の成果は目ざましく、このような秀才を田舎の山寺においておくのはもったいない、学問の本場叡山で勉強させるのがよいと観覚は思って、法然を連れて時国夫婦のもとにやってきたわけである。時国夫婦は、久しぶりに見るわが子の成長に目を細めて喜んだにちがいない。そして、わが子が僧として、はなはだ有望な未来を背負っていることをどんなに喜んだことか。おそらく夫婦は、こんなに立派に法然を育ててくれた観覚に深く感謝したであろう。そして、時国は、わが子に「どうか後のことは心配せずに、都へ行ってよい坊さんになってくれ」というはずであった。

時国がそういったかどうかわからないが、時国はとんでもないことをいってしまった。「私には敵があるから、近く殺されるであろう、殺されたら私の菩提を弔ってくれ」。たとえ状況がどんなにせっぱつまっていても、このような言葉は、喜び勇んで都へ上り、最高の学府に学ぼうとする十五歳の子どもに親がいうべき言葉ではない。時国は、押領使という職にある、この地方では力をもった武士であり、それにふさわしい分別をもっていたにちがいない。しかも、勢至菩薩《せいしぼさつ》の生まれ変わりといわれる法然の父である。その賢いはずの父が、いうまじき言葉を漏らしてしまったのである。よほど時国は苦境に立たされていたのであろう。

時国には敵がだれかはもちろんわかっているはずである。殺される危険を察知しているのなら、なぜ何らかの対策がとれなかったのであろうか。押領使という力をもった武士であるからには、こういう敵に対する対策は十分立てることができるはずである。しかるにその対策は立てられず、火を見るよりも明らかな破滅の運命を、彼は手をこまねいて待っているよりしかたなかった。彼は過去によほどあこぎなことをしていて、その報いで殺害事件が起こるのを虚しく待つほど、孤立無援な状況にあったのであろうか。

こういう父の言葉を聞いて、法然はどう思ったのであろうか。この言葉を聞いて、これから都の最高学府に学んで仏教学の深奥を究めようとする法然の気持もしぼんでしまったにちがいない。父の不安は法然の不安である。この少年の日に聞いた父の言葉は一生の間、法然の耳の底に残っていたにちがいない。そういう言葉を法然はだれにも漏らさなかった。しかし、ある日、その言葉をぽろりと弟子の源智《げんち》に漏らしたのであろうか。源智はその強烈な言葉を忘れずに、法然の少年の日のことを「別伝記」に残したというわけであろう。賢い法然は、すでに彼が十歳のとき菩提寺にやられたときから、なんとなく父母のおかれた状況を察し、この世に対して厭世観をもっていたのであろう。このとき父の言葉を聞いて、法然の厭世観はいっそう深まったにちがいない。そして、登山し、出家・受戒しても、法然は父母のことが心配でならなかったのであろう。

父母との別れ、そして叡山へ

こうして法然は父と母に別れを告げたが、このような状況において母はどのような感情をもったであろうか。母はもちろん夫時国がおかれている苦境についてよく知っている。時国がこらえきれずにわが子に漏らしたように、時国が殺害される可能性はかなり高いのである。そして、夫が殺されるとしたら、そのとき自分も一緒に殺されるであろう。そうなれば、この別れは永久の別れとなろう。

誕生寺から少し北へ行ったところに、叡山に登る法然と母が別れた場所と伝えられる「都原《みやこはら》」があって、そこには「仰叡《ぎようえい》の灯《ともしび》」という石灯などの遺跡が残っている。『四十八巻伝』などには、この登山する法然との別れを、母は身も世もあらぬほど悲しんだと記せられている。これらの遺跡は、法然との別れをひどく悲しんだという『四十八巻伝』などの記述を裏づける。叡山に登る法然と別れた母が身も世もあらぬほど悲しんだのはたしかであるが、なぜそんなに母は悲しんだのか。『四十八巻伝』によれば、時国が殺され、法然が菩提寺の観覚のもとに預けられたのは、法然九歳のときである。ところが、この菩提寺に行くとき、母が別れを嘆いたという話はまったくない。もちろん菩提寺は叡山と比べれば同じ美作にあるので、母はそれほど嘆かなかったかもしれない。しかし、叡山に行くとき別れたわが子は十五歳であるが、菩提寺へ行くときはわずか十歳である。十歳の法然との別れを嘆いたと伝えられる遺跡はどこにもないのに、登山する十五歳の法然との別れを母が悲しんだ話や遺跡が残っているのはどういうわけであろうか。私は、菩提寺への別れはいつか再会できる別れであったが、叡山への別れは再会できない永遠の別れであると母は思ったからではないかと思う。夫が殺されるかもしれない。そのときはおそらく自分も一緒に殺されるであろう、もうわが子法然と会う機会はあるまいと、彼女は涙が止まらなかったのであろう。

『万葉集』に「柿本朝臣《あそん》人麿、石見国《いはみのくに》より妻に別れて上り来る時の歌」（『万葉集』巻第二 一三一―一三三）という、石見国にいた妻の依羅娘子《よさみのおとめ》に別れるとき人麿がつくった歌というのがある。それは、もう二度と会えない別れの悲しみをうたった哀しい歌である。従来の万葉学者はその歌を、朝集使として人麿が都へ上るときに妻と別れるときにつくった歌であると解釈した。しかし朝集使として都へ上ったのなら、しばらくしたらまた戻って、再会することができるだろう。そのように再会の可能性があれば、そんなに嘆くことはあるまい。それでこの歌は、人麿が死を命ぜられて、依羅娘子と寂しくわび住いをしている石見国から召し出されたときの歌であると、私は解釈した（『水底の歌』）。ただの別れにそんなに悲しむ人はない。もう二度と会えない別れと知ったときに、人は身も世もあらぬほど悲しむものである。叡山で学問をするために都へ上る法然と別れた母の悲しむ場所が故郷に残っているのは、その別れが二度と会えない別れになると思って、母はひどく悲しんだからであろう。

こうして法然は父母と別れて上京した。『醍醐本』「別伝記」は久安三年、法然十五歳のときとするが、そのときを久安三年とするのは『醍醐本』ばかりではない。隆《りゅう》寛《かん》の『知恩講私記《ちおんこうしき》』も、鎮西派の弁長も西山派の証空も十五歳説をとる。この点でも「別伝記」の説は正しく、『私日記』の天養二年十三歳説はまちがっているとみなければならない。『四十八巻伝』は、この法然登山のときについては鎮西派などの伝承に従って、二年繰りさげて久安三年にしたのであろう。

叡山における法然の師

いま一つ、『醍醐本』の「別伝記」が、『四十八巻伝』などの他の伝記と大きくちがう点がある。それは法然の師についてである。『醍醐本』には「即ち十五歳にして登山す。黒谷の慈眼房《じげんぼう》を師と為して出家授(受)戒す」とあり、法然は最初から慈眼房叡空《えいくう》を師としたという。しかるに、どういうわけか『私日記』には叡空という名前は出てこず、法然の最初の師は持法房源光《じほうぼうげんこう》であるとする。そして、観覚が法然を源光のもとに送るときに添えた手紙には、「大聖文殊像一躰《たいしょうもんじゅぞういったい》」を進上したとあった。しかし、そこに文殊の像はなく法然がいたという。観覚は法然を文殊菩薩になぞらえたことになる。いくら法然が秀才でも、わが甥を文殊様だといって学問の本拠地叡山の源光に進上するということが、いったいあるのであろうか。それはふざけすぎている。そういうことがあったとは思えない。しかも、この『私日記』のいう持法房源光がどういう人であるかはわからないのである。また『私日記』には「我が師の肥後阿闍梨《ひごのあじゃり》と云ふ人」として皇円《こうえん》のことが語られている。『醍醐本』でも皇円のことを法然は「我が師」と語っているから、皇円が法然の師の一人であることはまちがいない。それで湛空の『四巻伝』では、まず法然は天養二（一一四五）年に叡山の持法房源光のところに入門し、翌々年の久安三年に皇円のもとで出家・受戒し、「天台三大部」六十巻を学び、久安六（一一五〇）年にしてはじめて叡空の弟子になったとする。つまり『私日記』と『醍醐本』を総合して、このように法然の師が源光、皇円、叡空と転々と変わったとするのである。『四十八巻伝』は法然の入山の年を久安三年二月十五日とし、四月八日、源光は「この子の器量は人にすぐれて魯鈍《ろどん》の浅才の私が教える子ではない」といって、皇円の弟子にさせた。法然は皇円のもとで出家・受戒し、そこで「天台三大部」をならって、久安六年九月十二日、十八歳にしてまた叡空の弟子になったという。『四巻伝』では五年の間、『四十八巻伝』でも三年の間に二度師を変えたことになる。

このことをいったいどう考えたらよいか。叡山における法然の師は叡空一人であるのか、それとも源光、皇円、叡空と師が転々として変わったのか。日本の学問の世界で師を変えるのは容易なことではない。たやすく師を変えるようでは、前の師から見放され、後の師からも重んぜられない。師を変えたら、不遇の学問的生涯を送ることを覚悟しなくてはならない。相撲部屋でも、いったん入門した部屋を移ることは許されない。源光は、このような才能のある弟子を自分のもとにおいておけないと、皇円のもとにやったというが、だいたい無能な師ほど、よい弟子が入ってきたときに、なかなかその弟子を手放したがらないものである。どのようなことがあろうとも、三年間に二回も師を変えるなどということはありうることではない。

やはり『醍醐本』の「別伝記」が語るように、法然は最初から叡空のもとに入門し、そこで戒を受けて正式な僧になったと考えねばならない。この戒は、源信から良忍《りようにん》、良忍から叡空、叡空から法然へと受け継がれた「大乗戒（円頓戒《えんどんかい》）」である。法然は後に叡空と仲が悪くなっても、この戒はやはり師叡空から伝えられたもの、つまり最澄以来の天台仏教の伝統の戒であるという誇りを失わなかった。そして現在もなお浄土宗各宗派の寺院、金戒光明寺《こんかいこうみょうじ》にも、鎮西派の本山知恩院にも、西山派の粟生光明寺《あおのこうみょうじ》にも、この戒の伝統は脈々と伝えられている。

法然の師がはじめから叡空一人であったとすれば、いったい源光と皇円は法然にとって何であったか。行観の『選択本願念仏集秘鈔』一には、

抑《そもそも》上人はもと美作の国の人なり。十歳より菩提心を発し、菩提寺の聖教房観覚の室に入り倶舎を学し、十四歳より登山し、黒谷の慈眼房叡空の室に入り、此の人を師範と為し、十五にして出家す。十六歳の正月より、三人の師を以て六十巻を読み始めたまふ。西塔北谷金仙房源光、玄義の師なり　肥後の阿闍梨広円、疏記　北琉璃先達房俊朝是は止観の師なり　首尾三年十八歳までこれを学し　（『選択本願念仏集秘鈔』一）

とある。行観は証空の孫弟子であるので、このような説が証空から伝えられていたのであろう。入山のときが十四歳となっているが、後の点は『醍醐本』と同じである。十六歳の正月から三人の師について天台六十巻を読みはじめたという。『醍醐本』では、法然は父の死に大きなショックを受けて遁世しようとしたが、叡空は「遁世の人でも無智なのは困る」といって、「天台三大部」すなわち『法華玄義《ほっけげんぎ》』『法華文句《ほっけもんぐ》』『摩《ま》訶止観《かしかん》』の勉強を勧めた。それで叡空のところから三人の師のところに毎日通って、天台の教学を勉強した。こうして法然は天台六十巻を三年間でマスターしたのである

が、『秘鈔』は、このときの『法華玄義』の師を叡山西塔北谷の金仙房源光、『法華文句』の師を肥後の阿闍梨広（皇）円、『摩訶止観』の師を北琉璃《きたるり》先達房《せんだちぼう》俊朝《しゅんちょう》であるとする。この「天台三大部」を学んだ三人の師のうち、『法華玄義』と『法華文句』を学んだ師が源光であり皇円であるので、法然は『醍醐本』の「一期《いちご》物語」で皇円のことを「我が師」と呼んだのであろう。こういうふうに考えると、法然の師についての謎は簡単に解ける。

だいたい法然という房号であるが、師叡空は法然の深く世を厭《いと》う心を知り、少年の身で自然に菩提心をおこし、まことに道理をわきまえているといって、法然という房号を与えたという。この話によって三田全信《さんだぜんしん》氏は、父殺害の事件は叡山登山および受戒以後に起こったにちがいないとする。もし事件が起こった後、叡山に登ったとすれば、それは父母殺害という因縁による出家であって、自然に道心をもっていたとはいいがたいからだという。また源空《げんくう》という僧号も、このとき叡空によって与えられたものであろうか。『四十八巻伝』は最初の師源光の「源」と叡空の「空」をとって源空と名づけたというが、それはおそらく間違いであろう。叡空はこの少年に深く世を厭う心を見てとり、自分が尊敬する師良忍の師である源信の「源」と叡空の「空」をとって、源空と名づけたにちがいない。叡空は一見して、この弟子に『往生要集』の念仏者の姿を見たのであろう。この直観はまさに的中し、彼は源信の『往生要集』を手がかりとして新しい浄土念仏の仏教を立てたのである。

このように『醍醐本』や『選択本願念仏集秘鈔』が語るように、法然の師は最初から叡空であるとすれば、法然の叔父観覚は、なぜ法然を叡空に預けたのであろうか。叡空はけっして叡山の主流派の僧ではない。彼は叡山の正統の僧の階層の外にいる隠者であり、念仏行者にすぎない。彼の師である良忍は叡山を下りて大原に隠遁した。僧というものはすでにこの世からの隠遁者であるが、僧の世界もまた名利《みようり》を求める世界である以上、真にさとりを得るためにはその僧の世界からも隠遁しなくてはならない。隠遁しなくては純粋な行ができない。そのように思って良忍は大原に隠遁して、融通念仏《ゆうずうねんぶつ》という行をはじめた。この融通念仏は観想《かんそう》よりは称名《しようみよう》の念仏であるが、大勢の人々が集まって念仏を称えるという、ひとつの美的な音楽的浄土教なのである。その点、法然のはなはだ倫理的な浄土教と異にするが、口称《くしよう》の念仏を重んずることにおいて、良忍は法然の先駆者というべきであろう。この良忍にもほとんど著書がなくて、その学説はよくわからない。叡空にも同じく著書はないが、念仏の行を良忍から受け継いでいたのであろう。もしも観覚が法然を出世させようと思っていたら、観覚は叡空よりほかの師に法然を預けるべきだったと思われる。それなのに、なぜそういうことをしなかったのか。観覚には叡空以外に叡山に親しい僧がいなかったのであろうか。

そういうことはよくわからないが、当時の叡山では出身のよい人間のみが高い僧位を得ることができた。天皇の皇子とか、あるいは摂関家の息子とか、そういう皇族、公卿《くぎょう》、殿上人《てんじょうびと》の血を引く僧がこの叡山でも出世コースをたどる。あの円仁《えんにん》（三代座主《ざす》）のように関東の地から出てきた僧が叡山で出世するのは、当時では、もはやはなはだ困難なことであった。やはり叡山でさえ、出身のよい人間しか出世できないとしたら、名もなき庶民の出身、とくに被差別の民の出身者などは、どんなに学があり、どんなに徳を積んでも、出世の可能性はまずない。一休《いっきゅう》はその著書の中で、当時の大徳寺においても被差別階級出身の僧名をあげて、露骨に差別的言辞を弄することがあったことに強い不快の意を示している。

私は、観覚も叡空もそういう名もない貧しい庶民、あるいはひょっとしたら被差別の民の出身ではないかと思う。観覚は叡山で志を得ず、南都《なんと》へ下って得業《とくごう》という栄誉を得たというが、南都ではかの忍性《にんしょう》のように、被差別階級の出身で被差別の民のための社会事業にはげむような僧もあった。身分制が、南都は北嶺《ほくれい》より少しゆるかったのではないか。観覚も叡空もけっして貴族の出身ではなく、名もない庶民の出身であったといわねばならぬ。そういう僧は、観覚のように田舎の寺の僧になるか、それとも叡空のように叡山の本流から離れて隠遁の念仏僧として生きるよりほかに、道がなかったのではなかろうか。

父母殺害の悲報

かくして法然は叡空の弟子となり、叡空から、最澄―円仁―源信―良忍―叡空と伝わる「大乗菩薩戒」を受けた。こうして法然は叡空のもとで僧になったわけであるが、その直後に悲劇は起きた。「別伝記」には「然る間に、慈父は敵に打たれ畢《おわ》んぬと云ふ。上人はこの由を聞きて、師に暇《いとま》を乞ひて遁世せむとするに」とある。やはり父の予言はあたったのである。「別伝記」によれば、父殺害事件が起こったのは法然の登山の後であるが、それはいつであろうか。私は、それは法然が叡山に登山した久安三（一一四七）年の春以降まもなくの頃ではないかと思う。なぜなら、彼は久安四年十六歳のとき以後、三人の師匠について天台教学を学び、三年間で天台六十巻を学び終わったというのである。そして黒谷の叡空の経蔵に籠居して『一切経《いっさいきょう》』を読破するという、いわば隠遁の読書人になったのは法然十八歳の頃である。父殺害を、どうしても法然が天台教学を学ぶ以前におかなくてはならないが、とすれば、それは久安三年、法然が叡山に登った年の暮れということになる。そう考えると、ほぼ法然が受戒した頃と重なるが、僧としての出発の日に暗いニュースがとびこんだのである。

誕生寺では、法然の母が死んだのは久安三年十一月十二日で、享年三十七歳としている。父が死んだのは保延七（一一四一）年三月十九日とあるが、これは『私日記』、『四十八巻伝』などの説に合わせたのであろう。久安三年の母の死のときについては、いかなる史料によるかは明らかではないが、数ある法然伝のどこにも記せられていない説であるから、それはこの寺に伝わる伝承で、真実性が高いとみなくてはならない。とすれば、父の死の時も母と同じく久安三年十一月十二日で、このとき父も母も定明に殺されたとしなくてはならないであろう。だいたい夜討ちには目撃者がいたらまずい。それで夜討ちをかけたら、家人を皆殺しにして証拠を消さねばならない。

この事件は、「大乗戒」を受けて正式な僧になったばかりの法然の心に大きな衝撃を与えたにちがいない。父も母も殺されたとすれば、もうこの世に自分が頼るべき人はいない。そのうえ父や母を殺した犯人もわからない。しかし、おそらく親戚縁者はその犯人がだれかを知っていたかもしれない。それはたぶん権力ある人間で、時国と敵対しているものであろうが、殺された時国側にも十分責任があるのである。だれもこの時国殺害に異議をとなえることができない。これが現実の世界であった。としたならば、このような現実の世界を法然は強く嫌悪したにちがいない。そしてせっかく僧になったばかりの叡山を捨てて、乞食僧《こつじきそう》になって放浪しようと思ったのであろう。このように考えると、この父時国殺害事件が法然の心に与えた衝撃の大きさが十分想像できる。

『四十八巻伝』がいうように、この事件が法然九歳のときに起こって、いまわの際の父の遺言に従って法然が菩提寺の僧になったとしたならば、その後、登山し戒を授けられて正式な僧になった法然にとって、父殺害事件は遠い昔の事件であり、法然の心にそれほど深いショックを与えなかったかもしれない。しかし、法然が登山し受戒した直後に事件が起こったとすれば、その事件が法然に与えたショックははかりしれない。

事件の真相と犯人像

さていったい、この法然の父および母の殺害という事件は、どのようなかたちで起こったのであろうか。事件は、少なくとも半年前にすでに時国によって予言されたことである。その予想されたはずの事件を時国は防ぐことができなかった。いや、半年前というよりも、すでに法然を菩提寺の観覚に弟子入りさせたときから、時国の頭にはこのような将来への不安と怖れがすでにちらついていたはずである。どうして時国はそのような不安をもったのか。

法然の父時国を殺したのは『私日記』では「その庄の預所《あずかりどころ》明石源内《あかしのげんない》武者《むしゃ》」といい、『四十八巻伝』では「当荘稲岡の預所明石の源内武者定明《さだあきら》」とあり、「伯耆守《ほうきのかみ》源長明が嫡男堀川院御在位の時の滝口《たきぐち》也」という注がついている。これを見ると、法然の父を殺害したのは源定明ということになる。この源定明なる人物についての情報は、現在までに明らかにされた古文書類にはほとんど残っていないが、ただ藤原頼長の日記『台《たい》記《き》』にその名が出てくる。

藤原頼長について慈円《じえん》は、その著『愚管抄《ぐかんしょう》』で、「カヽリケルホドニ、コノ頼長ノ公、日本第一大学生《だいがくしやう》、和漢ノオニトミテ、ハラアシクヨロヅニキハドキ人ナリケルガ、テヽノ殿ニサイアイナリケリ」（巻第四）と書いている。摂関家に生まれて和漢の大学者であるが、よろずにきわどき危険な人物と考えられたのである。彼は父の忠《ただ》実《ざね》にかわいがられ、兄忠通《ただみち》の養子となったが、やがて兄と対立し、兄にかわって藤原家の氏長者《うじのちょうじゃ》となり、権力を一手におさめた。しかしやはり、よろずにきわどき性格を克服できなかったのであろうか。彼は崇徳上皇をかついで源為義・為朝らを味方につけ、保元の乱を起こして殺された。この頼長は記録マニアで、さまざまなことを日記『台記』に記し、自分の男色体験さえも赤裸々に記している。この『台記』の康治二（一一四三）年七月二十四日の項に、大納言藤原宗輔《むねすけ》が来て語ったこととして次のような記事がある。

堀河院のときに馬允定国《うまのじようさだくに》というものがあった。堀河院はこの定国をかわいがった。定国はまた堀河院を慕う心強く、院の死後しばしば宗輔のもとに来て故院のことを語った。そして「院はお亡くなりになった後、きっと龍王となって北の海におられるだろう。私はそこにまいりたい」と語った。堀河院が亡くなったのは嘉承二（一一〇七）年のことであるが、それから約三十年近くたった頃であろうか、定国の書状をもって息子の定明が宗輔を訪れた。そして定明が次のように語った。「父定国は美作国に帰って出家し、龍頭の船をつくってその中に仏教経典などを積み、帆をかけて南風激しい海にその船を浮かべて、北をさして速やかに走り去った。それで、その日を父の忌日とした」。そして定国は遺言で、息子定明を滝口（院の親衛隊士）にとりたててくれるように頼んだというのである。それで宗輔は、近衛天皇が即位されたときに東宮傅《とうぐうふ》である頼長に滝口を一人給うことになったので、宗輔はこの定明を薦めたが、すでに先約があったので、頼長は定明をとらなかった。しかし、いま宗輔から忠臣定国のことを聞いて、そのとき定明をとらなかったのを恥に思った。

頼長は『台記』にこのように記しているが、この日記が書かれた康治二年は、『私日記』や『四十八巻伝』などで、定明が漆間時国の邸に夜討ちをかけたとされる保延七（一一四一）年春から二年後のことである。しかも近衛天皇が即位したのは保延七年十二月（改元して永治元年）、このとき宗輔は定明を滝口に推薦したという。とすれば、それは時国殺害事件からはほぼ九ヵ月後ということになる。もし保延七年に時国殺害事件が起こり、時国を殺した犯人がまちがいなく源定明であることがわかっていたならば、藤原頼長も宗輔も、定国・定明父子を忠臣としてほめたたえたであろうか。定国は故堀河院を心から慕い、海に船を浮かべて院がおられると確信する北の海へ去っていったように、忠義の心が厚いものである。そして、その子定明も父を思う孝心の厚いものであり、この父子は頼長にも宗輔にもたいへん好かれているのである。そう考えると、時国殺害事件を保延七年とし、また一方的に定明側を悪人とすることはできないように思われる。それでは、なぜこのような事件が起こったのか。

おそらく美作国に院の荘園があって、それを定国・定明父子が管理していたのであろう。いわば源定国一家は、中央と密接な関係がある土地の豪族なのである。しかるに漆間時国のほうはそういうバックのない土地の豪族で、おそらく武力によって自らの領地を拡大していったために、それによって多くのトラブルが生じていたのであろう。そのころはまさに律令秩序がゆらぎ、盗賊や怨霊などがしきりに活躍していた時代である。このような時代に勢力ある武士の長として生きていくには、そういう領地争いは必然であり、そのような領地争いの中で殺し合いもけっして珍しいことではあるまい。そしてまた押領使そのものが——そこから「横領」という言葉が出てきたように——、しばしば人の土地を横領して自分の土地とするような、あこぎなこともせざるをえない悪党という性格の強いものだったのではなかろうか。法然の父もこういう押領使の常として、土地の争奪や人間の殺し合いなど幾多の修羅場をくぐり抜けてきた人ではなかろうか。そういう生涯において彼は多くの人の恨みをかったのであろう。そして、おそらく最大のトラブルがこの院の領地をめぐるトラブルであり、国府の役人漆間時国と院の荘園を預かる源定明との抗争ではなかったか。誕生寺のある久米南町の近くには「定国」という字名があるが、わざわざ人の名前を地名にしたところをみると、定国にしても、定明にしても、土地に強い執着をもっていたにちがいない。

『四十八巻伝』は漆間家の祖先を仁明《にんみよう》天皇の皇子源光の子孫源年《みのる》とする。式部大《しきぶたい》郎《ろう》源年が、「陽明門にして蔵人《くろうど》兼高を殺す。其科《とが》によりて美作国に配流せらる。こゝに当国久米の押領使神戸《かんべ》の大夫《たいふ》漆《うるま》の元国がむすめに嫁して男子をむましむ。元国男子なかりければ、かの外孫をもちて子としてその跡をつがしむる時、源の姓をあらためて漆の盛行と号す」とある。この盛行の子孫が時国であるが、法然を天皇家の血を引くものとして、天皇家の権威によって知恩院教団を確立しようとする意図でつくられたものであり、もとより真実とみることはできない。しかし、そこで源年が「蔵人兼高を殺す」という文に注意するがよい。これは、法然の血の中に高貴な血筋と同時に殺人者の血筋が入っていることを示している。殺人者の血は、法然から四代さかのぼった祖の源年、すなわち漆間盛行だけではなく、もっと身近な父時国の中にも流れていたのではないか。

この時国殺害事件を『私日記』『四十八巻伝』などは保延七年の春とし、『十巻伝』（『法然上人伝』）では三月四日、『法然上人秘伝』では三月十三日としているが、『正源明義抄』および誕生寺の伝承では、事件は三月十八日夜に起こり、翌十九日に時国は死んだとしている。三月十八日はお彼岸の入りであり、多くの死者とともに怨霊を供養する日と考えられている。和泉式部《いずみしきぶ》も小野小町もその忌日が三月十八日であり、柿本人麿も三月十八日を忌日とするのはどういうわけかと、柳田国男は人麿の人生を疑問に思っている（「三月十八日」）。こういう日を時国の死んだ日としたのは、時国が鎮魂を必要とする霊であることを物語っている。

一方、誕生寺の伝承によれば、母の死は久安三（一一四七）年十一月十二日だという。それは、『四十八巻伝』などでいうように、法然が叡山で出家した十一月八日の四日後のことである。さきに述べたように、叡山での出家・受戒の後にこの事件が起こったとすれば、やはり父時国殺害の日を母と同じく久安三年十一月としなければならない。とすれば、この時期にこのような事件がなぜ起こったのであろうか、推量してみよう。

久安三年というと、藤原頼長の権力が強くなってきた頃である。久安五年に頼長は左大臣になり、久安六年ついに氏長者となる。翌仁平元（一一五一）年、内覧《ないらん》を任ぜられる。頼長はここに最高権力者になった。康治二（一一四三）年に頼長が忠臣源定国の子定明を父の願いによって滝口に登用しなかったことを後悔していたとすれば、その後、滝口の武士が必要となったときに定明を登用したかもしれない。たとえ滝口の武士に登用しなかったとしても、定明は頼長、宗輔の寵臣であり、何かと定明のいうことを聞き入れていたであろう。おそらくこの美作国での領地争いについても、逐一その報告が宗輔や頼長のところに入っていて、漆間時国という押領使の悪行がいろいろ報告されていたにちがいない。この定明の後ろ盾になった頼長の権力は日に日に増してくるのである。漆間時国はこういう政治状況を敏感に感じとっていた。頼長の権力が強くなれば、定明の権力も強くなる。そうなれば、定明が深い恨みをもっている自分は定明に殺されるにちがいない。時国はほんとうにそう思ったのであろうし、それがまた半年後には現実になった。

歴史上には、しばしば犯人のわからない残虐な殺害というものがある。その犯人が権力ある人間であったならば、その事件はおおむね不問に伏せられ、犯人不明というかたちで事件は闇に葬られる。まして殺された人間にいろいろな悪行があれば、世間も殺されて当然と思うものである。不思議なことに、諸伝は多く定明を殺害犯とするが、その殺害犯が罰せられた話はどこにも語られない。むしろ殺された時国のほうが、祖先の因果が自分に報いたのだから、因果応報の殺し殺される関係から自由になってほしいと法然に語ったことになっている。殺される原因をつくったのは時国その人かもしれない。悪は法然のはるか遠い祖先にあったのではなくて、法然の近くに、父のもとにあったのではないかと私は思う。そう思わないと、法然のもっぱら悪人を救済しようとする宗教的情熱は説明できないような気がする。

湛空の創作物語『本朝祖師伝記絵詞』

法然の父時国殺害事件の真相は、以上のようなものであると思われるが、それがなぜ『四十八巻伝』のような話になってしまったのか。数ある法然伝の成立の過程において、とくに重要な意味をもっているのは、法然の弟子湛空（躭空）による『四巻伝』すなわち『本朝祖師伝記絵詞《ほんちょうそしでんきえことば》』の成立であろう。それは法然伝にはじめて絵がつけられたものであり、祖師の伝記を絵巻にしたという点でも、重要な意味をもっている。『四十八巻伝』はこの『四巻伝』にならって、絵入りの法然伝を集大成したものである。

『四巻伝』は、嘉禎三（一二三七）年十一月二十五日、躭空によってつくられ、絵は観空によって描かれた。時に観空は三十二歳、躭空は六十九歳であると書かれている。この躭空は湛空と同一人物であり、法然の晩年に法然の弟子となり、死後、法然教団で重きをなした人物である。『四巻伝』には、法然が土佐に流罪になるときに、同じく西国へ流された大納言律師公全《だいなごんりっしこうぜん》という人物が登場する。公全は、自分の流罪の船がさきに出たが、法然が下られると聞いたので、しばらく待って法然の船に乗り移って法然と別れを惜しんだという話が出てくる。この大納言律師公全というのは湛空

自身ではないか。それは『四巻伝』の終わりに、

弟子の前権律師公全此の聖骨を奉納せんが為に、敬て宝塔一基を建立し、同じく念仏三昧を勤修す。阿波院《あわいん》之御骨を納め奉る。これ少蔵山《おぐらやま》のふもと、中院のほとり、大乗善根の堺也。　（『四巻伝』巻第四）

とあるからである。この宝塔というのは今の嵯峨の二尊院にあり、二尊院には後鳥羽上皇のお骨を納めた供養塔もある。二尊院はもともと嵯峨天皇の勅願により建立された寺であるが、後に荒廃し、それを湛空が再興したのである。湛空は、法然の弟子となる前には権律師公全と名のったことは確実であろう。三田全信氏は、このように自分のことを仰々しく法然伝に書くはずはなく、大納言律師公全は湛空とは別の人物ではないかというが、私はこういうふうに仰々しく自分の業績を法然伝に書きこむところが湛空らしいと思うのである。

この『四巻伝』は、法然伝にはじめて文学性を与えた伝記ではないかと思う。湛空はかなりの和漢の教養をそなえ、法然を語るときにしきりに和漢の故事を引用する。たとえば、法然と別れがたく嘆く母に対して、法然の言葉として、「三河守大江定基《おおえのさだもと》は、出家して大唐へわたり侍し時は、老母にゆるされをかうむりてこそ、彼国にして円通大師の号をかうむり、本朝の名をもあげ給しか」といわしめている。子どもの法

然がそんなことをいうはずはない。これは湛空の創作であろうと思われるが、こういう和漢の教養をひけらかして、創作してしまう才能が湛空にはある。湛空はまた、法然がその人生の折々につくったという歌を披瀝《ひれき》しているが、その歌は法然の歌というよりは、湛空その人がつくった歌であろう。湛空は法然の伝記作家というよりは、法然を題材にして一つの物語をつくった物語作家といったほうがよいように思われる。『四巻伝』には、法然の幼少時代および中年のことははなはだ少なく、法然の晩年および死後の話が多い。とくに法然の死と供養の話、および法然の死後に起こった「嘉《か》禄《ろく》の法難」についてくわしく語っている。「嘉禄の法難」というのは、叡山の僧が法然の教説を邪義として、大谷廟堂を破却し法然の墓を暴《あば》こうとした事件である。法然の弟子たちは法然の遺骸を大谷から西山の粟生野《あおの》に移し、そこで荼毘《だび》に付した。そして湛空は二尊院に宝塔を建てて、その遺骨を奉納したという。湛空はこの法難において、彼が法然門下において中心的役割を果したということを『四巻伝』で語ろうとしたにちがいない。

このように湛空は和漢の教養があり、文章もうまく、実践的にも有能な人物であると思われるが、『四巻伝』を読むとき、このことを心に刻んで読まねばならない。『四巻伝』は『醍醐本』の「一期物語」なども参考にした形跡があるが、主として『源空聖人私日記』によっている。『私日記』というのは、文字どおり、だれか法然の弟子あるいは又弟子が法然の伝記をメモしたもののように思われるが、この著者は源智の記した『醍醐本』を見ていて、それを写したり要約したりしている。しかし、それ以上に彼は、法然を常人とちがった聖人として崇めたい気持が強く、法然に関する奇瑞《きずい》を集めた感がある。この『私日記』の著者と同じように、法然を生まれたときから常人とちがった聖人として崇め、それを一般の民衆に宣伝しようとする強い意志をもつ『四巻伝』の作者湛空は、その『私日記』に記せられる、人間の理性では信ずることができないような奇瑞の話をすべて採用し、それをもとに一つの聖人の物語をつくったのである。

『四巻伝』が語る父殺害事件

父時国殺害事件でも、『源空聖人私日記』にある、

慈父は夜打のために殺害せられ畢《おわ》んぬ。聖人は生年九歳なり。彼は矯の小箭を以て凶敵の目間を射る。件《くだん》の疵《きず》を以てその敵を知る。即ちその庄の預所明石源内武者なり。（『私日記』）

という文章をもとにして、『四巻伝』はつくられている。『私日記』は法然九歳のときに父が夜討ちにあって殺されたという事件とともに、そのとき九歳の少年が小さい矢で敵の眉間を射って、その傷跡がもとで犯人が明石源内武者であるとわかったという。ちょっと考えれば、いくら父が討たれたからといっても、末は仏教の聖者となる法然がこのような殺生戒《せっしょうかい》を犯すはずはなく、また九歳の少年にそんなことができるとは考えられない。これはやはり、後に天神様になる、かの菅原道真《すがわらのみちざね》公が子どものときに武力においてもすぐれていたという話と同じように、法然が子どものときから異常な力をもっていた人であることを示したいための話であろう。

『四巻伝』の作者湛空は、この『私日記』の話を中心に一つの物語を考えたのである。それは父殺害と法然の出家との関係の物語といってよい。保延七年、夜討ちのとき、法然の父時国は深い傷を負っていま死なんとするときに、九歳になるわが子に向かっていう。

　われは此きずにて空《むなし》くみまかりなんとす。しかりと云て、敵人をうらむる事なかれ。是前世《ぜんせ》のむくひ也。猶此報答を思ならば、転展《てんでん》無窮《むぐう》にして世々生々にたゝかひ、在々処々にあらそふて輪廻《りんね》たゆる事なかるべし。凡生ある物はみな、死をいたむ事かぎりなし。我このきずをいたむ、人又いたまざらんや。我此命をゝしむ、人あにをしまざらんや。わがみにかへて人の思をしるべき也。むかし、はからざるに、もの丶いのちをころす人ありけり。次生にそのむくひをなす。いま有起の善を修す、彼功徳《くどく》すなはち大善根となる。願は今度妄縁《もうえん》をたちて彼宿意《しゆくい》をわすれん。意趣をやすめずば、いづれの世にか生死の紲《きずな》をたたん。梵網心地戒品《ぼんもうしんじかいほん》に云、みづからもころし、人をしへてもころし、方便してもころし、ころすをもほめ、ころすをみても随喜し、乃至《ないし》呪してもころす。因縁報果、みなころすにおなじ。よの九戒、又〱如レ此《かくのごとし》。然者《しかれば》一向に往生極楽をいのりて、自他平等利益をおもふべし。　（『四巻伝』巻第二）

これは一種の名文である。『四巻伝』のもっとも人の涙を誘うところかもしれない。「私はいま傷を負って死にかけているが、これも前世の報いだ。敵を恨んではいけない。生きとし生けるものはみなその命を大切にしている。しかしこの世にはその命を殺すものがある。殺したらそれが次の世で報われ、その因果はきわまりない。それでこの因果を断ち、一向に極楽浄土を祈って、敵も味方も平等に利益を得るほうがよい」。こういい残して、時国は西方に向かって念仏して、眠るがごとく死んだという。これが真実であるとすれば、法然は父によって専修念仏の道に導かれたことになるが、それはやはり湛空の創作と考えたほうがよさそうである。

湛空は、やはり『私日記』に記された、矢で敵を射ったという話をも採用しているが、矢で敵を射るという行為が、時国の遺言とはなはだ矛盾することに気づいてはいない。法然の人生を神秘化するには、そのような矛盾はどうでもよいと湛空は思ったのかもしれない。ここで湛空は、法然の身分について重要なことをいっている。

　而《しか》るに上人は、皇后卿臣の家に生まれずして、苟《いやし》くも遠国の土民たると雖《いえど》も、殿上に召され、猶《なお》以て高座に登るがごとし。（『四巻伝』巻第四）

ここで湛空は、法然は高貴な生まれではなく、遠国の土民でありながら、殿上に召されて高座に上ったという。これは法然が自ら「われはこれ烏帽子《えぼし》もきざるおとこ也」とか「辺国の土民」といっている言葉とも合致している。

また、『醍醐本』の「禅勝房《ぜんしょうぼう》との問答」の中で法然は、

　源空は殿上に参るべき機（器異本）量にあらずと雖も、上《かみ》より召さるれば二度まで殿上へ参る。これ我参るべき式にはあらず、上の御力なり。何に況《いわん》や阿弥陀仏の御力をや。称名《しょうみょう》の願に酬《こた》へて来迎《らいごう》したまふこと何の不審かあらん。自身は罪も重く、無智の者なれば云何《いか》にも往生を遂ぐることを疑ふべからず。もし此くの如く疑はば、一切に仏願を知らざるものなり。此く如きの罪人を度《すく》はんがために発するところの本願なり。この名号を唱へながら、努力努力《ゆめゆめ》疑心あるべからず云々。

（『醍醐本』「禅勝房との問答」）

といっている。自分は殿上に上り、陛下にお目にかかるべき身ではないけれど、陛下から二度もお召しがあって、殿上に参じた。それは、そのような卑しい自分に、阿弥陀様が極楽浄土へ往生せよと命じてくださるようなものだというのである。『四巻伝』の言葉は、この「禅勝房との問答」の話とも合致している。こうしてみると、『四巻伝』には、まだ法然を高貴の生まれと考えない意識が強くはたらいている。

しかるに『四十八巻伝』では、法然は、仁明天皇の皇子源光の子孫である源年から四代目の孫にあたるという。こういう考え方は、『四十八巻伝』の準備作ではないかといわれる『九巻伝』（『法然上人伝記』）にはじめて出てくる。『九巻伝』および『四十八巻伝』の著者は、さきの湛空によってつくられたドラマチックな父殺害の物語をもう少し具体化しようとしたのであろう。『四巻伝』では、この父殺害を漠然と「前世のむくひ也」というけれど、『四十八巻伝』は、この前世の報いをさらに明確にしようとしたのである。その前世の報いというのが、法然から四代さかのぼった祖源年の殺人事件である。この源年は、後に漆間盛行を名のった時国の曾祖父であるが、時国はこの先祖の罪業の報いによって殺された。その死を前にして、時国は九歳の法然に向かって次のようにいう。

汝さらに会稽《かいけい》の恥をおもひ、敵人をうらむる事なかれ、これ偏《ひとえ》に先世の宿業也。もし遺恨をむすばゝ、そのあだ世々につきがたかるべし。しかじはやく俗をのがれいゑを出で我菩提《ぼだい》をとぶらひ、みづからが解脱《げだつ》を求には（『四十八巻伝』第二）

といって端坐し、西に向かって合掌し、念仏しながら眠るがごとく死んだという。この時国の最期の言葉は『四十八巻伝』ではだいぶ簡単になって、『四巻伝』の要旨を要約している感じである。そして『四巻伝』の記す漠然とした「前世のむくひ」を、「先世の宿業」すなわち時国の曾祖父源年の罪としているのである。まさに物語はここに完成されたといえるが、それもやはり一つの物語にすぎない。しかも、『四十八巻伝』の著者は高貴の出ではなく、「辺国の土民」であると自らいっている法然自身や直接の弟子たちの証言を無視して、法然を天皇の血を引くものとするのである。

これは自らの伝記を「勅修伝《ちょくしゅでん》」として権威づけようとした『四十八巻伝』の編集態度をはっきり語っているといわなくてはならない。このような『四十八巻伝』が以後のすべての法然伝の基礎となって、法然は理解されてきた。それによって、この父殺害事件はただ法然を出家させ、世の無常を味わわせた事件としてのみとらえられ、それがどのようにして法然の内面とつながり、そしてまた、それがどのようにして法然の学説と関係しているかは、いままで十分考えられたことはなかった。法然の哀しみは、このように法然をいたずらに神聖化することによって、十分に理解されないものになったのではなかろうか。

いっそう深まる遁世の心

法然の父および母が殺されたというニュースが、叡山で「大乗戒」を授けられ正式の僧になったばかりの法然のところに届けられたとしたら、どうであろう。『醍醐本』「別伝記」では、「上人はこの由を聞きて、師に暇を乞ひて遁世せむとするに」とある。これはまことにもっともであるように思われる。法然は愛する父母を一挙に失ったのである。この殺害は偶然の殺害のようにもみえるが、その殺害者であるらしい源定明の背後には、どうやら巨大な権力がついていて、しかも世間はこれを因果応報と思っているようである。おそらく法然の父方にも母方にも親戚はあったであろうが、親戚もまた呆然と、この事件を見送るよりしかたがなかったような状況である。

この報を受けて、法然は学業をつづけようという意志を失ったにちがいない。隠遁したい、この世をのがれたい、俗の世間からも僧の世界からものがれ、どこかにひっそり隠遁して暮らしたい、あるいは乞食僧になってあちこちを放浪して死にたい、こ

比叡山黒谷を訪れた著者（大津市）

のような法然の気持を叡空はよく理解したのであろう。かわいそうに、この子の父も母も殺され、その家は崩壊した。孤独になった法然に対して、叡空は慰める言葉もなかった。はじめて法然が叡空のもとに来たとき、叡空は一目この少年を見て、その才能のただならぬものを感じた。智恵もすばらしいが、しかしこの子には深く世を厭う心がある。ちょうどわが師良忍やその師の源信のような深く世を厭う心が、この子には存在している。そしていま不幸な事件にあって、いっそう法然の世を厭う心は強くなったにちがいない。これはますます名僧になる条件だと叡空は思った。なんとかこの子を、ここにおいて立派な僧にしなくてはならない。それで叡空は「遁世の人も無智なるは悪く候なり」といった。「あなたが遁世しようとするのはけっこうですが、無智なのは困りますね」という意味である。師の良忍は、現世からも叡山からも遁世して、融通念仏の教えを広めたが、しかし良忍には学問があった。この子は幸い学問が大好きだ。それで叡空は、良忍のような高僧になってほしいと思って、学問をしてからでも遅くないのではないか、といったのであろう。学問好きの法然の心をうまくとらえた言葉であるが、法然は素直に師の教えに従って、師のもとを去るのをやめて、この叡山で勉強をすることにした。

天台学を勉強するには、「天台三大部」すなわち『法華玄義』『法華文句』『摩訶止観』の三書六十巻をマスターしなければならない。これは容易なことではない。かつて私も、天台仏教のことを知ろうと思って「天台三大部」を読みはじめたが、なかなか歯が立たなかった。恥ずかしいことに、今日まで「天台三大部」を精読していないが、よほど一所懸命勉強しても五、六年はかかるであろう。ところが法然は、十六歳から十八歳までのわずか三年足らずで、この「天台三大部」という天台の根本教典をマスターしたのである。

こうして三年の勉強によって、彼の心は多少癒されたが、世を厭う心はいっそう強くなったのであろう、「その後、黒谷の経蔵に籠居して一切経を披見す」と「別伝記」にあるが、彼は叡空の黒谷青龍寺《せいりゅうじ》の経蔵すなわち書庫に隠棲したのである。経蔵に隠棲するというのはまったく異例である。読書は世に出て世の中をよくするか、それとも自己の立身出世をはかるためにあるものである。しかるに法然には、そういう世の中のためとか、自己の立身出世のためとかいう読書をまったくしなかった。彼の経蔵での読書は、世の中からのひとつの遁世であったのである。しかし、経蔵を遁世の場所とすることによって、彼の仏教についての知識は驚くほど深まったのであろう。法然は叡空のところで天台学を学んだうえ、自ら出向いて多くの人から真言《しんごん》や法相《ほっそう》や華厳《けごん》などの学問を学んだが、そのすぐれた智恵は、当時の各宗派の碩学《せきがく》たちを驚かせたという。こういう熱心な勉強によって、新しい浄土念仏の教説がつくられてゆくのである。

第四章

布教への決意

師叡空との激しい対立

叡山に登った法然は、延暦寺根本中堂のある陽のあたる東塔ではなく、陽のあたらない西塔《さいとう》の黒谷青龍寺《くろだにせいりゅうじ》の慈眼房叡空《じげんぼうえいくう》の弟子となった。この師は叡山における出世の外におかれた念仏聖《ねんぶつひじり》にすぎなかったが、私はやはり、叡空という法然の師はかなり偉大な人物であったと思う。彼はいち早く法然の才能を認めた。浄土宗鎮西派《ちんぜいは》の二祖聖光房弁長《しょうこうぼうべんちょう》が語ったこととして、次のような言葉がある。

> 上人、予に向かいて具《つぶさ》にもって告げていわく、世人《せにん》、皆、因縁あって道心《どうしん》を発《おこ》すなり、所謂《いわゆる》、父母兄弟に別れ、妻子朋友に離る等なり。しかるに源空《げんくう》は指《さ》せる因縁もなく、法爾法然《ほうにほうねん》に道心を発す。故に師匠、名を授けて法然と号す。
>
> （『徹選択本願念仏集《てつせんちゃくほんがんねんぶつしゅう》』）

この弁長の語る話は、まことに重要である。これは、一つには法然が叡空に弟子入りした後に父時国《ときくに》殺害事件が起こったと考えねばならない証拠となる。「世の人はみな、父母兄弟に別れたり、妻子朋友に離れるなどの因縁があって、道心をおこすが、自分はそのような因縁もなく、自然に道心をおこしたので、法然と名づけられた」と法然は語っているからである。このことは、法然が叡空に弟子入りしたのは、まだ父殺害事件が起こる前であることを示している。

叡空は、法然の中に天然自然にもっている世を厭《いと》う心をみたのである。おそらく、その世を厭う心は「やがて殺されるにちがいない」という父の言葉を聞いたゆえでもあろうが、このようなことはもちろん叡空にはわからない。ただ叡空は、この少年の中に類《たぐい》まれなる真の宗教家になる素質をみたにちがいない。そして弟子となって一年もたたないうちに父の死が知らされたときに、暇を請うて隠遁《いんとん》したいという法然の願いに、「隠遁者になるのもいいが、学問がないではまずい」といって「天台三大部」を学ばせたのである。おそらく師は、弟子の才能を惜しんだのであり、学問好きな法然には学問で気持を引き止めるがよいと考えて「天台三大部」を学ばせたのであろうが、「天台三大部」を学んだ後も彼は叡空の寺、黒谷の青龍寺の経蔵に籠居したという。これまた学問的隠遁である。こういうことが許されたのは、よほど叡空の法然に対する期待が強かったからであろう。

法然はこのように良き師に恵まれたといえるが、弟子がすぐれていればすぐれているほど、かならず師との対立のときがくる。新しい教えが法然の心の中に育ったからには、もはや叡空の殻の中にとどまっておられない。法然独自の思想ができはじめたら、否が応でも古い学説を墨守《ぼくしゅ》する師の説と対立せざるをえない。『四十八巻伝』は、

師叡空に称名念仏こそすぐれていることを説く法然
（『四十八巻伝』知恩院）

二度にわたっての慈眼房叡空と法然の対立について述べている。

あるとき天台智者の本意《ほい》をさぐり、円頓一実《えんどんいちじつ》の戒体《かいたい》を談じ給に、慈眼房は心をもて戒体とすといひ、上人は性無作《しょうむさ》の仮色《けしき》をもて、戒体とすとたてたまふ。立破再三にをよび、問答多時をうつすとき、慈眼房腹立して、木枕をもてうたれければ、上人師の前をたゝれにけり。　（『四十八巻伝』第四）

この「円頓戒」についての叡空の説と法然の説がどうちがうのか、それはまた後の、念仏を観想《かんそう》の念仏とする叡空の説と、口称《くしょう》の念仏とする法然の説との違いとどう関係するのかよくわからないが、叡空の説は生まれつきそなわっている心を大事にしているのに、法然の説は戒を受けるという行為をたいせつにしているという違いがあるのであろうか。あるいはその法然の説が、念仏という行を救いの中心と考える法然の説とつながるのかもしれない。

叡空と法然との間には、このような一触即発の対立関係が長い間つづいたにちがいない。叡空は、法然は自分が育てた弟子で、自分のいうことを聞き自分の説には逆らうべきではないと思っていたであろう。しかし法然は、たとえ自分が叡空によって育てられたとしても、仏の教えの真実は曲げられない。師の説といえども、正しいところは正しいとしても、まちがっているところはまちがっているとしなくてはならないと思ったにちがいない。このような師と弟子の対立は、おそらくすでにそうとう前からあったと思われるが、法然の専修念仏《せんじゅねんぶつ》の信念が固まれば、もはや師との対立は決定的となる。

あるとき上人往生の業には、称名《しょうみょう》にすぎたる行、あるべからずと申さるゝを、慈眼房は、観仏すぐれたるよしをの給ければ、称名は、本願の行なるゆへに、まさるべきよしをたて申たまふに、慈眼房又先師良忍《りょうにん》上人も、観仏すぐれたりとこそおほせられしか、との給けるに、上人、良忍上人もさきにこそむまれ給たれ、と申されけるとき、慈眼房腹立したまひければ、善導《ぜんどう》和尚も、上来雖説定散《じょうさん》両門之益、望仏本願意在衆生、一向専称弥陀仏名（上来、定散両門の益を説きたまうといえども、仏の本願に望むれば、意、衆生をして一向に専ら弥陀仏の名を称せしむるに在り)、と釈したまへり、称名すぐれたりといふことあきらかなり、聖教《しょうぎょう》をば、よくよく御覧給はでとぞ申されける。(『四十八巻伝』第六)

ここで師の説と弟子の説との対立はもはや決定的となっている。叡空はやはり、観《かん》仏《ぶつ》がすぐれている、称名《しょうみょう》は劣っているという立場をとり、それは叡空の師の良忍の説でもあり、また良忍の師源信の『往生要集』の説でもあると信じている。しかるに法然は、この平安浄土教の伝統となった説を否定して、称名のほうが観仏よりすぐれている、その証拠は経典そのものにあるという。叡空は、良忍から受け継ぎずっと信じてきた信仰を、自分が愛し自分が育てた弟子によって否定された。叡空の怒りは当然である。この叡空と法然との念仏の解釈をめぐる対立は、ただの口論にとどまらず暴力沙汰におよんだらしい。『四十八巻伝』のもとになったと思われる『九巻伝』には次のようにある。

弥陀如来、称名を本願とたて給へる上には、往生の業におきては、称名にすぐるゝ行あるべからずと、上人たて給ふ時、師範叡空上人、観仏はすぐれ称名はおとれる也との給ふを、上人、なほ念仏勝たる義をたて給ふに、叡空上人腹立して、こぶしをにぎりて上人のせなかをうちて、先師良忍上人もさきにこそ生れ給ひたれと、上人申されける時、叡空上人弥《いよいよ》腹をたてゝ、沓《くつ》ぬぎにおりて、あしだを取

りて又うち給へば、聖教をよく〳〵御覧候はでとぞ、申されける哀《あわれ》なりし事也
（『九巻伝』巻第一下）

また『選択《せんちゃく》伝《でん》弘決《ぐけつ》疑《ぎ》鈔《しょう》裏書《うらがき》』には、

観仏と念仏との勝劣の事。称名を本願と立つるが故に、この辺は称名に勝る行あるまじきなり。この義を故上人立てたまふ時、師範叡空慈眼房なりは観仏は勝れ称名は劣るなりと云云。故上人は猶念仏の勝義を立てたまふ。叡空は腹立ちして枕を以て上人の背《せなか》を打ちたまふ。先師の良忍上人も観仏は勝れたりとこそ仰せらる云云。上人の云はく、良忍上人も先にこそ生まれたまひたれと云云。いよいよ腹立ちして足駄を取りて又打ちたまふ云云。
（『選択伝弘決疑鈔裏書』）

これを見ると、叡空の怒りの凄まじさがわかる。『九巻伝』によれば、法然が往生の行においては口称念仏がすぐれているというと、叡空はそうではなく観仏がすぐれていて称名はおとっているというのに、また法然はやはり称名念仏がすぐれているという。師も師であるが弟子もまた弟子であり、頑固に自分の説を守って譲らない。それで叡空は腹をたてて拳骨で法然の背中を打った。そのときに、「良忍上人はもう昔の人です」という法然の言葉を聞いていよいよ腹をたてて、足駄で法然を打ったという。『選択伝弘決疑鈔裏書』のほうは、最初枕をもって法然の背中を打ったが、また

といったという。『四十八巻伝』には、さすがに念仏の解釈でこのような暴力事件が起こったことは記さず、戒体に対する論争のおりに木枕でたたいたとある。しかし、師と弟子との間の暴力事件は、やはり念仏の解釈という大問題で起こったと考えるのが正しいであろう。

この念仏の解釈をめぐる叡空と法然の争いについては、源智《げんち》の『醍醐本《だいごほん》』も、『私日記』も、また湛空《たんくう》の『四巻伝』もまったく語らず、『信瑞本《しんずいぼん》』と称せられる伝記以後に語られるものであるが、それは、源智も湛空も法然晩年のときの弟子であり、叡山時代の法然についてはあまり知らないし、法然もまたそのような暴力事件を弟子に語ることをしなかったからであろう。この話は、たぶん叡山時代から法然を知っている信空《しんくう》などから信瑞が聞いたことであろうか、事実であったと思われる。

『醍醐本』には、後に叡空が法然の弟子になったという話が記されているが、それは法然の名が世に広まり、法然が後白河法皇や九条兼実《くじょうかねざね》などの有力なパトロンを得た後のことであろう。法然はやはり念仏の人であるとともに戒律の人であり、その戒律を叡空から受けたと語っている。そのように弟子が有名になったからには、叡空もまた、この弟子の師であったことを誇りに思ったにちがいない。

師と訣別し、叡山を去る

このようにして法然の思想が成熟して、師の叡空と論争して暴力沙汰にまでおよんだ以上、法然はそのまま師のいる叡山の西塔黒谷にとどまることはできない。彼は師と別れて山を下りたが、『四十八巻伝』は山を下りた法然のことを、次のように語る。

上人一向専修《いっこうせんじゅ》の身となり給にしかば、つゐに四明の巌洞をいでゝ、西山の広谷といふところに、居をしめ給き。いくほどなくて、東山吉水《よしみず》のほとりに、しづかなる地ありけるに、かの広谷のいほりを、わたして、うつりすみ給。

（『四十八巻伝』第六）

これによれば、山を下りた法然は、まず西山の広谷に住んだことになる。この西山の広谷というのは、法然の弟子証空《しょうくう》の流れをくむ西山《せいざん》浄土宗の本山粟生光明寺《あおのこうみょうじ》のあるところ（長岡京市粟生）から少し山に登ったところにある。今は人家のないまったく荒れた山の中であるが、おそらく当時は、世を捨てた隠者たちがそこにわび住まいをして、浄土を念じていたのであろう。数年前に私はそこへ登ったが、かなり険しい道で、じつは西山浄土宗の僧職にある人もまだ登ったことのない人が多くいるということであった。

知恩寺境内にある賀茂大明神（京都市）

法然がひとときここに住んでいたことは確実であるが、山から下りた法然がすぐに広谷に来たかどうかは問題がある。百万遍《ひゃくまんべん》知恩寺《ちおんじ》に伝わる伝承によれば、法然はまず賀茂の河原に草庵をつくって住んだという。今はその草庵の跡というのが相国寺《しょうこくじ》の中にあるが、それは当時、文字どおり、鴨川の河原で、そこには行き場のない人たちがわびしい生活をおくっていたのであろう。現代の言葉でいえばホームレスの人たちであるが、山を下りた法然も、そういうホームレスの人に混じって生活をする何年かがあったのではないか。あるいは『四十八巻伝』は、このようにホームレスの人たちとわび住まいをする法然を宗派の祖師として似つかわしくないと思い、広谷を、山を下りた法然の最初の住居としたのではなかろうか。

この賀茂の河原屋の跡に、後に源智によって知恩寺という寺がつくられ、その知恩寺は再三あちこちに移動し、ついに今の田中門前町（京都市左京区）の地に落ち着いた。この知恩寺には知恩院などにないものがある。それは、寺院の中に賀茂大明神を祀る神社があることである。賀茂神社には秦氏《はた》を名のる神官が多くいることを考えると、法然は母の里、秦氏の縁で賀茂神社すなわち下鴨神社と何らかの関係があり、その縁を頼って賀茂の河原の地に草庵をつくったのではないか。なぜ広谷に移ったかということは後で考えることにして、法然が自己の信仰を確立して山を下ったときを、教団の伝承に従って、ひとまず安元元（一一七五）年、法然四十三歳のときということにしよう。

布教を決意させた善導の夢

しかし、自己の信仰を確立したことと、積極的に浄土教を布教することとは別である。これについて『醍醐本』「一期《いちご》物語」は次のように語っている。

但し、自身の出離においてはすでに思ひ定め畢《おわ》んぬ。他人のためにこれを弘めんと欲すと雖《いえど》も、時機《じき》叶ひ難きが故に、煩ひて眠る夢の中に、紫雲大いに聳《そび》えて日本国に覆へり。雲中より無量の光を出だす。光の中より百宝の色の鳥飛び散りて充満せり。時に高山に昇りて忽《たちま》ちに生身の善導《ぜんどう》に値《あ》ひ奉る。腰より下は金色なり。

腰より上は常の人の如し。高僧の云はく、汝不肖《ふしょう》の身たりと雖も、専修念仏を弘むる故に汝の前に来れり。我はこれ善導なり云々。それより後この法を弘む。年々に繁昌して流布せざる境なきなり云々。（『醍醐本』「一期物語」）

おそらく、法然は源智にこのように語って、源智は法然の言葉をそのまま写しとったのであろう。

一人の思想家が自らの思想を確立するのと、それを積極的に布教するのとはおのずから別である。思想家が自分の思想を確立したとしても、それを布教しようとはかならずしも思わないし、またたとえそう思ったとしても、思想の確立から布教にいたるには多少の時間が必要である。なぜならば、布教というのは社会的事件である。新しい思想を布教すれば、かならず従来信じられていた古い思想と衝突せざるをえない。衝突すれば、いろいろな災難がその人にふりかかる。その思想が新しければ新しいほど、それは古い思想から猛烈な反撥が起こる。新しい思想的確信に達した思想家が布教にふみきるには、そのような思い煩いを克服しなければならない。

たとえば、釈迦は王族の家に生まれたが、物質的な快楽にふける生活に嫌気がさして、二十九歳のときに家を出て苦行に励む。六年の苦行生活をへて、さとりを開く。これを釈迦の成道《じょうどう》というが、成道した後に、ただちに布教すなわち説法をはじめたわけではない。彼は梵天《ぼんてん》の要請によって、ベナレスの北方のサールナートにあるミガダーヤ（鹿野苑）で、かつて苦行を共にした五人の出家者に、最初に自分のさとった教えを説いたといわれる。

釈迦の場合は、成道から布教すなわち説法までの間にあまり時間がかからなかったが、これは釈迦の教えが当時の社会の信仰と強く対立するものではなかったからであろう。釈迦の教えは、はなはだ新しかったが、当時のインド社会の信仰の基礎を根底から覆すようなものではなかった。しかし、法然の教えは釈迦の教えよりもっと革命的なものであった。専修念仏の教えは、それまで日本人が信じてきたあらゆる仏教や神道の否定になりかねない性格をもっている。法然がそういう新しい教えの確信に達したとしても、容易にその布教にふみきれなかったのは当然であろう。法然はそれを「時機叶ひ難きが故に」という言葉で表現しているが、まだ旧仏教に対する信仰が根強く残っている時代に、このような新しい仏教を布教することのむずかしさを、鋭敏な頭脳をもつ法然が感じないはずはない。法然は思い悩んだのであろう。思い悩んで幾夜かの眠れぬ夜を過ごしたにちがいない。そして梵天が釈迦に布教を決意させたように、ここでは夢の中にあらわれた善導が法然に布教を決意させる。

紫雲すなわち紫の雲が日本中に覆っていたという。紫の雲は聖なる雲である。日本国がありがたい聖なる紫の雲によって覆われているのである。そしてその雲の中から、はかりしれないほどの多くの光が出てくる。まさに仏の出現を予言しているのである。そしてその光の中に百宝の色をした鳥が飛び散って、光の中は鳥で充満している。鳥は昔から人間にとってあの世の使いであった。この鳥はまさに極楽浄土の阿弥陀様の使いである。その鳥が空の中に充満しているのである。

そのとき彼は高い山に登った。その高い山はおそらく法然が長年暮らした比叡山であろう。この比叡山らしい高い山で彼は生身の善導と会うことができたのである。その善導は腰から下は金色で、腰から上はふつうの人であったという。この言葉は重要である。腰から上は光輝き、腰から下は常人であるというのではない。腰から下は金色に輝いているということは、すでに彼は煩悩を克服したきびしい戒律の持ち主であったことを示している。それは善導の姿であるより、法然自身の姿であったかもしれない。親鸞ならば、このような姿をした善導の夢など見ることはあるまい。腰から下は金色に光輝いて、すでに彼が煩悩を克服した人間であることを示しているが、腰から上はふつうの人のようである。その生身の善導が法然に次のように語った。「おまえは愚かな身であるが専修念仏を広めた、それで私はおまえの前にあらわれたのだ。私は善導だ」。夢の中とはいえ、生身の善導があらわれて、法然の専修念仏の教えを

夢の中で法然は善導にめぐり会う（『四十八巻伝』知恩院）

認めたのである。「我はこれ善導なり」という言葉は、いかにも迫力がある言葉である。

私は、このような善導に会ったという法然の夢は真実にちがいないと思う。法然研究者の中には、このような神秘的体験を否定する人もある。『醍醐本』には、この夢の中における善導との出会いの体験以外に、晩年の法然が語ったという「三昧発得記《さんまいほっとくき》」、つまり法然が極楽浄土を見たという話がある。このことは、観想の念仏を否定してもっぱら口称の念仏を勧めた法然にはふさわしくない話であり、真実ではないという人があるが、私はそうは思わない。法然のようにきびしく世の常識と対立する思想をあえて布教する人間には、どこかに神秘的体験があり、それなくしては、とても世の中傷、迫害と闘うことができないのではないかと思われる。法然は「偏依善導《へんねぜんどう》」といって、善導は阿弥陀仏の化身でもあったというが、阿弥陀仏そのもののである善導が親しく法然に語りかけ、彼の信仰を励まさなかったとしたら、とても時代を変えようとする革新的な宗教運動の主唱者としての重荷に堪えかねたのではないかと思う。

法然が四十三歳にして山を下りたとしても、布教にふみきるのはかなり後であったとみなければならない。実際、新しい専修念仏の教えの布教者として、彼の姿がはっきりと都の人の目にふれるようになったのは、年号が文治になってからである。この法然の布教にふみきった時期というのは、はなはだ重要である。それはいわゆる戦後なのである。

つまり彼が山を下りた安元元（一一七五）年の頃は、まだ平家一門が権力を握っていた。平家は武士でありながら、律令《りつりょう》体制のもとで一族はそろって立身出世を遂げた。それゆえ、平家の時代にはまだ律令体制が健在であったといってよい。ところが治承四（一一八〇）年、源頼朝が兵を起こし、全国の源氏がそれに和し、ついに元暦二（一一八五）年に平家は壇ノ浦で滅びた。まったくあっという間の出来事であった。源氏は律令体制に呑みこまれてしまった平家の前例を顧みて、幕府を鎌倉において遠くから朝廷を監視し、間接的に支配するという政策をとった。これによって五百年つづいた律令体制は、ほぼ完璧に崩壊したといえる。法然が山を下りて布教をはじめるまでの時代は、このように律令体制の終焉、鎌倉幕府の成立という、律令体制から幕府政治への過渡期の時代であった。

私は二十歳にして終戦を迎え、いわば戦後の混乱期に自分の思想の形成をせざるをえないという運命をになったが、いっさいの価値が崩壊する時代に思想形成の時代を迎えたことは、私にとって不幸であるより幸福であった。山を下りた法然も、既成の価値がことごとく崩壊していくのをその目で見て、いっそう自分の思想の正しさを痛感したにちがいない。

『方丈記』が描く無常の時代

この時代の精神的状況を語るものとして、二つの重要な古典がある。一つは鴨長《かものちよう》明《めい》の『方丈記《ほうじようき》』であり、もう一つは『平家物語』である。長明が『方丈記』を書いたのは「建暦《けんりやく》の二年《ふたとせ》、弥生《やよひ》のつごもりごろ」と自ら記している。それが建暦二（一二一二）年三月末日であったとすれば、その約二ヵ月前の一月二十五日に法然は八十歳で死んでいる。長明はこのとき六十歳なので、長明のほうが法然より二十歳若いが、ほぼ同時代の人と考えてよいであろう。それゆえに、この『方丈記』は下鴨の社家《しやけ》の子として生まれて志を得ず、やむなく隠遁者となった同時代の知識人が見た、この時代の世相の記録であるといってよいであろう。『方丈記』の冒頭に有名な次のような文章がある。

ゆく河の流れは絶えずして、しかももとの水にあらず。よどみに浮ぶうたかたは、かつ消え、かつ結びて、久しくとどまりたるためしなし。…(中略)…朝《あした》に死に夕《ゆふべ》に生るるならひ、ただ水の泡にぞ似たりける。知らず、生れ死ぬる人いづかたより来りて、いづかたへか去る。また知らず、仮の宿り、誰がためにか心を悩まし、何によりてか目を喜ばしむる。その主と栖《すみか》と無常を争ふさま、いはばあさがほの露に異ならず。或は露落ちて、花残れり。残るといへども、朝日に枯れぬ。或は花しぼみて、露なほ消えず。消えずといへども、夕を待つ事なし。

(『方丈記』)

このような言葉で示されるのは、無常という思想である。世の変転はじつにめざましかった。かつて都のうちに棟を並べた巨大な家も今は滅びて跡かたもなくなり、そこに住んでいた人も今は行方知らず、どこへ行ったかわからない。まさに無常という言葉こそ、この時代に生きる人間の実感であった。長明はこのような無常ということの実例をこれでもか、これでもか、と列挙する。

安元三（一一七七）年四月二十八日に大風が吹いて、火事になり、朱雀門《すざくもん》、大極殿《だいごくでん》、大学寮、民部省《みんぶしょう》などが一夜のうちに灰燼《かいじん》に帰してしまった。そしてその火事によって焼け出され、財産を失った人は数えることすらできない。都の三分の一が灰になり、死ぬ者は数千人におよんだ。また治承四（一一八〇）年四月の頃、おそらく竜巻であろうか、大きな辻風が起こって多くの家をさらってしまった。またその年の六月の頃、福原遷都《ふくはらせんと》の事件が起こった。この都遷《うつ》りは天災地変にもまして、都の人にはたいへんな災難であった。古い都を捨てて海に面した片田舎に都を遷すという。その都遷りに多くの公家《くげ》たちは反対であるが、新しい都に住居を移さぬかぎり立身出世の見込みはない。長明は、この都づくりに当惑した官僚や民衆の災難を皮肉な筆で描いている。しかし、このような災害はまだ序ノ口であった。

養和の頃（一一八一―一一八二）にはひどい飢饉《ききん》があった。春夏には日照り、あるいは秋には大風、大水などよからぬことがうちつづいて、五穀はことごとく実らず、国々の民は土地を捨てて家を捨てて山に住んだ。この飢饉のさまは筆舌に尽くしがたい。貴族たちは財宝を捨てて食糧にかえたが、金の価値は低く食糧の価値は高かった。ちょうど戦時中の貴族や金持ちたちの苦しい疎開生活を思わせるが、この場合は餓死の危険があり、戦後の食糧難どころではなかったであろう。長明は、こういう飢饉の際における人間のありさまについて皮肉な観察をしている。

いとあはれなる事も侍りき、さりがたき妻《め》をとこ持ちたる者は、その思ひまさりて深き者、必ず、先立ちて死ぬ。その故は、わが身は次にして、人をいたはしく思ふあひだに、稀稀《まれまれ》得たる食ひ物をも、かれに譲るによりてなり。されば、親子ある者は、定まれる事にて、親ぞ先立ちける。また、母の命尽きたるを知らずして、いとけなき子のなほ乳を吸ひつつ臥せるなどもありけり。（同前）

夫婦などは、愛情のより深いほうが早く死ぬというのである。愛情が深ければまず相手にわずかばかりの食糧を食べさせ、自分は後にする。それで、より多くの愛情のある連れあいが飢え死にして、愛情の薄い連れあいは一人残る。それは哀しいことであるが、実際、鴨長明が語るとおりであったのであろう。親子の場合は親のほうが子に対する愛情が深く、食べ物も子に食べさせようとするので、親のほうが早く死ぬのが常であろう。母が飢え死にした後に、その死んだ母の乳を何も知らない赤ん坊がしゃぶっている。そういう哀れな光景を長明はその目で見たにちがいない。京の中でも一条より南、九条より北、京極より西、朱雀より東、すなわち狭い意味の京都の町だけでも死者は四万二千三百余りであったという。それに鴨川の河原や西の京、周辺の土地を加えれば、どれだけの数になるか見当もつかない、と長明はいう。この飢饉の三年後、元暦二（一一八五）年七月九日に大地震があった。長明の頭には災害の記憶が生々しく、この養和年間の飢饉のことも、それから三年後の元暦二年の大地震のことも、いっしょくたになってしまったのであろうか。

このようなうちつづく災害によって深く無常を感じざるをえなかったのが、長明の見たこの時代の世相であろう。これはもちろん、下鴨神社の社家に生まれながらも下鴨神社の要職につけなかった、いささか世に恨みをもつ隠者の見た世相であるが、こういう無常観をもつ人はひとり長明にとどまらなかったように思われる。長明はまさにこの時代の代表的知識人として、自己の思いを述べたにすぎないといえる。

長明はつとめて政治のことは語ろうとしない。このような権力がめざましく変わった時代において、何らかの政治的主張をすることは危険であり、彼は隠者として、そういう政治について語るのをつとめて避けたのではないかと思われる。あの福原遷都は明らかに人災であるが、ここで長明はこの人災を、大火や竜巻や飢饉や地震のようにあたかも天災のごとく語っている。清盛の民の憂いを考えない強引な遷都についても、

伝へ聞く、いにしへの賢き御世には憐みを以て国を治め給ふ。すなはち殿に茅ふきても、軒をだにととのへず、煙の乏しきを見給ふ時は、限りある貢物《みつぎもの》をさへ

ゆるされき。これ、民を恵み、世を助け給ふによりてなり。今の世のありさま、
昔になぞらへて知りぬべし。　（同前）

というのみである。堯《ぎょう》が帝王になったときに茅葺きの軒を切りそろえず丸木のままの王宮に住んだとか、仁徳天皇が民の竈《かまど》の煙の上がらないのを見て税を納めることをやめさせたという、昔の人徳ある王の故事を引いて、今の世のありさまを知ることができるというが、もちろん今の世は悪いと知ることができるというのであろう。清盛の政治を批判したのであるが、このような間接的な言い方でしか長明は批判の言葉を語っていない。

じつは、長明がここで語っているこのような天災のときは、平家が滅び源氏が興隆したときにあたっている。安元三年四月二十八日の大火の直後五月末に、後白河法皇を中心とする平家討伐の謀議（鹿ヶ谷事件）が多田行綱《ただゆきつな》の密告によって発覚した。また治承四年の辻風が起こり都遷りがあった年は、源頼朝が平家討伐の軍をあげた年である。そして養和年間の飢饉のときは、源平の戦いの真っ最中である。そして元暦二年の大地震のときは、ちょうど安徳天皇が入水し、平家が壇ノ浦で滅んだ年なのである。遷都はもちろん、こういう政治的事件や飢饉なども深い関係をもっていたにちがいないと思われるが、長明はこのような政治的事件に対しては口をつぐんで語らず、

このいっさいの事件を、あたかもすべて天災であるかのごとく考えようとする。彼はこのような事件を、すべてこの世の無常という絶対の真理を証明する例証とし、この世から隠遁して、静かなさとりの生活を生きるがよいと勧めている。

『平家物語』に通底する法然の思想

このような政治的事件にいっさいふれようとしない『方丈記』に対して、同時代の政治的事件、つまり平家の滅亡、源氏の興隆という事件を、滅びゆく平家側に視点をあてて語ったのが『平家物語』であろう。

　祇園精舎《ぎおんしようじや》の鐘の声、諸行無常の響あり。沙羅双樹《しやらさうじゆ》の花の色、盛者必衰《じやうしやひつすい》の理《ことわり》をあらはす。おごれる人も久しからず。唯《ただ》春の夜の夢のごとし。たけき者も遂にはほろびぬ、偏《ひとへ》に風の前の塵に同じ。（『平家物語』巻第一）

という冒頭の言葉は、『方丈記』の冒頭の言葉とともに広く知られている。そしてそれは同じように無常という思想を語っている。しかし無常の語り方が『平家物語』と『方丈記』とはちがう。『方丈記』がこの時代に起こったことをすべて天災とみて、無常はすべての人に降りかかるこの世の道理であるとみているのに対して、『平家物語』

は平家一門に視点をあてて、この平家一門を襲った無常の物語を語っている。平家ほど短期間に栄達を極めた氏族はない。それはおそらく、平清盛という先見性をもった稀代《きたい》の政治家の能力に負うところ大であったのであろう。しかし、清盛一代にして藤原氏にかわって国の最高権力者になり、栄耀栄華を極めた平氏はまた、たちまちにして滅び去った。そのたちまちにして栄え、たちまちにして滅びた不思議な氏族平氏について、『平家物語』は多分の同情をもちつつ、この一族の栄達と滅亡のさまを描いている。日本人にはもともと、敗者に対して同情を寄せる、いわゆる判官《はんがん》びいきの気持が強い。おそらくさまざまな悪行があり、その悪行の報いで平家は滅びたのであろうが、『平家物語』には平氏に対する同情あるいは哀惜のムードが強い。この『平家物語』に法然および法然の弟子たちが登場する。

一つは例の祇王《ぎおう》・祇女《ぎじょ》の話においてである。祇王・祇女は当時、都の名だたる白拍子《しらびょうし》であったが、姉の祇王を清盛が寵愛し、そのおかげで妹の祇女も有名になり、二人とも白拍子のスターとなった。ところが、またこの祇王・祇女とならぶようなみごとな舞をする白拍子があらわれた。その名を仏《ほとけ》といった。仏は自分の舞を清盛に見せようと清盛の邸を訪れたが、清盛はすげなく帰そうとする。しかし祇王のとりなしで、清盛の前で仏御前は歌をうたい舞をまう。その歌を聞き舞を見て、清盛は仏に心をうつす。仏は祇王のことを慮《おもんぱか》って帰ろうとしたが、清盛は許さず、仏は邸にとどめおかれ、清盛の寵愛は仏にうつる。あまりのことに祇王は祇女と共に三年住んだ清盛の邸を出て、嵯峨野あたりに閑居を構える。その祇王に清盛は使者を立てて、「仏が退屈をしているので、この邸にきて今様《いまよう》をうたい舞を見せて、仏を慰めてくれ」と頼む。祇王は返事をしなかったが、母にくどかれて清盛の邸へ参り、

仏も昔は凡夫なり　我等も終《つひ》には仏なり
いづれも仏性《ぶつしやう》具《ぐ》せる身を　へだつるのみこそかなしけれ　（同前）

と今様をうたう。これは、

仏も昔は人なりき　われらも終には仏なり
三身仏性具せる身と　知らざりけるこそあはれなれ　（『梁塵秘抄《りようじんひしよう》』巻第二）

という、後白河法皇のつくったといわれる『梁塵秘抄』の歌の末の二句を変えたもので、「仏御前も私も凡夫であり、いずれは仏になる身であり、等しく仏性をもっているが、いまはこんなに身分が異なってしまった」とわが身の不幸を嘆く歌である。祇王はこのように二度も辱《はずかし》めにあって、この世をすっかり厭うて出家をする。そして、母の刀自《とじ》と妹の祇女と一向専修に念仏して、ひとえに後世《ごせ》を願った。ところが、やがて仏御前がこの祇王たちが住む嵯峨のわび住まいを訪れ、わが身の運命《さだめ》を思い、一緒

長講堂で後白河法皇自筆の過去帳を見る

に出家せんと願う。こうして四人は一所に籠ってひたすら後世を願い、念仏を称え、早い遅いの違いはあっても、四人はすべてめでたく往生を遂げたという。

今も京都の五条橋の西南に後白河法皇と関係が深い長講堂《ちょうこうどう》という寺があるが、そこに後白河法皇自ら書いた過去帳が残されていて、それに「閉《とじ》　妓王　妓女　仏御前」という名がある。『平家物語』の記事は、この過去帳によって事実であったことが実証されるのである。この祇王・祇女が嵯峨に隠棲の地を求めて出家したのは、清盛の晩年であり、たぶん治承年間のことであると思われるが、時は法然が山を下りたときからあまりたっていない。そのころ、すでに彼は専修念仏の布教者であり、彼の弟子が祇王たちの戒師であったのであろうか、それともこの話は、法然の専修念仏が盛んになった頃に後からつくられた話であろうか、よくわからない。

『平家物語』にはもう一ヵ所、法然が活躍するところがある。それは平重衡《しげひら》に法然が会うところである。重衡は清盛の五男であるが、以仁王《もちひとおう》の乱が起こったとき（治承四年）に、以仁王の宣旨によって挙兵した南都の僧兵たちと戦い、東大寺、興福寺などを焼き払った責任者である。当然、平家の中でも、重衡は南都の大寺院を焼き払った悪の張本人としてきびしく追及された。彼は、源平の戦いにおいて戦線を離脱して源氏の捕虜になったが、南都仏教側の要求に従って南都の仏徒に引き渡され、斬殺されるのである。『平家物語』には、この重衡が法然と出会って、法然から極悪非道の人間も念仏を称えれば極楽浄土に往生できるという教義を聞いて、たいへん喜ぶさまが描かれている。この重衡の話も事実であったかどうかわからないが、悪人往生を説いた法然にいかにもふさわしい話である。

『平家物語』を構成する思想そのものが、法然の専修念仏の思想であるといえる。『平家物語』は、専修念仏の教義を物語によって普及しようとするものであるといってよい。しかし、その思想はかならずしも純粋な専修念仏の思想ではない。伝統的な天台仏教と調和した専修念仏の思想であるように思われる。事実、法然死後の浄土教教団は、聖覚《せいかく》においても、隆寛《りゅうかん》においても、証空においても、専修念仏を旧仏教と調和せしめようとする立場に立つ。『平家物語』は、かかる思想的潮流の中から生まれてきたものであろう。

『平家物語』は六道輪廻《ろくどうりんね》の話で終わる。清盛の娘である建礼門院は高倉天皇の妃で安徳天皇の母であったが、源平の争乱に運命を弄ばれ、一生にして六道すなわち地獄・餓鬼・畜生・阿修羅・人間・天の六つの世界を味わった。この建礼門院が壇ノ浦の戦いで生け捕りにされ、都に連れてこられ、大原の寂光院にわび住まいをしていた。そこを訪れた後白河法皇に建礼門院は、一生にして味わった六道の世界のことを語るのである。このところは「灌頂《かんじょう》巻」といわれ、優美荘重、優艶玄妙にして悲痛な旋律をもち、平家琵琶《びわ》を語る人の中でも、とりわけ名人によってのみ語られるべきものとされる。このように琵琶語りにとっても重要な「灌頂巻」は、思想としてもたいへん重視される箇所なのである。

建礼門院は寂光院で毎日「先帝聖霊《せんていしょうりょう》、一門亡魂《いちもんぼうこん》、成等正覚《じょうとうしょうがく》、頓証菩提《とんしょうぼだい》」と泣く泣く祈っていたという。「先帝聖霊」というのは、あの壇ノ浦の海に沈んだわが子安徳天皇の霊である。そして「一門亡魂」というのは、滅び去った父清盛以下、平家一族の亡魂であろう。そういう死者の魂が等しく正しいさとりを開いて、すみやかに極楽往生をしてほしい、と彼女は泣く泣く祈ったのである。寂光院の本尊は、聖徳太子が母の間人《はしひと》皇后の菩提供養のためにつくられたという地蔵菩薩である。その地蔵菩薩の胎内に六千数百体といわれる無数の小さな地蔵が納められていたが、この六千体余りの地蔵菩薩はまさに滅び去った平家の一人一人の亡魂の鎮魂のためのものであるにちがいない。このような多くの恨みを抱いて死んでいった平家一族のすべての亡魂が無事極楽浄土に往生してほしい、と彼女は必死に祈っていたのであろう。そしていよいよ彼女にも往生のときがきた。

> 建久二年きさらぎの中旬に、一期《いちご》遂に終らせ給ひぬ。后宮《きさいのみや》の御位より、かた時もはなれ参らせずして候はれ給ひしかば、御臨終の御時、別路《わかれぢ》にまよひしも、やるかたなくぞおぼえける。此女房達は、昔の草のゆかりも枯れはてて、寄るかたもなき身なれども、折々《をり〱》の御仏事、営み給ふぞあはれなる。遂に彼人々は、龍《りゆう》女《によ》が正覚《しやうがく》の跡をおひ、韋提希夫人《ゐだいけぶにん》の如くに、みな往生の素懐《そくわい》をとげけるとぞきこえし。
>
> （『平家物語』灌頂巻）

と『平家物語』の終わりにある。もはや建礼門院は六道輪廻することなく、無事、極楽往生するのである。いわば、それは法然のいう横超《おうちよう》である。阿弥陀仏のおかげで、六道の世界を横に超えて極楽往生することができたのである。

これはいわゆる女人往生の話である。女人の救いについてはすでに『法華経《ほけきよう》』において、龍女が仏になることを釈迦によって約束されたという話があるが、より強く女人往生のことを説いた経典は、やはり「浄土三部経《じようどさんぶきよう》」の一つである『観無量寿《かんむりようじゆ》経《きよう》』であろう。『観無量寿経』では、わが子によって幽閉された母韋提希夫人が釈迦に願って極楽の世界を現出してもらい、そこへ往生できることを釈迦が約束するのである。女人の救いはこのように、すでに『法華経』においても、『観無量寿経』においても説かれているが、女人往生を一段と可能にしたのは法然の専修念仏である。それは、口で「南無阿弥陀仏」と称える、だれにでもできる念仏をすれば、往生は可能であると説かれるからである。このような口称の念仏ならば、女人でも可能である。女人往生、悪人往生、凡夫往生こそ、法然の専修念仏の思想の中心なのである。このような思想が説かれる「灌頂巻」で『平家物語』が終わることは、『平家物語』が法然の思想によってつくられていることを示している。

末代濁世に浸透する法然の教え

この『方丈記』や『平家物語』に書かれた状態が、山を下りた法然が布教をはじめるまでの都の状態であるとすれば、私は、一介の乞食僧《こつじきそう》にすぎない法然が、このようなときにどうして生き長らえることができたのか、不思議に思う。法然がわび住まいをしていた賀茂の河原には餓死者の屍《しかばね》が累々と横たわっていたのではないかと思われるが、法然が、なぜこのような五万人にもおよぶ餓死者の一人にならずにすんだかは問題である。叡山にいたならば、餓死ということはありえなかったであろう。しかし山を下りたからには、法然には彼を支える背後の組織はなかったはずである。そういう乞食僧がなぜこの戦乱の時代、天変地異の時代、飢餓の時代に生き長らえることができたのか。

このようなことを考えると、私は京都の西山に伝わるひとつの伝承を思い出す。それは、そのころ西山に高橋茂右衛門《たかはしもうえもん》という人がいたが、法然がさまざまな寺をめぐって多くの名僧、善知識《ぜんちしき》（正しい道理を教え仏道に導く人）と会い、その教えを受ける旅をしていたときにこの地に立ち寄った。高橋茂右衛門は法然のすぐれた智恵と人柄に惚れこみ、その縁で山を下りた法然は、この茂右衛門の家でしばらく厄介になったというのである。『方丈記』によれば、飢饉のとき都の人は縁を求めて田舎に行き、かろうじて一命をつないだという。法然もまた、このようにいささかの縁を頼って高橋茂右衛門のもとに身を寄せ、飢えをしのいだのではないか。高橋茂右衛門のことは『四十八巻伝』などには書かれず、わずかに『弥陀次郎発心伝《みだじろうほっしんでん》』に語られているにすぎないが、粟生光明寺の近くには高橋茂右衛門の子孫という人が現存していて、法然上人のことを代々いい伝えている。それで私は、広谷滞在のときを養和年間の飢饉のときと考えたいのである。

このような世の中で、法然はつぶさに人間の無常を感じたにちがいない。この世のことは何ひとつ頼りにならない。地位も名誉も財産もすべて頼りにならない。心をこの世のことから放って、もっぱらあの世にかけたほうがよいと、彼は専修念仏の教えをますます確信したにちがいない。そして時代もまた、法然の教えを受け入れやすい状況にあった。『方丈記』のいうように、この世はすべて無常であり、よどみに浮かぶうたかたのようなものである、というのがこの時代の人々の実感であった。そして『平家物語』のいうように、昨日までおごりたかぶり、わが世の春を誇った人も今日は朝敵となって自分の身のおきどころもない。これはひとり平家のみではなく、長い間ゆるがなかった律令制のもとで、のうのうと生きてきた貴族たちもまた、おのれの特権を失おうとしている。貴族ばかりか一天万乗《いってんばんじょう》の天皇すら、かの安徳天皇のごとくけっして安泰とはいえない。日本はじまって以来の大きな階級変動が起こっていたのである。

おそらくこのような状況の中で、天皇をはじめとして公卿《くぎょう》、殿上人《てんじょうびと》から一般民衆まで強い不安にとらわれたにちがいない。明日はどうなるかまったくわからない。こういう状況の中で、この世に対する執着を捨てて、もっぱらあの世に希望をかけて、あの世すなわち極楽浄土に「南無阿弥陀仏」と口で称える口称念仏で往生することを勧める法然の教えが、貴賤上下すべての人の心に浸透したであろうことは想像に難くない。

法然は、日蓮のように、「何に況や日蓮《にちれん》今生には貧窮下賤《びんぐげせん》の者と生れ、旃陀羅《せんだら》が家より出たり」（「佐渡御書」）と高らかにいわないけれど、彼は自分が賤《いや》しい身分であるとかたく信じていたようである。彼は自らを「烏帽子《えぼし》もきざるおとこ」であるとか、「辺国の土民」であるという。しかるに、その身分の賤しい法然が二度までも後白河法皇に呼ばれて殿上に上った。『醍醐本』の「禅勝房との問答」の十問で、このときのことを法然は次のように語っている。

源空は殿上に参るべき機（器異本）量にあらずと雖も、上《かみ》より召さるれば二度まで殿上へ参る。これ我参るべき式《ほど》にはあらず、上の御力なり。何に況や阿弥陀仏の御力をや。称名の願に酬《こた》へて来迎《らいごう》したまふこと何の不審かあらん。自身は罪も重く、無智の者なれば云何《いか》にも往生を遂ぐることを疑ふべからず。もし此くの如く疑はば、一切に仏願を知らざるものなり。此くの如きの罪人を度《すく》はんがために発するところの本願なり。この名号を唱へながら、努力努力《ゆめゆめ》疑心あるべからず云々。

（『醍醐本』「禅勝房との問答」）

ここで法然は、「私はとても、殿上に参って天皇や法皇にお目にかかるべき身ではないのに、二度まで殿上に参って法皇とお会いした。この身分の高い法皇と賤しい自分との関係は、ちょうど阿弥陀仏と私のような罪重く無智な人間との関係に等しい」といっている。ここで私は、阿弥陀仏が、自分を殿上に召した後白河法皇に比較されていることに注意したい。

法然が後白河法皇に召されたのは、法然が「大原問答」で有名になり、その直後、上西門院《じょうさいもんいん》に説戒の師として召されたことにはじまると思われる。上西門院は後白河法皇と同母姉弟でたいへん親しい関係にあった。この上西門院に説戒に召された日を、三田全信《さんだぜんしん》氏は文治二（一一八六）年頃と推定されるが、おそらく後白河法皇は上西門院から法然のことをお聞きになり、法然を召されたのであろう。二度のお召しのうち一度は、文治四年の後白河法皇が如法経《にょほうきょう》（写経）の儀式に法然を先達《せんだつ》とされたときであり、もう一度は、建久二（一一九一）年の『往生要集』の進講のときであると思われる。後白河法皇には、どんなに身分が賤しいものでも才能あるものを親しく召すという、ある種の寛容さがあった。彼は今様を覚えるために遊女に歌を習い、その遊女に子どもを産ませたと伝えられる。また後白河法皇がつくった『梁塵秘抄』には、貴族の歌ばかりか、庶民の歌、遊女の歌などが載せられている。また彼がつくらせたと思われる三十三間堂（蓮華王院《れんげおういん》）の二十八部衆《ぶしゅう》立像《りゅうぞう》の中の婆藪仙人《ばすせんにん》や摩和羅女《まわらにょ》などには、当時の庶民の面影が残り、これらは日本彫刻史に新しい一頁を記したものであった。もちろん法然を、そういう庶民や遊女と同じようにみることはできないが、法皇その人が身分の差を超えて、ひとつの能力をもったものを高く評価し近づけたことはまちがいない。それは一つには後白河法皇の性格にもよるが、一つにはそういうことを可能にした時代のせいでもある。

法然は、この戦乱時代のことについてはほとんど語っていないが、自分が聖教を見なかったのは、木曾義仲が都に乱入したときの一日だけであると語っている（『四十八巻伝』第五）。木曾義仲が都に押し入ったのは寿永二（一一八三）年七月二十八日のことであったが、法然はこの戦乱の時代、この災害の時代にも、ひたすら経典を離さず、自身の専修念仏の教義をかため、他日の活躍を期していたのかもしれない。専修念仏の説教者として彼がその姿を都の人の前にはっきりとあらわしたのは、まさに壇ノ浦で平家が滅んだ元暦二（一一八五）年直後のことである。

法然の名を高からしめた「大原問答」

それまでむしろ隠遁者であった法然の名を一躍高からしめたのは、「大原問答」といわれるひとつの論戦であったことはまちがいない。大原問答は、当時、大原の勝林院《しょうりんいん》に隠遁していた顕真《けんしん》の主宰したものであるが、顕真はこの大原問答から四年後、叡山の座主《ざす》になった。叡山での数々の顕職を歴任した顕真は、大原に隠棲して世のなりゆきを観望しようとしていた。その顕真が法然を大原に呼んで、当時の碩学《せきがく》たちと法然のとなえる専修念仏の是非を議論させたのである。

これにはさきだつ話がある。顕真がまだ叡山にいた頃、山を下りた念仏僧に興味をいだいた。それで法然のところに「山に登るついでがあったら、ぜひ承りたいことがあるので、お目にかかりたい」という手紙を出した。法然は坂本に来たので、その旨を顕真に知らせると、顕真はわざわざ山を下りて法然に会いにきたのである。山を下りた裏切り者である法然は山に登ることを遠慮したのであろうか。そして二人の間に極楽往生についての問答が行われたわけであるが、顕真は「何遍も生まれ変わっても、極楽浄土に往生するということはむずかしいようですねえ。なんとか早く往生を遂げる道はありませんか」と法然にたずねると、法然は「成仏はむずかしいが、往生はやさしいのです。道綽《どうしゃく》、善導の教えによれば、仏の願力を仰いで強縁とすれば凡夫も極楽浄土に往生できるのです」と答えた。法然がこのようにいうと、顕真は口をつぐんだ。顕真は後に「法然房は智恵深遠《じんのん》なれども、いさゝか偏執《へんしゅう》の失《しつ》あり」と人に語ったという。私は、この顕真の法然に対する批評はかならずしもまちがっていないと思う。法然の、源信の『往生要集』に対する解釈も、善導の『観経疏《かんぎようしよ》』に対する解釈も、多少強引なところがないでもない。法然は凡夫や女人を救うには、念仏をまったく口称と考えなければならないと深く思いこんだ趣がある。この法然の深い思いこみを顕真が「偏執の失あり」とみたのもあたり前である。

しかし、この戦乱のときにふたたび顕真は法然の説を見直したようである。『醍醐本』の「一期物語」の語るところによれば、顕真は「顕教《けんきよう》や密教《みつきよう》の勉強を積んできたけれど、それは名利《みようり》のためであり、浄土を志さなかった。そういう道綽、善導の教えを私に知らせてくれたのは法然であり、法然以外の人がどうしてそんなことをいえようか」と、前言を恥じて大原に隠居して以来、浄土の章疏《しようしよ》を見ていたというのである。おそらく戦乱の時代が顕真に、真剣に法然の専修念仏の教えを検討することを余儀なくさせたのであろう。

こういう顕真が法然を大原に呼んだ。『醍醐本』のその部分を引用してみよう。

然《しか》して後に、我すでに法門を見立てたり。来臨せしめ給へとこれを請ふと云々。

この時、東大寺の上人南無阿弥陀仏は、いまだ出離の道を思ひ定めざるが故にこの由を告ぐ。即ち弟子三十余人を具して来る。この衆を具して大原に参る。源空の方には東大寺の上人居流れ、座主御房の方には大原の上人居流れて、浄土の法門を述ぶ。座主は一一《いちいち》に領解《りょうげ》して談義し畢《おわ》りて、座主一の大願を発《おこ》し給へり。この寺に五坊を立てて一向専念《いっこうせんねん》の行を相続す。称名の外に更に余行を交へず。その行、ひとたび始めてより已来《このかた》今に不退転にしてこの門に尋ね入る。後に妹の尼御前を勧めんがために念仏勧進の消息を書かる。世間に流布する顕真の消息と云ふはこれなり。大仏の上人、一の意楽《いぎょう》を発して云はく、我が国の道俗、閻魔宮に跪《ひざまず》かん時に交名《きょうみょう》を問はるれば、その時に仏号を唱へしめんがために、阿弥陀仏の名を付く。我が名は即ち南無阿弥陀仏なりと云ふ。我が朝に阿弥陀仏の名を流布することこの時より始まるなりと云々。（『醍醐本』「一期物語」）

この「東大寺の上人南無阿弥陀仏」というのは、東大寺の大勧進《かんじん》職を務めた重源《ちょうげん》である。じつはこれよりさき、養和元（一一八一）年、平重衡によって焼かれた東大寺を復興させよという詔が下り、その大勧進職に法然を任じようとしたが、法然はそれを辞退し、重源を推薦したという。これについては多少疑問があるが、重源と法然はたいへん関係が深かったことはまちがいない。この重源が大原問答に法然側として弟子三十人余りを連れて参加した。そして顕真のほうにも大原の上人などいろいろ加わって議論をしたというのである。『私日記』では、そこに参加した人として光明山

大原問答が行われた大原勝林院（京都市）

僧都《そうず》明遍《みょうへん》（遍）、笠置寺解脱《げだつ》上人貞慶、大原山本成坊、東大寺勧進修（俊）乗坊重源、嵯峨往生院念仏坊、大原来迎院明定坊蓮慶、菩提山長尾蓮光坊、法印大僧都智海《ちかい》、法印権大僧都証真《しょうしん》などの名をあげている。後の伝記ほど参加した人たちが多くなるが、おそらく『醍醐本』がいうように、東大寺の重源が連れていった三十人以外に十数人が参加した程度であったのであろう。この大原問答の後、顕真が法然の説に共鳴したのもまちがいなかろう。大原勝林院に五坊を建て、一向専念の念仏を行った。彼の妹（『四十八巻伝』には姨《おば》とある）の尼御前にも熱心に念仏を勧める手紙を送り、それが世間に広まったという。また重源はそのとき自分に「阿弥陀仏」と名づけたという。それは、死んで閻魔《えんま》様のところにいったときにそういう仏名を告げれば、まちがいなく極楽浄土に送ってもらえるという考えによる。法然は、阿弥陀仏の名前をつけることはそのときからはじまったというが、こういう阿弥陀仏の名前をもつ僧は法然の直弟子には少なく、むしろ外の専修念仏の信者に多いのは、やはりそのような阿弥陀仏の名をつけるのは法然の発明ではなく、重源の発明であったからであろうか。法然は、そういう奇抜な発想をするには、あまりに理性の勝った人であったように思われる。

この大原問答のとき、法然は五十四歳であるが、大原問答が一躍、法然を有名にさせ、その後まもなく上西門院のお召しがあり、その縁で後白河法皇の知遇を得て、九条兼実など、後に法然の熱烈な信者になる貴族が出てきたのである。このとき以来十年間が、法然の専修念仏の教えがとんとん拍子に普及したときであった。そしてこういうときにも法然は、自己の教説をひとつの確固たる理論に結晶する努力をけっして怠らなかった。

第五章

専修念仏への道

第一節　法然の思想形成

源智の語る師法然

さて私は、ここで法然の思想について論ぜねばならない。法然の思想は『選択本願念仏集《せんちやくほんがんねんぶつしゆう》』という彼の主著によって完成されたといちおう考えられる。この著は、九条兼実《くじようかねざね》の要請によって法然の専修念仏《せんじゆねんぶつ》の教義を語ったものであるが、この書物ほど日本の思想界に大きな影響を与えた書物はないといってよい。それで『選択集』をいちおう法然の思想の帰結点とみて、このような思想がどうして形成されたかを考えることにしよう。

法然自身の思想形成について直接、彼が記したものはない。しかし、われわれはそれについて、彼の二人の弟子が語った証言をもっている。その二人とも師を神のごとく尊敬する弟子であり、いささかも私心をもって師の言葉を曲げたり、取りちがえたりする人ではない。その一人は、少年のときから法然に仕え、死にあたって法然がその遺産をすべて与えた勢観房源智《せいかんぼうげんち》であり、もう一人は、法然に会ってたちまち法然の弟子となり、五年間吉水《よしみず》の法然のもとに通い、親しく法然の教えを受け、後に故郷の九州に帰り教団を設立し、ついに知恩院を本山とする浄土宗鎮西派《ちんぜいは》の第二祖となった聖光房弁長《しょうこうぼうべんちょう》である。

まず、源智が法然から聞いたと思われる話からはじめよう。それは、『醍醐本《だいごぼん》』の「一期物語《いちごものがたり》」のはじめの文章である。おそらく源智が、法然が語った言葉を一語一語、忠実に書き記したものであろう。法然が和文で語ったものを源智が漢文で書きとめたものなので、多少の言葉の変更があるかもしれないが、よく読むと、やはり法然の肉声が聞こえてくる思いがする。そこで、さきに述べた「幼少にして登山す。十七の年にして六十巻に亘《わた》り、十八の年にして暇《いとま》を乞ひて遁世す」という言葉が出てくる。そして、「これ偏《ひとえ》に名利《みょうり》の望を絶ち、一向《いっこう》に仏法を学ばんがためなり」とある。これは逆に、当時、多くの僧の仏教を学ぶ目的が名利のためであったことを示している。仏門は、かつては身分の低い人間の立身出世の唯一の道であった。しかし法然の時代においては、その仏門においてすら、高い僧位につくことができるのは身分の高い家の子に限られるようになった。それでもなお、僧になることは身分の低い人間が名利を求めるもっとも近道であったにちがいない。ところが、法然は父の死にあい、十八歳にして心はすでに隠遁《いんとん》者であった。法然の師叡空《えいくう》は法然のただならぬ学才を認め、黒《くろ》谷《だに》青龍寺《せいりゅうじ》の経蔵に籠居する自由を与えた。学問好きの法然はそこで思う存分勉強したにちがいない。彼は「大巻の書と雖も三反《べん》これを見れば、文に闇《くら》からず義は分明なり」という。法然は勢至菩薩《せいしぼさつ》の生まれ変わりといわれたが、その頭脳はまことに鋭敏で、どんな難解な仏教書も三遍読めば、たいして苦労せずによく理解することができた。また、彼はこの叡山の青龍寺の書庫を拠点として、南都北嶺《なんとほくれい》の八宗に仏心宗すなわち新たに興った禅宗を加えて、すべての仏教を勉強した。そして疑問があれば、諸寺の多くの学者を訪ねてその疑問を問うた。しかし、法然が訪ねた学者たちはいずれも、法然の学才に驚嘆したという。これは少し自慢話の匂いがするが、謙虚な法然がいうのだから、まちがいなかろう。

　このように彼は仏教の奥義に通じたにもかかわらず、彼の心はいっこうに満たされなかった。これについて彼は次のようにいっている。少し長いが、法然の思想の形成を明らかにするもっとも重要な文章なので、そのところをそのまま引用しよう。

　ここに出離の道に煩ひて身心安からず。

　そもそも恵心先徳は往生要集を造りて、濁世《じょくせ》末代の道俗に勧む。（これに異本）就《つ》きて出離の趣を尋ねんと欲す。先づ序に云はく、往生極楽之教行濁世末代之目足也道俗貴賤誰不帰者但顕密教法其文非一事理業因其行惟多利智精進之人未為難如予頑魯之者豈敢矣是故依念仏一門聊集経論要文披之修之易覚易行（往生極楽の教行は濁世末代の目足なり。道俗貴賤誰か帰せざる者あらん。但し、顕密《けんみつ》の教法はその文一にあらず。事理業因その行これ多し、利智精進の人はいまだ難しと為さざらんも予が如き頑魯《がんろ》の者はあに敢てせんや。この故に、念仏の一門に依りて聊《いささ》か経論の要文を集む。これを披《ひら》きてこれを修むるに覚り易く行ひ易からん）云々。

序とは言を略して一部の奥旨を述ぶ。この集はすでに念仏に依ると云ふこと顕《あき》然《らか》なり。但し、念仏の相貌《そうみょう》はいまだ委《くわ》しからざれば、文に入りてこれを採（採異本）るに、この集に十門を立つ。第一・第二・第三門はこれ行体にあらざれば暫《しばら》くこれを置く。その余の五門はこれ念仏に就きてこれを立つ。第九は諸行往生門、これは行者の意楽《いぎょう》に任せて一旦これを明すと雖も、更に慇懃丁寧の勧進にてはなし。第十門はこれ問答料簡《もんどうりょうけん》なればまた行体にあらず、念仏の五門に就きてこれを料簡す。第四はこれ正修《しょうしゅ》念仏なり。これを以て念仏の体と為す。第五はこれ助念の方法なり。念仏を以て所助と為し、この門を以て能助と為す。故に念仏を本意と為すなり。第六は別時念仏なり。長時の勤行は勇み進むるに能はざれば日数を限りて上の念仏を勤むるなり。更に別体にあらず。第七はこれ念仏の利益《りやく》なり。上の念仏を勤めんがために利益の文を勘《かんが》へてこれを挙ぐ。第八はこれ念仏の証拠なり。（上の念仏を励まんがために諸経論の証拠を引く。しからばこの集の異本）本意は念仏にありと云ふこともまた顕然なり。但し、正修念仏に付きて、種々の念仏あり。初心の観行は深奥にして堪へざれば色相観《しきそうかん》を教ふ。色相観の中に別相観《べっそうかん》あり、総相観《そうそうかん》あり、雑略観《ぞうりやくかん》あり、極略観《ごくりやくかん》あり、また称名《しょうみょう》あり。その中、慇懃勧進の言は、唯称名の段にあり。五念門において、正修念仏と名づくと雖も、作願《さがん》・廻向《えこう》はこれ行体にあらず。礼拝《らいはい》・讃嘆《さんだん》はまた観察《かんざつ》に如かず。観察の中に称名において丁寧にこれを勧むるを本意と為すと云ふこと顕然なり。但し、百即百生の行相においては、すでに道綽《どうしゃく》・善導《ぜんどう》の釈に譲りて、委しくこれを述べず。

この故に往生要集を先達《せんだつ》と為して浄土門《じょうどもん》に入るなり。この宗の奥旨を闚《うかが》ひて善導の釈を二反《へん》これを見るに、往生は難しと思へり。第三反の度《たび》は乱想《らんそう》の凡夫は称名の行に依りて往生すべきの道理を得たり。（『醍醐本』「一期物語」）

この文章の一部は、私はさきに『醍醐本』と『源空聖人私日記』を比較したときに引用した。それは『醍醐本』と『私日記』はどちらが原典であるかを明らかにするためであったが、いまは法然の思想の形成を明らかにするためである。

源信の『往生要集』に学ぶ

法然が『往生要集』から仏教に入ったことは、法然が叡空の弟子であったことを考えれば当然である。叡空は、天台声明《しょうみょう》の大成者で融通念仏《ゆうずうねんぶつ》という新しい念仏をはじめた良忍《りょうにん》の弟子であるが、良忍はまた『往生要集』の作者、恵心僧都《えしんそうず》源信の弟子であった。源信は一方で『一乗要決《いちじょうようけつ》』という本を書いて、いっさいの衆生が仏性をもち成仏できるということを明らかにした。これは、人間の中には仏性なき人間や、仏性があるかどうかわからない人間があるという奈良仏教に対して、すべての人間に仏性があるという論を展開し、奈良仏教を代表する徳一《とくいつ》に対して堂々の論戦を行った最澄の伝統を継ぐものであった。しかし一方で彼は、濁世《じょくせ》末代の衆生が浄土に往生できる易行《いぎょう》として、念仏を説いた。念仏の行は慈覚大師円仁《えんにん》が唐から移入したものであるが、源信はこの念仏の行を多くの仏教の経典や論疏などによって説明し、はなはだ美的であるとともにはなはだ論理的であり、しかも実践的な念仏の勧めである『往生要集』という本を書き、大いに念仏の教えを広めたのである。この源信が当時多くの人々から厚く尊敬されていたことは、彼らしい人物が『源氏物語』に横川《よかわ》の僧都という人物として登場することによってもわかる。

法然は、この源信の『往生要集』から自分の仏教研究を出発させたが、『往生要集』の中で法然がもっとも感動したのは序の言葉であった。

> 往生極楽の教行は濁世末代の目足なり。道俗貴賤誰か帰せざる者あらん。但し、顕密の教法はその文一にあらず。事理業因その行これ多し、利智精進の人はいまだ難しと為さざらんも予が如き頑魯の者はあに敢てせんや。この故に、念仏の一門に依りて聊か経論の要文を集む。これを披きてこれを修むるに覚り易く行ひ易からん。
> （『往生要集』）

法然がこの言葉を読んで感動したのは、学者としては当時ならびなき学者であり、行者としてもまったく非難されるところのない源信が、顕密の教法は末代の人間にはむずかしい、ただ念仏の一門のみが末代の凡夫の救われる道であるといったことである。そして彼は『往生要集』をよく読んで、次のように理解した。

『往生要集』は十門からなっている。第一―厭離穢土《おんりえど》門、第二―欣求浄土《ごんぐじょうど》門、第三―極楽証拠門、第四―正修念仏《しょうしゅねんぶつ》門、第五―助念方法門、第六―別時念仏《べつじねんぶつ》門、第七―念仏利益《ねんぶつりやく》門、第八―念仏証拠門、第九―往生諸行門、第十―問答料簡《もんどうりょうけん》門。法然は『往生要集』を念仏の行を明らかにした書物であると考えているので、第一―厭離穢土門、第二―欣求浄土門、第三―極楽証拠門の三門は念仏を明らかにしたものではないから

『往生要集』という書物の要点ではないとする。そして、第九―往生諸行門も諸行を勧めているように思うが、ていねいにそれを勧めているというふうではない。また第十門は問答の料簡であるので、これも念仏の行ではない。それゆえに第九門および第十門は省かれる。

残るのは第四門から第八門までであるが、法然は、このうち第四の正修念仏門を『往生要集』の中心と考えるのである。第五門は助念の方法であり、これは第四門を助けるものである。そして、第六門の別時念仏門も第七門の念仏利益門も第八門の念仏証拠門もすべて念仏を勧めるものであり、正修念仏門を補うものにすぎない。

ところが、この正修念仏門の中にもまたいろいろな念仏がある。念仏というのは、『往生要集』ではおもに仏を思い浮かべることであるが、そういう仏を生き生きと思い浮かべる観行ができないものには、色相《しきそう》観を勧めている。色相観の中には別相《べっそう》観、総相《そうそう》観、雑略《ぞうりやく》観、極略《ごくりやく》観などがあり、そこにまた称名が入っている。そこでもっともていねいに勧めているものは、ただ称名のみである。また、五念門というのは礼拝《らいはい》・讃歎《さんだん》・作願《さがん》・観察《かんざつ》・廻向《えこう》をいうのであるが、作願・廻向は行の体ではなく、また礼拝・讃歎は観察におよばない。観察の中に称名《しょうみょう》があって、源信はていねいに称名を勧めているので、称名が『往生要集』の本意であることは明らかである。称名をする人は百人が百人ながら往生することができるということは、道綽や善導の本に述べられている。ここで法然が語るところをみれば、彼はやはり『往生要集』から入り、そして専修念仏の教えを得て、『往生要集』から出たといわねばならない。法然が『往生要集』について語った覚え書きのようなものがいくつか残っている。『往生要集詮要《せんよう》』『往生要集料簡《りようけん》』『往生要集略料簡《りやくりようけん》』『往生要集釈《しやく》』などである。これらの『往生要集』の注釈書がいつごろできて、それらが相互にどう関係するのかいろいろ説があり、むずかしい問題がある。このなかのどれかは、法然が後白河法皇に講義したときの覚え書きであることはまちがいない。

しかし、その解釈の態度はほぼ同じである。それは『往生要集』の要点は何かということである。そして彼は要点にあらざるものを一つ一つ捨てていって、結局、第四の正修念仏門のみが要点であるとする。そしてそこに説かれる五門のうちの四門を捨て、観察の一門を残す。その観察の門の中で色相観、別相観、総相観、雑略観などを捨てて、もっぱら称名を選ぶ。この法然の方法は、私はデカルトの方法に似ていると思う。法然はいつも「要《よう》」を問い、「簡《かん》」を求める。つまり、その本質は何かと突きつめて問うのである。そして本質にあらざるものを捨てて、本質的なもののみを残す。すると、往生の方法として、称名のみが残ったというわけである。

このように『往生要集』によって、すでに念仏は阿弥陀の名号を口で称えることであると考えた法然は、さらに善導の『観経疏《かんぎょうしょ》』（『観経四帖疏《かんぎょうしじょうしょ》』）を読んで、いっそう専修念仏の教えを確信したという。

> この故に往生要集を先達《せんだつ》と為して浄土門《じょうどもん》に入るなり。この宗の奥旨を闚《うかが》ひて善導の釈を二反《へん》これを見るに、往生は難しと思へり。第三反の度は乱想の凡夫は称名の行に依りて往生すべきの道理を得たり。（『醍醐本』「一期物語」）

つまり、すでに『往生要集』によって、結局、念仏の要は阿弥陀仏の名号を称えることであると確信した法然が、浄土門の奥の意味を明らかにしようとして善導の『観経疏』を見たところ、二回見たかぎりでは往生はむずかしいと思ったが、三回見たときはじめて、乱想の凡夫は称名の行によって往生することができるという道理を得たという。これはいったいどういうわけであろう。二回見たかぎりでは、なぜ往生は不可能であると思ったのか、そして三回目に見て、なぜ往生は可能であると思ったのだろうか。

後に述べるように、『観経疏』は善導のつくった『観無量寿経《かんむりょうじゅきょう》』の注釈書である。『観経』はふつうに解釈すれば、往生の行として定散《じょうさん》二善を説く経典である。定善《じょうぜん》というのは、極楽浄土とその本尊阿弥陀仏を観想《かんそう》することである。この極楽浄土と阿弥陀仏の観想は、背景からだんだん進み、最後に極楽浄土と阿弥陀仏を、目を開いても目を閉じてもありありと思い浮かべる行である。散善《さんぜん》というのは、このような観想の行のできない人間が、もっぱら阿弥陀仏を心に念じる行をすることである。法然は『観経疏』を二回読んで、凡夫はとてもこのような定善・散善の行を行うことができず、往生はむずかしいと思ったのであろう。しかし三回目に読むと、心の散りやすい凡夫は称名の念仏、口称《くしょう》の念仏で往生できるという思想をその書から得たというのである。このように源智の『醍醐本』によれば、法然は源信の『往生要集』によって専修念仏の門に入ったが、その確信を善導の『観経疏』によっていっそう強固にしたという。

弁長の語る師法然

もう一人の法然の愛弟子、聖光房弁長も同じようなことを語るが、やや『往生要集』と『観経疏』の関係がちがっている。

悲しいかな、悲しいかな、何《いか》がせん、何がせん。ここに予《よ》がごとき者はすでに戒《かい》・定《じょう》・慧《え》三学の器にあらず。この三学の外に我が心に相応する法門ありや、この身に堪能なる修行ありやと、万人の智者に求め、一切の学者を訪《おとの》えども、これを教ゆる人なく、これを示す倫《ともがら》なし。しかる間、歎き歎きて経蔵に入り、悲しみ悲しみて聖教《しょうぎょう》に向かい、自らこれを披《ひら》いてこれを見るに、善導和尚《ぜんどうかしょう》の『観経《かんぎょう》の疏《しょ》』に「一心専念《いちしんせんねん》弥陀《みだ》名号《みょうごう》行住坐臥《ぎょうじゅうざが》不問《ふもん》時節《じせつ》久近《くごん》念念《ねんねん》不捨《ふしゃ》者《しゃ》是《ぜ》名《みょう》正定《しょうじょう》之《し》業《ごう》順《じゅん》彼仏願故《びぶつがんこ》」（一心に専ら弥陀の名号《みょうごう》を念じて行住坐臥《ぎょうじゅうざが》に、時節の久近《くごん》を問わず、念念《ねんねん》に捨てざる、これを正定《しょうじょう》の業《ごう》と名づく。かの仏の願に順ずるが故に）といえる文を見得るの後、我れ等ごとき無智の身は偏《ひとえ》にこの文を仰ぎ専らこの理を憑《たの》み、念念《ねんねん》不捨《ふしゃ》の称名を修して決定往生《けつじょうおうじょう》の業因に備うれば、ただ、善導の遺教《ゆいぎょう》を信ずるのみにあらず、また厚く弥陀の弘願《ぐがん》に順ず。順彼仏願故《じゅんびぶつがんこ》の文、神《たましい》に染《そ》み心に留むのみ。その後、また恵心先徳《えしんせんとく》の『往生要集』の文を披くに、「往生の業《ごう》には念仏を本《もと》とす」といえり。また恵心の『妙行業記《みょうぎょうごうき》』の文を見るに、「往生の業には念仏を先《さき》とす」といえり。…（中略）…しかればすなわち、源空も大唐の善導和尚の教えに随い、本朝恵心先徳の勧めに任せて称名念仏の勧め、長日《じょうにち》六万返なり。死期漸《ようや》く近づくに依って、また一万返を加えて長日七万返の行者なり、と。

（『徹選択本願念仏集《てっせんちゃくほんがんねんぶつしゅう》』）

ここに青春時代の法然の悩みが語られている。法然は「悲しいかな、悲しいかな、何がせん、何がせん。ここに予がごとき者はすでに戒・定・慧三学の器にあらず」と悩んだという。弁長は師の口からこの言葉を聞き、この言葉は彼の心に深く焼きついていたのであろう。そして四十年あまり後に、それをあたかも昨日聞いたかのように語るのである。弁長は熱血の弟子である。そして、彼はまた天台教学にも通じ、名文を書く能力をもっている。彼は悲憤慷慨《ひふんこうがい》して、師法然の法敵および師法然の説を歪める相弟子を非難し、法然の徳をたたえる熱情的な文章をつくった。この文章にも彼の熱情がこめられている。法然はどちらかといえば、信仰の熱情をむしろ研《と》ぎすまされた理性によって抑制する人であり、法然がこういう手放しの苦悩や感嘆の言葉を発したとは思われないが、弁長はあたかも自ら法然になったかのように、若き日の法然の悩みを語るのである。

法然は、自分のようなものは戒律も守れず、心も集中できず、智恵もなく、とてもさとりは開けないと思う。そして多くの学者を訪ね、さとりの道を求めた。法然が多くの学者を訪ねたことはさまざまな法然伝に記されている。しかしいくら学者を訪ねても、彼にさとりの道を教えてくれる人はない。それでやはり彼は、青龍寺の経蔵に閉じこもるよりしかたがない。『徹選択』の文章によれば、青龍寺の経蔵で彼は『観経疏』を発見し、「一心に専ら弥陀の名号を念じて行住坐臥に、時節の久近を問わず、念念に捨てざる、これを正定の業と名づく。かの仏の願に順ずるが故に」という文章を見つけて、称名すなわち口で仏の名を称えれば、往生することができるという信念を得たというのである。われらがごとき無智の身のものも、この善導の『観経疏』の文が語るように、どんなことをしていても称名の行を捨てなければ、阿弥陀仏が『無《む》量寿経《りようじゆきよう》』に説く第十八願に従って、きっと極楽浄土に往生できる。法然はそのような信仰を得て、本朝では源信、大唐では善導の教えに従って念仏を毎日六万回称え、死期が近づくにおよんで七万回称えたという。そして、このような善導説に従って『往生要集』を読むと、「往生の業には念仏を本とす」という文章があり、また同じく源信の『妙行業記』には「往生の業には念仏を先とす」という文章があって、源信も称名念仏を勧めていることがわかった。

この弁長の話は、さきの源智の話と少しくいちがう。源智の話では、やはり『往生要集』によって専修念仏の教えを得て、その教えの正当性を善導の『観経疏』でたしかめたことになっているが、弁長の話では、逆に善導の『観経疏』によって専修念仏の教えに入り、後に源信の『往生要集』でその教えをたしかめたことになっている。この二つの説は、いずれが正しいか判別するのはむずかしいが、法然の専修念仏の説は、やはり彼が『観経疏』を見て、善導が念仏と考えているのは観想の念仏ではなく口称の念仏である、という信念をもったことから生まれていると思う。その意味で弁長が『徹選択』で語った説のほうが、より正しく法然の思想の形成過程を述べていると思われる。

第二節　善導と法然の浄土観

詩人・善導と哲学者・法然

さてここで私は、善導と法然とを比較するという課題を果たさねばならない。法然は「偏依善導《へんねぜんどう》」といい、もっぱら善導に従って彼の教説を立てたという。善導は、法然にとっては阿弥陀仏の生まれ変わりであった。それゆえ、善導のいったことは阿弥陀仏のいったことと同じなのである。それで、善導に従って立てられた彼の説は、すなわち阿弥陀仏の説と同じようなものであるということになる。しかし、いったい法然の説は善導の説と同じであるのか、善導はもっぱら念仏を口称または称名の念仏と考えているのであろうか。

この問題に答えるためには、『観経疏』ばかりか善導の著書のすべて、『観念法門《かんねんほうもん》』（『観念阿弥陀仏相海三昧功徳法門《かんねんあみだぶつそうかいさんまいくどくほうもん》』）および『往生礼讃偈《おうじょうらいさんげ》』『法事讃《ほうじさん》』（『転経行道願往生浄土法事讃《てんぎょうぎょうどうがんおうじょうじょうどほうじさん》』）『般舟讃《はんじゅさん》』（『依観経等明般舟三昧行道往生讃《いかんぎょうとうみょうはんじゅさんまいぎょうどうおうじょうさん》』）などを精読し、また『選択本願念仏集』ばかりか、「三部《さんぶ》経釈《きょうしゃく》」（『無量寿経釈』『観無量寿経釈』『阿弥陀《あみだ》経釈《きょうしゃく》』）や『逆修説法《ぎゃくしゅせっぽう》』などの法然の和漢の著書や、それに法然の消息《しょうそく》、問答、制《せい》誡《かい》をすべて読み、それらを比較対照して、二人の説がまったく同じなのか、それともちがうのか、もしちがうとすれば、それはどのようにちがうのかを精細に検討しなければならない。私にはそういう仕事をする学力はない。しかし、私がざっと善導および法然の著書を読んだかぎり、時代と国を隔てるこの師弟は、性格においてもかなりちがうというより、むしろ正反対の人間であると思わざるをえなかった。

善導は何よりも詩人なのである。彼のつくった書物『往生礼讃偈』をはじめ、それに『観念法門』『般舟讃』などは、すべて仏教行事において僧侶がとなえる偈、いってみれば、阿弥陀仏あるいは極楽浄土の讃歌というべきものである。彼は何よりも詩人であり、偈の作者なのである。その詩はすばらしい。長い仏教の歴史において、もっともすばらしい偈を残した詩人の一人が善導であるといえよう。それは哀切きわまりない甘い調べをもっている。そして、彼のたたえる極楽浄土なるものはまたすばらしく美しい。彼の偈を読むと、柔らかく温かく、鳥が鳴き光が輝く、そういうすばらしい極楽世界があるということを人々はひしひしと感じざるをえない。善導はまた絵画もよくしたという。確実に善導が描いたという絵画は、今は残念ながら残されていないが、彼はおそらくこの偈と同じように、哀切きわまりない人間の姿を描き、すばらしく美しい浄土を描いた数々の絵画をたくさんつくったにちがいない。彼の絵画はその詩と同じように、この世のものとは思えない美しいものであったであろう。

それに対して、法然はあくまで論理家である。彼はあくまでものの本質を問う。そういう意味で彼は哲学者であり、私は彼を、近代哲学の創始者といわれるルネ・デカルトに比すべき人であると思う。ルネ・デカルトはいっさいを疑って、最後に「考える我」に達した。そしてその「我」から演繹してひとつの哲学体系を構成した。法然にもデカルトに似たところがある。彼はあくまで「要」を求め、「簡」を求め、ものの本質を究める。彼は、末代の凡夫の救いはどこにあるかを執拗に問う。そしてそれを『往生要集』に従って念仏であるとする。その念仏とは何か。彼はその念仏の要をとって、結局、それは口称念仏であるという。口称念仏こそ、彼がよって立つところの信仰の根本原理である。そして、ちょうどデカルトが「考える我」のうえに立って世界を演繹したように、法然も口称の念仏のうえに立って世界を構成するのである。

そのように彼は哲学者であって、けっして詩人ではない。『往生要集』の第一門、第二門を彼は行にあらずとして、簡単に切り捨てた。しかし、私は『往生要集』を読んだとき、第一の厭離穢土門の地獄や餓鬼や人間の世のさまざまな苦や無常を描く描写に強く惹かれた。私ばかりではなく、古来から多くの人がこの第一の厭離穢土門に魅せられて、「地獄草紙《じごくぞうし》」や「餓鬼草紙《がきぞうし》」をつくった。そしてまた、第二の欣求浄土門に従って多くの極楽の絵が描かれ、それがまた多くの人を浄土の教えに誘った。しかし、そういうところに法然はいっこうに関心がない。彼は、あたかも美に対する感動をまったく欠如したような、完全な理性の人であったように振る舞う。

源信もまた善導から影響を受けた。彼は苦しく醜い六道《ろくどう》のさまを描き、美しく楽しい浄土のさまを描いた。彼は、それ自身美しい『往生要集』という本を書くとともに、「往生和讃《おうじょうわさん》」のようなじつに悲しい、じつに哀れな、今でもまだ京都の寺院で愛唱されている歌をつくった。源信は、たしかに善導から詩人の一面を受け継いでいる。しかるに「偏依善導」といいながら法然は、善導からこのような詩人の一面を受け継いでいない。彼の歌が若干残されているが、けっしてよい歌とはいえない。彼の教えをそのまま歌にしたようなもので、理性的でありすぎて、おもしろみがない。われわれは法然の弟子親鸞に、また善導とはちがった意味の詩人をみる。そして法然の遠い弟子にあたる一遍《いっぺん》にもまた、善導とも親鸞ともちがった放浪の詩人をみるのである。しかし、そういう詩人の多い浄土教の祖師の中にあって、法然ひとり詩人ではない。彼はあくまで覚めた知性をもつ一人の哲学者であったと思われる。

幻想的な人間救済のドラマ　『観無量寿経』

われわれはここでただ一つ、詩書ではないと思われる善導の著書、『観経疏』について考えることにしよう。『観経』すなわち『観無量寿経』というのはいったいどのような経典であり、どうして善導が「浄土三部経」（『無量寿経』『観無量寿経』『阿弥陀経』）の中において、ただ一つ『観無量寿経』の注釈を書いたのか。その注釈はどのようなものであったのか。そして法然もまた他の「三部経」の注釈とともに『観無量寿経』の注釈を書いている。その法然の『観無量寿経』注釈はどんなものであるかを語り、二人の師弟を比較することにしよう。

『観無量寿経』は劉宋《りゅうそう》の畺良《きょうりょう》耶舎《やしゃ》によって訳されたものであるが、「浄土三部経」に属する他の二経、『無量寿経』や『阿弥陀経』のように梵語《ぼんご》の原文が見つかっていない。異訳があったと伝えられるが、その本も見つかっていない。それで、それは中国でできた経典ではないかという説があり、この説は捨てがたい。『観無量寿経』は、息子が父の王国を乗っ取り父を殺した話であるが、南北朝にはこのようなことが多く行われたので、釈迦がまだ生きていた時代のインドの話を借りて、身近に起こった事件を語ろうとしたのかもしれない。

釈迦のパトロンの一人に頻婆娑羅王《びんばしゃら》という王がいたが、韋提希夫人《いだいけぶにん》との間に子どもがなかった。それで占い師に見てもらったところ、「山の中に一人の仙人がいて、その仙人が命を終えた後に王の子になるであろう」といった。頻婆娑羅王はそれを聞いてたいへん喜んで、「いつその仙人は死ぬのか」と訊くと、占い師は「三年後に死ぬ」と答えた。それで王は使いを遣わして山を探し、仙人を見つけていった。「占い師によれば、あなたは三年の後に死ぬことになっているが、死んだらあなたは私の子となって生まれ変わるそうだ。しかし私はもう年老いて、三年待つことはできない。私のために早くあの世にいってくれないだろうか」。仙人はそれに対して「嫌だ」と答えたが、王は「この国の人民はすべて私のものだ。私のいうことを聞かないものは殺してしまえ」といって、仙人を殺させた。

仙人の魂はその日の夜、さっそく王妃韋提希の胎内に入り、立派な男児が誕生した。それで王はまた占い師に見せたところ、「この子は大きくなって、父を殺すであろう」といった。それで王は韋提希を高殿に上らせて、生まれたばかりの子どもをその高殿から落とさせた。ところがその子は高殿から落ちたのに、わずかに小指一本を折っただけで助かった。その子は、阿闍世《あじゃせ》（未生《みしょう》怨《おん》すなわち怨みが晴らされていない人間）と名づけられ、また折指《せっし》と名づけられた。

こうして阿闍世は無事に成長して太子となったが、たまたま調達《じょうだつ》すなわち提婆達《だいばだっ》多《た》と親しくなった。提婆達多は釈迦のいとこで、しかも釈迦の弟子であるが、彼は釈迦の名声が妬ましかったのである。彼は釈迦の後継者になろうとしたが、提婆達多の汚い心を見抜いた釈迦は、提婆達多を重要視しなかった。そこで、提婆達多はいよいよ釈迦に対する嫉妬がつのって、いろいろな妖術でもって阿闍世の歓心をかい、阿闍世をして、父頻婆娑羅王にかわってこの国の王にならんことを勧める。阿闍世は、提婆達多の勧めによって頻婆娑羅王を捕らえて牢獄に入れる。

この経典の物語はここからはじまる。韋提希夫人は、わが子阿闍世のために牢獄に幽閉された頻婆娑羅王に会いに行く。阿闍世は父王を宮廷深く監禁してだれとも会うことを禁じたが、わが母だけはどうにもならず、面会を許した。韋提希夫人は、酥蜜《そみつ》（乳製品に蜂蜜を加えたもの）を身に塗りつけ、玉の瓔珞《ようらく》（胸飾り）の中に葡萄酒を入れて大王に会いに行き、それらを大王に食べさせ飲ませたのである。頻婆娑羅王はこうして飢え死にを免れたばかりか、空からやってきた釈迦の弟子大目犍連《だいもくけんれん》から戒を受けたうえに、同じく釈迦の弟子富楼那《ふるな》の説法を聞き、心慰められ、健在であった。

そのさまを聞いて阿闍世は訝《いぶか》しんで門番を問いつめたところ、じつは韋提希夫人が身に酥蜜を塗り、瓔珞に葡萄酒を入れて王に与えているうえに、釈迦の弟子の大目犍連および富楼那が空からやってきて、王に戒を授けたり説法していて、王は精神的にも元気であると答えた。阿闍世はその言葉を聞き、怒って、「わが母は賊だ、賊の仲間だからである。また沙門《しやもん》は悪人だ、妖術をもってこの悪王を死なないようにしている」という。そして阿闍世は剣を取って母を殺そうとするが、月光《がつこう》という大臣が、「古今の聖典、史書に父を殺した王の話が書かれていますが、まだ母を殺した王はありません。いまあなたがこのような殺害を行うならば、クシャトリア（武士階級）の名を汚すというものです。これはチャンダーラ（賤民）の行為です」といって、王を諫めた。それで阿闍世はやっと母殺しをやめて、母を父と同じく深宮の奥に閉じこめて出さないようにした。

この人間ドラマはじつに生き生きとしている。若き日、私はこれを読んで、仏教経典というものに、このようなすばらしい文学作品とでもいってよいものがあることに驚嘆した。そのとき秘かに私は、韋提希と阿闍世を主人公にして一編のドラマを書きたいと思った。もちろん構想の段階で終わり、ドラマは書かれなかったが、それは、思いがけなく私が市川猿之助と知りあいになり、スーパー歌舞伎の原作脚本『ヤマトタケル』を書く二十年ほど前のことである。劇を書きたいという意志は、このときから秘かに私の心に潜在していたのであろうか。

深宮に閉じこめられた韋提希は愁憂憔悴して、はるか耆闍崛山《ぎしゃくつせん》（霊鷲山《りょうじゅせん》）に向かい、「お釈迦様は昔、私のところに阿難《あなん》さんを遣わし、いろいろ慰めてくださった。いま私はとても悲しいのです。お釈迦様自身においでを願うことはもったいないと思いますが、せめて目連さんや阿難さんを私のところへお遣わしください」といった。この言葉をいい終えると、韋提希の目から涙が雨のように流れた。そして仏に向かって深々と頭をさげた。耆闍崛山にいた釈迦は韋提希の心をつぶさに知り、目連と阿難を連れて、空から韋提希の前にあらわれた。韋提希が頭をあげると、そこに釈迦が目連と阿難を従えて立っていられるではないか。韋提希はびっくりして、自分が身につけていた瓔珞を断ち切って、身を地に投げて号泣して、釈迦に向かっていった。「お釈迦様、教えてください、私は前世に何の罪があって、このような悪い子を産んだのでしょうか。お釈迦様もまた何の因縁で、あの提婆達多のようなものの親族なのでしょうか」。韋提希はもちろん自らの不幸を釈迦に訴えているが、同時に釈迦を、なぜあの悪い提婆達多が釈迦と親戚で、しかも釈迦の弟子であるのか、となじっているのである。提婆達多さえいなかったら、阿闍世が父を監禁し、母を殺そうとするような悪事を犯すことは起こらないからである。

韋提希はつくづくこの世がいやになった。「この世には地獄、餓鬼、畜生が満ち、多くの悪い人間がいる。私は悪い人のいない、悪い話を聞かない、そういう世界に行きたい、そういうきれいな世界を見せてほしい」と釈迦に懇願する。そこで釈迦は眉間から光を放って、十方無量《じっぽうむりょう》の美しい国々を韋提希に見せる。しかし韋提希は、「このような世界はすべて美しく光輝いていますが、私は阿弥陀仏のいらっしゃる極楽世界に生まれたいと思います」と頼む。釈迦は韋提希に「阿弥陀仏のいるところは、遠くない。しかし、あなたのような凡夫はまだ天眼を得ていないので、遠くを見ることができない。ちがった方法であなたにそれを見ることができるようにしよう」というと、韋提希は「私はお釈迦様のおかげで、その国を見ることができますが、お釈迦様が亡くなった後に、そういう悪い世の中に生きている凡夫は、どうして阿弥陀仏の世界を見ることができるのでしょうか」と問うた。そこで釈迦は韋提希に十三の観想の法を教えるのである。それを定善というが、一口にいえば、それは阿弥陀様の住む極楽浄土と阿弥陀様のようすを、目を開いていても目を閉じていても、いつもありありと眼前に見ることができるという、いわば想像力の訓練なのである。かつて私は、この『観無量寿経』の十三観を読んだときの感想を、次のように記した。

観無量寿経に語られる定善十三の観法を読む時、私はいつも、戦慄《せんりつ》に似た驚きが心をかすめる。それは全く、狂気に近い想像力の訓練なのである。一体、このようなすさまじい想像力の行使によって、初めて思い浮かばれ、その思い浮かばれた世界への信仰によって、初めて救われる人間の心の中には、どのような深い絶望と不安がかくされていたのであろう。そしてそのような絶望と不安ゆえに、人間が未来に投げた夢の世界、想像の世界が、全くの空しい一時の幻影であったとしたら、人間と言うものは、何と空しいものなのか、私はこの観経の美しい世界に接する度ごとに、私の心を襲う、激しい空虚感を、どうすることも出来ないのだ。

まず、念をもっぱらにして西を想う。西を想うにはどうしたらよいか。日没の頃、西に向かって、心をかたくして、思を移さずひたすら夕陽を見続けよ。そしたら目を開いても、目を閉じても、ありありと夕陽は、目に浮かぶのである。こうしてもはや、心はいつも西に向かっているわけである。そして水の清いのを見て、その水を明らかに思い浮かべ、心が散り乱れることがないようにせよ。そして次に氷を見て、氷の透明な様を思い浮かべ、さらにそれが瑠璃であると言う思いを起こせ。そしてその瑠璃こそは、かの極楽の大地なのである。こうして極楽の大地がありありと目に浮かぶようになる。このように日想観から水想《すいそう》観、水想観から地想《ちそう》観、地想観から宝樹《ほうじゅ》観、宝樹観から宝池《ほうち》観、宝池観から宝楼《ほうろう》観、宝楼観から華座《けざ》観へと順次、想像は進んで行く。つまり、まず極楽の背景から始めて、想像を中心部へ向かって進めて行く方法である。恐らく、いちいちの想像力の熟練、すなわち、水なら水、瑠璃なら瑠璃が、「鏡の中において、自分の像を見るように」明らかに思い浮かべられるようになるためには、何十日あるいは何か月かの必死の精神集中を要するであろう。こうして背景の細部の又細部が、ありありと想像出来るようになって、次の前景へ前景へと想像力は進んで行くのである。そしていよいよ、阿弥陀仏を想像するわけであるが、凡夫はまず、阿弥陀の真身の代わりに像を思う必要がある。華座の上に坐す阿弥陀、観音、勢至の三尊の像を思え。そして像がありありと思い浮かべられる後に、初めて真身を思え。光り輝く巨大な阿弥陀が、無限の光を放ちながら極楽世界の中に現出したのである。ついで観音、勢至の脇侍が光明にまとわれて出現する。そして最後に、その阿弥陀浄土の一つの華座の上に坐る自己自身を思え。蓮の花のとじた中に自分は坐っている。蓮の花が静かに開く。五色の光が眼に飛び込み、そしてその中にきらきら光る阿弥陀仏と二菩薩の姿、そしてあたりは妙なる音楽が聞えて来るのだ。素晴らしい極楽の全景。

（『仏像―心とかたち』）

若気のいたりのちょっとはずかしい文章であるが、それは、私が『観無量寿経』と出会い、この定善の十三の観想の法の話を読んだときの感動を率直に伝えている。当時私は、まだ実存主義の深い影響下にあった。それでこの華麗なる極楽浄土の幻想に、かえって深いこの世への絶望と不安をみたわけであるが、もっとこの幻想を素直に評価すべきであったかもしれない。私はいま『観無量寿経』を読み返してみて、どこかでディズニーの映画を想起する。幻想が幻想を生み、すばらしい幻想の交響楽を奏でる。

『観無量寿経』の中心点は、この定善の行にあるが、『観無量寿経』は定善を語るばかりではなく、このような定善の行、つまり心を一つに集中することができない人間もまた、世間的善を積んだり、念仏をすることによって、極楽浄土に往生できると考える。それがいわゆる散善である。人間を善悪によって三つの種類に分かち、さらにその三種の人間をまた上品上生《じょうぼんじょうしょう》から下品下生《げぼんげしょう》の九段階に分け、上品上生から下品下生にいたる九品《くほん》の人間が、かたちはちがっても、いずれも極楽往生が可能であるとするのである。このようにして定善あるいは散善によって人間が極楽浄土へ往生できることを明らかにする経典が、『観無量寿経』である。

稀代の念仏行者・善導

このような『観無量寿経』の注釈書『観経疏』を善導がつくり、それを読んで法然が浄土宗という一宗派を創立したわけであるが、この善導という僧はいったいどのような僧であったのか。

善導については、彼がまだ三十歳くらいのときに道宣《どうせん》によって書かれた『続高僧伝』にその名が出てくるが、すでに三十歳の頃には、善導は高僧伝に載るほどの有名人であった。そして彼の令名が天下にとどろいていたときにつくられた少康《しょうこう》・文諗《ぶんしん》の共著『往生西方浄土《おうじょうさいほうじょうど》瑞応删伝《ずいおうさんでん》』（以下『瑞応删伝』）には、善導は当代を代表する高僧として描かれている。そして彼の死後につくられた『新修往生伝《しんしゅうおうじょうでん》』（王古撰）にも善導のことが記されている（ただし上・下巻のみ伝わり、中巻は佚文《いつぶん》のみで善導伝はその第二十五と第二十六にある）。これらの伝記における善導の評価にはかなり相異がある。『続高僧伝』では、善導は都の士女を自殺に誘う危険な僧として描かれているのに対し、『瑞応删伝』では、「仏法東行してより、いまだ禅師のごとく盛んなること有らざるなり」と口をきわめてほめたたえている。『新修往生伝』中巻佚文第二十五（以下「新修伝第二十五」）は『続高僧伝』の記事と『瑞応删伝』の記事を合わせてつくられたと思われるが、異常な宗教者善導の姿をあますところなく描いているのに対し、『新修往生伝』中巻佚文第二十六（以下「新修伝第二十六」）は、冷静に善導の浄土思想の成立とその発展について述べている。評価は分かれるが、これらの伝記を合わせ読むと、善導という異常な浄土願生《がんしょう》者の姿が見えてくるように思われる。

　善導はどこの人かよくわからない。『瑞応删伝』には「唐朝の善導禅師、姓は朱《しゅ》、泗州《ししゅう》の人なり」（泗州は江蘇《こうそ》省宿遷《しゅくせん》県）とあるが、「新修伝第二十五」では「何許《いずこ》の人とも悉《つまびらか》にせず」とある。さらに「新修伝第二十六」では「臨淄《りんし》の人なり」とある。臨淄という名の地は山東省広饒《こうじょう》県と江蘇省六合《りくごう》県の二ヵ所あるが、『瑞応删伝』の泗州すなわち江蘇省の人という記事と照らし合わせて、彼は江蘇省の人と考えたほうがよいかもしれないが、若いときから諸国を流浪したようである。『続高僧伝』や「新修伝第二十五」に「寰寓《かんぐう》を周遊し、道津《どうしん》を求訪す」とある。彼は早くから故郷を去り、諸国を行脚する放浪僧の一人であったのであろう。彼の旅は真の仏教を求める旅であった。「新修伝

善導大師像（善導寺・久留米市）

第二十六」によれば、彼は幼いときに密州の明勝法師のもとで出家し、法華《ほっけ》・維摩《ゆいま》を学んだ。しかし、仏教の教門はいろいろあるが、機にかなわなかったら虚しい。それで彼は『大蔵経』を閲し、たまたま『観無量寿経』を探しあてた。そしてその『観無量寿経』に説かれる十六観を学んで、思いをいつも西方往生にかけた。また終南山《しゅうなんざん》悟真寺《ごしんじ》に行き、観想の行に入り、ついに極楽浄土の宝楼や宝池や華座などが、あたかも眼の前にあらわれているかのように見えたという。これは、善導の浄土教が『観無量寿経』によっていることを示している。おそらく『観無量寿経』に説かれる定善の十三観を善導は何度も試み、そしてあたかも極楽浄土とその主である阿弥陀仏がいつも眼前にいるかのようにありありと目に見える、そういう定すなわち観想成就の境地にたびたび入ったにちがいない。

　こうしてすでに『観無量寿経』による念仏行者になった後に、彼は念仏行者として当時有名だった道綽のもとで学んだ。道綽はすでにそのとき七十歳余りの老人で、性格も鷹揚《おうよう》で、善導のような多少危なっかしいと思われる華やかな才能を欠如していた。善導は道綽に会って、念仏で往生することができるかと問うと、道綽は「一つの蓮の花を仏前において行をし、七日萎《しぼ》まなかったら往生を得る」といった。善導が七日行をしても、その蓮の花は萎まなかった。それで道綽は善導が深いさとりの境地にいたっていることを認め、道綽もそのように往生することができるかと仏に聞いてくれと頼んだ。それで善導はまたそのような定に入り、仏のいうことを聞いた。それによると、「道綽は三つの罪を犯した。その三つの罪を懺悔《ざんげ》しなければ往生できない。三つの罪というものは、一つは仏像を軒や窓の下において自分は奥の部屋にいたこと、二つは出家の人をこきつかったこと、三つは大きな寺を建てて虫の命を損ねたことである。こういう罪を仏の前で懺悔しなければならない」といった。道綽が自分のしたことを反省してみると、これはみなあたっている。そこで道綽は心から懺悔して善導に会ったら、善導は「これで先生の罪はなくなりました」といった。善導の深い瞑想の中で仏が善導に語った罪というのは、師の道綽に対する善導の批判の言葉であると思われるが、それはいかにも善導らしい批判で、道綽にはいささか気の毒である。道綽は、本来、定住して浄土教を布教しようとする僧である。したがって巨大な寺を建て、人をつかわねばならない。第二、第三の批判は、本来、乞食僧《こつじきそう》であり行脚僧《あんぎゃそう》である善導の、定着した仏教者道綽に対する批判である。善導は一人行脚の旅をつづける放浪僧であり、したがっていっさいのことは自ら行い、寝る部屋さえ別に設けなかったという。このような善導の批判に道綽は自らの行いを反省して、懺悔して受け入れたというが、それは道綽の人間の大きさを語るものであろう。

こうして善導は道綽のもとで浄土教を学び、自らの仏教に対する確信を深くして都へ上った。そして、都で彼はいち早く有名になったのである。そのさまを『続高僧伝』は次のように描いている。

既に京師《けいし》に入りて、広くこの化《け》を行ず。弥陀経数万巻を写し、士女の奉ずる者、その数無量なり。時に光明寺に在りて説法するに、有る人導（善導）に告げて曰《い》はく、今仏名を念ずれば、定《さだ》んで浄土に生まるるや不《いな》やと。導曰はく、念仏すれば、定んで生まれんと。その人礼拝し訖《お》はりて、口に南無阿弥陀仏を誦《じゅ》するに、声声相次いで光明寺の門を出ず。柳樹の表《うえ》に上り、合掌して西望し、身を下に倒投し、地に至りて遂に死せり。事、台省《だいしょう》に聞こゆ。（『続高僧伝』）

都に入った善導の活躍は凄まじかった。『阿弥陀経』数万巻を写し、無数の士女が従ったというのである。善導の、偈といわれる仏教詩および「浄土変相図《じょうどへんそうず》」といわれる絵、すべてその美しさと哀しさで人の心をとらえた。士女というから、女性のファンも多かったのだろう。善導は光明寺で教えを説いた。そしてある人が善導に「南無阿弥陀仏と称えたら、かならず極楽浄土に生まれることができるでしょうか」と問うと、善導は「かならず生まれます、まちがいなく生まれますよ」と答えた。その人は善導に拝礼して、口に「南無阿弥陀仏」を称えつづけて、光明寺の門を出て、柳の木に登り、西に向かって合掌して身を投げ、地上に落ちてついに死んだ。そういうことが役所に聞こえたとあるので、善導は自殺幇助《ほうじょ》罪で訴えられたのであろうか。『続高僧伝』は、このような青年僧の異様な布教のありさまを、驚きと恐怖でもって描いているように思われる。

『瑞応刪伝』および『瑞応刪伝』を受けて高僧伝を大成した『新修往生伝』は「新修伝第二十五」の中で、『続高僧伝』が描くのと同じ時代の都における善導の他の側面を描いているが、やはりそこでも、異常な求道《ぐどう》者の姿を示している。

> 三十余年別の寝処無くして、暫くも睡眠せず。洗浴を除く外は、曾《かつ》て衣を脱がず。般舟行道《はんじゆぎようどう》、礼仏方等、以て己が任と為す。戒品《かいほん》を護持して繊毫《せんごう》も犯さず、曾て目を挙げて女人を視《み》ず。一切の名利《みようり》を心に念《おも》ひ起こすこと無く、綺詞戯笑《きしぎしよう》亦未だこれ有らず。（「新修伝第二十五」）

三十余年間、べつに寝るところもなく、少しも惰眠を貪らず、風呂に入るとき以外には着物を脱がず、ひたすら仏教の行に励み、戒を少しも犯さず、目をあげて女性を見ず、いっさいの名利も心になく、飾った言葉も語らず、つまらない戯れの笑いもけっしてしなかったという。

また彼には信者が多く、いつも彼の衣食などはたいへん豊かであったが、それらをすべて人に施して、彼自身は粗末な服を着て粗食に甘んじたという。旅をするときはいつも一人で行った。他人と行くと世間話などにふけり、修行の妨げになるというのである。そして身のまわりのことはすべて自分でして、けっして人にさせなかった。光明寺において、ある人が善導に「念仏を称えたら浄土に往生しますか」と問うと、「あなたが念仏を称えれば、必ず極楽浄土に往生します」と答えて、善導が阿弥陀仏を念じて「南無阿弥陀仏」と称えると、善導の口から一筋の光明が出て、念仏を称えるごとにまた光が出たという。

このように、旅の僧善導はいちおう光明寺に落ち着いて布教したらしいが、その死については二説ある。一つは「新修伝第二十五」の説で、善導は寺の前にある柳の木に登って、「観音、勢至がかならず助けに来て、私を阿弥陀様のいる極楽浄土へ連れていくはずだ」といって、柳の木から飛び降りて死んだ。高宗皇帝はその寺を、善導が念仏を称えて口から光明を出したという話にちなんで、光明寺と名づけて、皇帝自らが書かれた寺額を賜ったという。もう一つは「新修伝第二十六」の説で、彼は自らの死を予言し、たちまちに病を患い、喜ぶがごとくに死んだという。「新修伝第二十五」のほうは、『続高僧伝』の自殺幇助者の疑いのある善導を、自らも自殺を選ぶことによって首尾一貫させたといえようが、それはあまりにつくりすぎで、「新修伝第二十六」の永隆二（六八一）年三月十四日、六十九歳で死んだというのが、他の金石《きんせき》文《ぶん》などの史料からみても真実であると思われる。

これが諸伝記から浮きあがってくる善導の像であるが、諸伝は共通して善導と『観無量寿経』の深い関係を語っている。『阿弥陀経』を数万巻も書き写したということは、『阿弥陀経』が短い経典であり、そこでも『観無量寿経』と同じように、極楽浄土の美しいありさまが美しい言葉でたたえられているためであろうが、この諸伝記に語られる善導の定、すなわち瞑想、観想の体験は、『観無量寿経』に対する善導の熱愛とともに注意すべきことであるように思われる。

第三節 『観経疏』にみる善導の思想

詩的想像力が生んだ文学作品

以上の諸伝記が示すように、善導にとって『観無量寿経』は、彼と密接離すべからざる関係にある経典で、彼の魂そのものであったといってよい。何度もいうように、『観無量寿経』は数ある仏教経典の中でもっとも劇的な構成に富み、その文章もはなはだ華麗である。こういう経典に惹かれるのは詩人的な魂をもつ人間であろうが、善導はまさに数ある中国の仏教者の中で、もっとも多く詩人的な魂をもった人間である。それ自身、美しい詩的な経典『観無量寿経』と天性の詩人である善導の出会いによって生まれたのが、『観経疏』であるといってよかろう。

だいたい善導は、経典の注釈というものを書くことを潔《いさぎよ》しとしない人間であったと思われる。多くの経典の注釈書は、それまでのいろいろな諸師の説を引いて、こうでもない、ああでもないと論じた後に自分の説を述べる。こういう注釈の仕事は、善導のような詩人的な魂をもつ人間にとって、煩わしい仕事であったにちがいない。善導は『観経疏』で、先行する多くの仏教者の説をいちいち名をあげて、あげつらうことをしない。善導は先行する説をすべて諸師の説として一貫して論じ、その諸師の説に対して自分の説を述べている。そして、このような注釈書にはあまりなされない、自らつくった偈すなわち仏教詩を、その経文に付しているのである。その偈は『観無量寿経』の経文に匹敵する、いや経文以上に美しい詩である。

善導の『観経疏』というのは、それ自身みごとな文学作品である。『観無量寿経』が極楽世界を表現する文章はまことに美しい。極楽世界にいって、極楽世界を見て、この世にかえった人はないことを考えると、極楽世界そのものが詩的想像力の産物といえようが、その極楽世界を、善導は『観無量寿経』の作者以上の奔放な詩的想像力によって高らかにうたいあげ、『観無量寿経』に描かれる極楽世界の魅力をいっそう高めるのである。彼は、このような『観無量寿経』の経文に詩を付したいがために『観経疏』をつくったのではないかと思われる。

この『観経疏』は四つの部分に分かれる。「玄義分《げんぎぶん》」と「序分義《じょぶんぎ》」と「定善義《じょうぜんぎ》」と「散善義《さんぜんぎ》」である。ふつう経典は、「序分」すなわち序論、そして「正宗分《しょうしゅうぶん》」すなわち本論、「流通分《るずうぶん》」すなわちこの経典をどのように後世に伝えるかという結論の三つの部分に分かれる。この序分の部分はふつうの経典ではたいへん短いが、『観無量寿経』ではかなり長い。それは、わが子阿闍世に幽閉された韋提希が釈迦を呼び、釈迦が韋提希の要請によって姿をあらわし、多くの浄土を見せるが、韋提希はその中で極楽世界を選びそこに往生したいと願い、その韋提希に釈迦が極楽浄土へいく方法として定善と散善の方法を教える話である。この釈迦が定善・散善の義を教えるまでの話を序分と善導は考える。そして、釈迦の教えの内容である定善および散善が語られる部分のほとんどを正宗分と考えるのである。『観経疏』は「序分義」の前に「玄義分」をおくが、それが、いわば『観無量寿経』の概論になっている。そして、ここで『観無量寿経』というのがどういう経典であり、善導の説が諸師の説とどのようにちがうかが明らかにされる。「玄義分」から『観経疏』を読んでいくことにしよう。

「玄義分」――諸師の説と異なる善導の解釈

『観無量寿経』の解釈において、善導の説が諸師の説と異なるところは二点ある。『観無量寿経』で韋提希夫人は釈迦に「教我思惟《きょうがしゆい》、教我正受《きょうがしょうじゅ》」、つまり「私に思惟を教えてください。私に正受を教えてください」と頼む文章がある。この「教我思惟、教我正受」の解釈において、善導は諸師と異なる。善導は次のようにいう。

諸師は「思惟《しゆい》」の一句をもって、もって三福九品《さんぷくくほん》を合して、もって散善《さんぜん》となす。「正受《しょうじゅ》」の一句を、もって通じて十六観に合して、もって定善《じょうぜん》となす。（『観経疏』「玄義分」）

つまり諸師の説は、この韋提希夫人の「私に思惟を教えてください、正受を教えてください」という言葉の中の思惟を『観無量寿経』に説かれる三福として、それを散善とし、そして正受を、『観無量寿経』に説かれる定善の十三観プラス九品の三観、合わせて十六観としたのである。『観無量寿経』そのものが九品の上品《じょうぼん》の行を十四観、九品の中品《ちゅうぼん》の行を十五観、九品の下品《げぼん》の行を十六観とするけれど、これは論理的におかしい。なぜなら、この九品の部分には、定善の部分のように、極楽のありさまをありありと想像するというような観仏の行は説かれず、そこでは上品、中品、下品の人がそれぞれその品に応じて行うべき善行が説かれているからである。この散善に属する九品を定善の中に入れて、十四観、十五観、十六観というのは論理的におかしいので、善導は定善を十三観に限り、定善の前に説かれている三福と定善の後に説かれている九品を合わせて、散善とするのである。そうすると、散善は韋提希の要請からはずれるのである。韋提希が釈迦に要請したのは思惟であり、正受であるが、思惟も正受もけっして道徳的な善行を意味せず、いずれも思弁の世界にかかわるものであり、定善に属する。

とすれば、思惟と正受はどうちがうのか。思惟はまだ意識が残っている状態である。それは極楽を思惟しているが、どこかに理性的意識が残っている状態である。しかるに三昧《さんまい》は、その意識を超えた状態、極楽世界と一体となった状態である。思惟も正受も三昧であるが、まだ思惟にはそのような意識が残っている。しかるに正受はちがう。

正受《しょうじゅ》というは、想心《そうしん》すべて息《や》み、縁慮ならび亡《もう》じて、三昧《さんまい》と相応するを、名づけて正受とす。（同前）

それはいわば熱中であり、恍惚であり、忘我である。この定善の行でいえば、もはやわれという意識は喪失し、極楽浄土があたかも眼前にあるかのごとくありありと見え、阿弥陀仏とわれが一体になる観想の絶頂の境地をいうのであろう。ここではわれが阿弥陀であり、阿弥陀がわれであり、われが観音であり、観音がわれであり、われが勢至であり、勢至がわれであり、われが宝楼《ほうろう》であり、宝楼がわれであり、われが光であり、光がわれであり、われが鳳鳥《ほうちょう》であり、鳳鳥がわれであり、われが世界であり、世界がわれであるという観仏三昧《かんぶつざんまい》の完成の境地であろう。善導は何度もこのような熱中・忘我・恍惚の観仏三昧の境地を経験したにちがいない。

このように思惟と正受を分けると、正受はこの「定善義」に語られる十三観となるが、思惟はどうなるか。『観無量寿経』には「正宗分」の定善に入る前に、散善の三福と、定善の極楽浄土と阿弥陀仏を観想する行があらかじめ語られる部分がある。それを善導は、それぞれ「散善顕行縁《さんぜんけんぎようえん》」および「定善《じようぜん》示《じ》観縁《かんえん》」というが、この「定善示観縁」が思惟にあたるというのである。

思惟《しゆい》というは、すなわちこれ観の前方便《ぜんほうべん》、かの国の依《え》正《しよう》二《に》報《ほう》・総別の相を思想す。（同前）

これが、善導の説がそれ以前の諸師の説と異なる第一点である。これは私は、やはり善導が定善の行の純粋性を保持しようとしたからではないかと思う。『観無量寿経』そのものが九品の上中下を三観とし、合計十六観とするが、これらすべての行が極楽浄土と阿弥陀仏を観想する行ではない。善導が九品に属する三観を省くのは当然である。そしてそのうえ、この定善を思惟と正受に分けたのである。思惟と正受はともに三昧であるが、思惟では意識が残り、純粋な三昧とはいえない。正受は意識を超えた三昧、意識を超えた超意識の世界である。宗教はそのような超意識の世界にいたらぬかぎり意味がない、という善導の考え方がここによく出ている。このように思惟と正受を考えると、韋提希が要請したのは定善のみで、散善は釈迦が自発的に語ったことになる。釈迦は韋提希に応えて、ひたすら定善の行を説いたのであるが、しかし、どうしても定善の行ができないものに、やむなく散善の行を説いた。散善は韋提希の要請ではなく、釈迦がこのような行のできない人々を憐れんで、自発的に説いた教えということになる。このような思惟・正受について善導と先行する諸師との解釈の違いが、いかに善導が定善の行、すなわち阿弥陀浄土と阿弥陀仏をありありと想像する観仏の行を重視したかということを示している。

もう一つ、善導の解釈が従来の諸師の解釈と大きく異なる点がある。それは、上品上生から下品下生にいたる人間の解釈である。諸師は、この上品の中の上品上生を「四《し》地《じ》より七地に至る已来《いらい》の菩薩《ぼさつ》」、上品中生を「初地《しょじ》より四地に至る已来の菩薩」、上品下生を「種性《しゅしょう》以上、初地に至る已来の菩薩」と考えて、この上品をすべて「大乗《だいじょう》の聖人《しょうにん》」が生ずる位であると考える。そして中品上生を「三果《さんが》の人《にん》」、中品中生を「内《ない》凡《ぼん》」の人、中品下生を「世善《せぜん》の凡夫《ぼんぶ》」と考え、この中品をすべて「小乗《しょうじょう》の聖人」が生ずる位であると考える。そして下品の三生を「大乗始学《だいじょうしがく》の凡夫」と考えて、罪の軽重に従って三つの善に分けられるとする。

これに対して善導は、こういう説はまったくの間違いであるという。たとえていうと、上品上生が四地から七地にいたった菩薩であるとしたならば、そういう菩薩はすでに仏になっているはずである。すでに仏になっている人を極楽浄土に往生させるように、韋提希が釈迦に頼むなどということはありえない。中品の人すなわち小乗の聖人も、やはりすでに極楽往生が定まっている人である。そういう人が極楽に往生するために、なぜ韋提希が釈迦に頼む必要があるのかと善導はいう。そしてこういう諸師の解釈を退けて、善導は上品上生から下品下生にいたる人はすべて凡夫であり、上品の三人は大乗に遇《あ》った凡夫、中品の三人は小乗に遇った凡夫、下品の人は悪に遇った凡夫であるという。そしてこのような下品の凡夫は悪業を犯しているので、なかなか極楽に往生できず、臨終のときに善知識《ぜんちしき》に会って阿弥陀仏の願力に乗じて極楽浄土に往生するのだと善導はいう。善導は、

今、一一《いちいち》に文を出だし証を顕すことをもってすることは、今時《こんじ》の善悪《ぜんなく》の凡夫をして、同じく九品に沾《うるお》し、信を生じて疑いなく、仏願力に乗じて、悉く生ずることを得しめんと欲す。（同前）

という。つまり九品の人はみな凡夫、阿弥陀仏は凡夫の犯した善行悪行によってそれぞれ別の仕方で凡夫を、みなことごとく極楽浄土に往生させるという。九品の人の解釈とともに、善導は韋提希その人もまた凡夫と考えるのである。

善導の『観無量寿経』の解釈の特徴は以上の二点であるが、この二点は相関連して

いるというよりは、むしろ正反対のものである。彼は一方において純粋な観行を口をきわめて讃美するが、その観行はまことに難行なのである。このような難行によってしか極楽往生ができないとすれば、凡夫、悪人、女人はとても往生ができないであろう。しかし、一方において彼は、九品の人をすべて従来の諸師の解釈に反して凡夫として、韋提希その人もまた凡夫として、『観無量寿経』全部が凡夫往生を説いたとみるのである。この善導の『観無量寿経』の二つの解釈は大きな矛盾であるといわなくてはならない。しかし、善導はこのような矛盾をあまり意識しないかのごとくである。まさに彼自身が大きな矛盾をはらんだ詩人であったといえようか。

「序分義」――阿闍世のルサンチマンを読み解く

このように善導は「玄義分」で、『観無量寿経』の解釈が先行する諸師の解釈と異なる点を述べ、「序分義」において『観無量寿経』の内容の注釈に入っていく。この「序分義」は、前に述べた『観無量寿経』で語られる釈迦の説教の背景となる劇的ストーリーが語られる部分である。「序分義」の彼の筆はじつに快い。そして、その劇に登場する人物の言葉の背後にある心理への読みがはなはだ深い。これは、善導その人がもし劇を書いたならば、みごとな劇を書きうる能力をもっていたことを示す。そして善導はこの物語に強い興味をもっていて、いろいろな経典によってこの物語を説明している。これを読んでいると、善導は阿闍世の物語をひとつのルサンチマンの物語としてとらえているように思われる。ルサンチマンというのはニーチェの言葉であるが、それは心の中に積もり積もった恨みとでもいえようか。ニーチェは、このルサンチマンすなわち積もり積もった恨みが人間の行動のもっとも大きな原因であると考える。彼は、「幸いなるかな心の貧しき者よ、天国は彼らのものなり」(「マタイ伝」)と説くキリスト教は、このような民衆の中に積もり積もったルサンチマンに火をつけて、それを道徳にしたのであると断ずる。

もちろん、ここはニーチェのルサンチマンについてくわしく語るべきところではないが、阿闍世というのはもちろんサンスクリットの言葉で、漢訳すれば「未生怨」と訳される。つまり、未だ怨みが晴らされていないという人間である。もともと阿闍世は仙人が生まれ変わったもので、その仙人は頻婆娑羅王によって殺されたものであり、阿闍世となって生まれ変わり、父頻婆娑羅王に復讐しようとする。この阿闍世の父に対する恨みとならんで、もう一つの恨みがこの事件の原因となる。それは提婆達多の釈迦に対する恨みである。提婆達多は釈迦の父浄飯《じょうぼん》王の兄弟斛飯《こくぼん》王の子であり、釈迦にはいとこにあたる。そして提婆達多は弟阿難とともに釈迦の弟子となる。阿難は釈迦がいちばんかわいがった弟子であり、いつも釈迦の身辺に侍した。このいとこである釈迦に対して提婆達多は恨みを抱いたのである。いとこのように自分も大勢の人からあのような尊敬を得たい、そういう感情がいつのまにか釈迦に対する恨みに変わっていく。そして彼は弟阿難に頼んで、変身の術を学び、その術でもって阿闍世のご機嫌をとり、自分は釈迦にかわるので、阿闍世もまた父にかわることを勧める。反対する阿闍世に提婆達多は阿闍世の出生の秘密を明かし、阿闍世のルサンチマンを刺激するのである。このように提婆達多は阿闍世の機嫌をとり、とうとう阿闍世をして父頻婆娑羅王を監禁せしむるにいたるが、その間の話がおもしろい。少し原文を見てみよう。

すでに通《つう》を得おわって、すなわち太子の殿前に向かって、空中に在って、大神変《だいじんぺん》を現ず。身上より火を出だし、身下より水を出だし、あるいは左辺《さへん》に水を出だし、右辺に火を出だす。あるいは大身を現じ、あるいは小身を現ず。あるいは空中に坐臥するに、意《こころ》に随って自在なり。太子見おわって、左右に問うていわく、「これはこれ何人《なんびと》ぞと」。左右、太子に答えていわく、「これはこれ尊者提婆《そんじゃだいば》なりと」。太子聞きおわって、心大いに歓喜す。ついにすなわち手を挙げて喚《よ》んでいわく、

「尊者何ぞ下り来らざる」。提婆すでに喚ぶを見おわってすなわち化して嬰児《ように》となって、直ちに太子の膝の上に向かう。太子すなわち抱いて口を鳴らしてこれを弄し、また口中に唾《だ》す。嬰児、ついにこれを咽《の》む。須臾《しゅゆ》にして還って本身に復しぬ。太子すでに提婆が種種の神変を見て、転敬重《うたたきょうじゅう》を加う。（『観経疏』「序分義」）

何か魔術を見ているような文である。提婆達多は空中に坐している。そして火を出し、水を出し、大きくなったり、小さくなったりしている。それを見て阿闍世は、「あそこにいるのはだれだ」という。そして左右の人は太子に、「あれは尊者提婆達多である」という。すると太子は手をあげて提婆達多を呼ぶと、提婆達多は赤子になって下りてくる。そして太子の膝の上に乗る。太子は提婆達多を抱いて口を鳴らして弄び、その赤子の口に唾を吐くが、赤子はこれを飲む。そして唾を飲み終わって、赤子は提婆達多に変身したのである。こういうようなことは『観無量寿経』には書かれていないが、善導は他の経典によってこういう場面をありありと語るのである。

　唾、小便、大便、汗、血、それに性器など、ふつう仏教者のつかわない言葉を善導はつかう。これが善導の文章にじつに生々しい感じを与える。彼は『観経疏』で仏が出す光について語り、足の下から出す光は地獄道を照益《しょうやく》し、膝から出す光は畜生道を照益し、陰蔵《いんぞう》から出す光は鬼神道を照益し、臍《ほぞ》から出す光は修羅道を照益し、心《むね》から出す光は人道《にんどう》を照益し、口から出す光は二乗の人を照益し、眉間《みけん》から出す光は大乗の人を照益するなどといっている。また『観念法門』では、仏の陰蔵の相を想え、それは十五夜の月のように平満であるという。その仏の陰蔵の相を想うと、男性や女性の色欲に執着する人たちの欲心はやむという。一方で目をあげて女人を見なかったといわれる善導が、このような性について生々しく語るのはまことに興味深い。

この「序分義」を読むかぎり、彼は詩人であり、劇作家にもなれたと思われるのであるが、まだ「玄義分」および「序分義」では、彼は詩をつくっていない。善導の詩人としての才能が十二分にあらわれているのは、次の「定善義」と「散善義」、とくに「定善義」である。この『観経疏』の中で善導の情熱がいちばんあらわれているのは「定善義」であり、それはだれも認めざるをえないところであろう。これはまさに『観無量寿経』が描く、あの十三観の解説なのである。

「定善義」——観仏の行の勧め

極楽世界の楽しさ、美しさは『阿弥陀経』などにくわしく述べられているが、『観無量寿経』は、このような楽しく美しい極楽浄土と、その主である阿弥陀仏を想像するという行について語るのである。その観想の行は日想観からまずはじまる。日想観について善導は次のように語る。

一つには衆生をして境《きょう》を識《し》って心を住《とど》めしめんと欲す。方を指すこと在ることあり。冬夏《とうげ》両時を取らず、ただ春秋二際を取る。その日、正東《しょうとう》より出でて直に西に没《もっ》す。弥陀仏国は、日の没する処に当って、直ちに西のかた十万億刹《じゅうまんのくせつ》を超過す、すなわちこれなり。（『観経疏』「定善義」）

これはよくわかる。春秋の彼岸の日、太陽は真東から出て真西に入る。その日に西をじっと見て、西に心を集中せよというのである。阿弥陀浄土はまさに真西の方向にあるからである。だから心を西に、阿弥陀浄土に向け、そこにとどまらしめよというわけである。

二つには衆生をして自《じ》の業障《ごっしょう》に軽重《きょうじゅう》あることを識《し》知らしめんと欲す。云何《いかん》が知ることを得。心を住《とど》めて日を観ぜしむるに由る。初めて心を住せんと欲する時、教えて跏趺《かふ》正坐《しょうざ》せしむ。右の脚、左の髀《もも》の上に著《つ》けて、外《げ》と斉《ひと》し。左の足、右の髀の上に安《お》いて、外と斉し。左の手、右の手の上に安いて、身をして正直ならしめ、口を合わして、歯、相近づくることなかれ。舌、上顎を柱《ささ》えよ。咽喉および鼻中の気道をして宣通せしめんが為の故に。（同前）

これは日想観をするときの姿勢を述べたものである。その姿勢は、右の足を左の腿の上につけ、左の足を右の腿の上につける、いわゆる結跏趺坐《けっかふざ》の座り方である。そして左の手を右の手の上に置き、まっすぐに背中を伸ばして、口を閉じ歯は合せず、舌で上顎を支え、喉や鼻に空気が通るようにしておけ、こういう姿勢をとって瞑想し、自らの体が東西南北に散ってなくなったと思え、というのである。こういう観をつづけると、乱想がことごとく除かれ、心が一点に集中してとどまる。そうしたら、徐々に心を転じて諦《あきら》かに日を観ぜよ、すると利根《りこん》の者には明相が現前して日が見えてくる。あるいは銭の大きさのごとく、あるいは鏡の大きさのごとく日があらわれてくる。その日のようなものが心に生まれて曇りのない状態が日想観の成就といわれるが、そこに黒い雲や黄色い雲や白い雲がかかることがある。それはまだ心が完全に清浄になっていないからである。そのとき善導は懺悔をせよと勧めるのである。血の涙を流すような懺悔を勧める。そういう懺悔をして心の雲がなくなって、心の中に赤い太陽のみがあるような境地になれという。

三つには衆生をして弥陀の依正《えしょう》二報、種種の荘厳《しょうごん》光明等の相の、内外《ないげ》照曜《しょうよう》して、この日に超過せること、百千万倍なることを識知《し》らしめんと欲す。行者等、もし、かの境の光相《こうそう》を識らずんば、すなわちこの日輪の光明の相を看よ。もしは行住坐臥に、礼念憶想《らいねんおくそう》して、つねにこの解《げ》をなせ、久しからざる間に、すなわち定心《じょうしん》を得て、かの浄土の事の快楽荘厳《けらくしょうごん》を見ん。この義に為《よ》るが故に、世尊、さきに日想観をなさしめたまう。（同前）

日想観の目的は、第一に極楽浄土のある西という一点に心を集中することであった。第二は、そこに黄色い雲、白い雲、黒い雲がかかっていないことを知るためであった。しかかっていたら懺悔して、心にとどまる日を清浄なものとしなければならない。しかし、もう一つの目的がある。それは、極楽の光のすばらしさを知らせるためである。極楽は光の国である。その光は無量の光であらゆる罪を許し、あらゆる悪を消滅せしめる。日想観は、そのような極楽世界の光の荘厳を見ることである。

このように善導はくわしく日想観を説明するが、水想観においてはまた別な観想の方法を語る。一つの椀に水をくんで、それを床の前に置け、そして自分はそのお椀の前の床の上に座り、眉間に豆ほどの大きさの白いものをつけて頭を垂れて、顔を水の上に置き、そこに映った白いものを見よ、というのである。もしも心が定まっていたら水はほとんど動かないが、心が動いているときは水も動揺するという。これもまた尋常ではない観想の行である。

こうして善導は、『観無量寿経』の定善の十三観について、それぞれ観を行う姿態や方法をくわしく語り、その観に彼は詩を和しているのである。この「定善義」に入れられた彼の詩は十二首におよんでいる。そして善導は五言あるいは七言、それに稀に不規則的な言の詩を寄せているが、その形式についても、その内容に合わせて善導は苦吟したにちがいない。苦吟といっても、彼の極楽浄土についての想像が彼の頭に広く広がっていて、美しい言葉がひとりでに、あるいは五言になり、あるいは七言になり、あるいは不規則言になって飛び出してきたのであろうか。このなかから私は二つの詩を選んで、善導の詩がどのような不思議な魅力に富んでいるかをみてみよう。

帰去来　　帰りなん去来《いざ》、
魔郷不可停　　魔郷《まきょう》には停《とど》まるべからず。
曠劫来流転　　曠劫《こうごう》よりこのかた流転して、
六道尽皆経　　六道《ろくどう》尽《ことごと》く皆経たり。
到処無余楽　　到る処、余楽《よらく》なく、
唯聞愁歎声　　ただ愁歎の声のみを聞く。
畢此生平後　　この生平《しょうひょう》をおわって後、
入彼涅槃城　　かの涅槃《ねはん》の城に入らん。

（同前）

この「帰去来」という詩は陶淵明《とうえんめい》の詩を踏んだものであろう。陶淵明の詩は、都の官僚生活に飽きて官をやめて田舎へ帰ろうという詩である。「帰去来」（帰りなんいざ）ではじまる。それと同じ「帰去来」ではじまるわけであるが、陶淵明の帰る故郷はまさに彼が育った故郷であり、それはたしかに実在している。ここで善導が帰ろうとする故郷は、あの世であり極楽浄土である。それはこの世界が実在するという意味で実在しない世界である。それは帰るべき故郷とはいいにくい世界である。善導にとっては、極楽浄土が帰るべき故郷であったのかもしれない。「もともと自分は美しい故郷からこの汚い醜い苦しい世界にやってきた。この汚い醜い苦しい世界はもうたくさんだ。いいかげんに、この世を去って美しい楽しいあの世へ帰ろうではないか」。はなはだ短い詩であるが、善導の思いがよく出ている。善導の詩の一句一句から、この世に生を享《う》けた人間の悲しみ、苦しみ、嘆き、憂いの声と美しい楽しいあの世への憧れの声が聞こえてくるのである。

もう一首、詩を鑑賞しよう。それは不規則的な詩である。

弥陀浄国宝樹多　　弥陀の浄国《じょうこく》、宝樹多し。

四面垂条天衣挂繞
宝雲含盇化鳥連声
旋転臨空奏
法音而入会
他方聖衆聴響以開心
本国能人見形而取悟

四面に条《こえだ》を垂れて天衣《てんえ》挂繞《かかりめぐ》れり。
宝雲、盇《こう》を含み化鳥《けちょう》声を連ぬ。
旋転《せんでん》して空に臨み、
法音を奏じて会《え》に入る。
他方の聖衆《しょうじゅう》は響を聴きてもって心を開き、
本国の能人《のうにん》は形を見て悟りを取る。

（同前）

この詩はいちおう起承転結《きしょうてんけつ》をなしている。ところが、起は一連、承は二連、転も二連、結も二連で、しかも起は七言、承は八言、転は五言、結は九言という珍しい形の詩である。これは、わざと詩の形に変化を与えることによって、極楽世界の変化する美を示そうとしたのだろうか。阿弥陀様のいらっしゃる極楽浄土には美しい樹が多い。その美しい樹は四面に枝を垂れ、その上に天人の着る衣がかかっている。そして美しい雲がちょうどその樹に蓋《ふた》をするように浮かび、そこに不思議な鳥がいっせいにさえずっている。ここまでは視覚の世界である。承から転にかけて、視覚は聴覚に変化する。鳥がくるくる回って大空を飛び、それがあたかも仏の説法を聞くかのように、美しい音楽を奏でている。そして極楽世界の聖衆がその鳥の声を聞いて心を開き、またこの世の人はその鳥の形を見てさとりを開く。極楽とこの世、視覚と聴覚とが渾然《こんぜん》一体となって仏の教えを語っている。善導の目にはいつも極楽世界の美しい風景が見え、善導の耳にはいつも極楽世界の美しい音楽が聞こえていたにちがいない。こういう極楽浄土の想像に夢中になる、いわゆる思惟三昧、観仏三昧、正受三昧が善導のもっとも願わしい人生であろう。

しかし善導といえども、いつも三昧に入れるわけではない。どうしても三昧に入れないときがあっただろう。そのときはどうするか。

問うていわく、「衆生盲闇《もうあん》にして、想を逐《お》って労を増す。目に対するに冥《くら》きこと夜遊《やゆ》のごとし。遠く浄境を標《ひょう》す、何に由《よ》ってか悉《つまびらか》にすべき」。答えていわく、「もし衆生の惑障動念《わくしょうどうねん》に望むれば、徒《いたず》らに自ら疲労しなん。仰いで聖力《しょうりき》の遥加《ようか》を憑《たの》めば、所観をして、皆見せしむことを致す。云何《いかん》が作法して心を住《とど》めて見ることを得せしむる。作法せんと欲せば、諸もろの行者等、まず仏像の前に、至心に懺悔して、所造の罪を発露し、極めて慚愧《ざんぎ》を生じ、悲泣して涙を流すべし。悔過《けか》すでにおわって、また心口《しんく》に釈迦仏、十方恒沙《じっぽうごうじゃ》等の仏を請し、またかの弥陀の本願を念じていえ。弟子某甲《むこう》等、生盲《しょうもう》にして罪重く、障隔《しょうかく》処《ことわ》り深し。願わくは仏の慈悲、摂受護念《しょうじゅごねん》して、指授開悟《しじゅかいご》せしめたまえ。所観の境、願わくは成就する

ことを得ん。今、頓《とん》に身命を捨てて、仰いで弥陀に属す。見ると見ざると、皆これ仏恩の力なり」と。　（同前）

おそらく善導その人がこのような観行を行って疲労困憊《こんぱい》し、何度か絶望して、その行をやめようとしたにちがいない。阿弥陀仏に対して、どうして『観無量寿経』などで語られるように、ありありと極楽世界と阿弥陀仏を想像することができないのでしょうか、と訴えたにちがいない。そして、このような行ができないのは自分の身が罪深くて心が汚いためである、血の涙を流して懺悔せよというのである。そして懺悔した後に静かなところで西に向かって結跏趺坐して観行を行えば、少しずつ行が完成してくるという。心が一点に集約されて、徐々に極楽浄土の阿弥陀仏が見えてくる。やはり意識を捨てなければだめだと善導はいう。「由《なお》し失意聾盲痴人《ろうもうちにん》のごとくなる者は、この定《じょう》必ずすなわち得易し」という。

「定善義」で善導が熱心に勧めているのは、やはり観仏であるということは確実であろう。なぜ善導が日想観や水想観において、あのように具体的で精密な観想の方法をくどくど語っているのか。なぜ『観無量寿経』の文章にあるような美しい詩を唱和するのか。なぜあのように思惟三昧、正受三昧を讃美するのか。それはすべて、善導が定善すなわち観仏の行を何より極楽往生に必要な行であると考えているゆえではないか。それは善導の他の著書においても明らかである。とくに『往生礼讃』の中の「六時礼讃偈」は、この観仏三昧の讃美の詩である。われわれは後に法然の思想を考えるにあたって、このことはけっして忘れてはならない。

しかし、いかに善導がこの行を讃美したとしても、この定善行ができる人間は、ほんの一握りの、善導のような異常な想像力をもった人間に限られる。異常な想像力をもった善導ですら、この行に疲労を覚え、その不可能を嘆くことが多いとすれば、凡夫の極楽往生の方法として阿弥陀が散善の道を残したのは、やはり仏の慈悲としては当然である。こういう点に注意して、善導の「散善義」を読むことにしよう。

「散善義」——行者が備えるべき三つの心

さて「散善義」であるが、前にもいったように、善導の散善の解釈が先行する諸師の解釈とちがうことに注意しなければならないであろう。先行する諸師の解釈では、定善も散善も韋提希の要請に応えて釈迦が語った説とするに対し、善導は、韋提希の要請に対して応えたのは定善だけで、散善のほうは釈迦が自発的に語った説であるとするのである。しかも、先行の諸師は定善を、純粋な定善である十三観に、この九品往生の中で説かれる三つの観を合わせて十六観とするのに対し、善導は定善を純粋な定善と思われる十三観に限るのである。これは、一つには定善の純粋さを保持するとともに、定善の行の困難な人間に対して釈迦が自発的意志によって救済の手を差しのべたと善導は考えたからであろう。

このことを頭におきながら「散善義」を読むと、われわれはその冒頭においてつまずかざるをえないのである。それは善導の三心《さんじん》の解釈である。散善は、いわゆる人間を道徳的特性によって上品上生から下品下生までの九段階に分け、その九段階に分けられた人々がそれぞれ別の仕方で極楽往生できることを明らかにしたものである。その上品上生の項の冒頭に、

〈上品上生〉とは、もし、衆生ありて、かの国に生まれんと願う者、三種の心を発《おこ》さば、すなわち往生す。なにをか三とす。一には、至誠心《しじょうしん》、二には、深心《じんしん》、三には、廻向発願心《えこうほつがんしん》なり。(この)三心を具うれば、必ずかの国に生まる。

(『観無量寿経』)

という言葉がある。定善において、あの美しい極楽浄土が讃美され、その極楽浄土をありありと思い浮かべる観仏の行が語られたのである。ここで釈迦は一転して、そのような観仏の行をする人間の心そのものにかえってくるのである。そのような人間は

三つの心を備えなければならない。それは、至誠心、深心、廻向発願心である。たしかに経典にはこのように語られているが、それを解釈する善導の文章がまことに長いのである。「散善義」の約三分の一は三心の解釈に振りあてられている。それは純粋な経典の解釈とはいいにくいものである。それは、むしろ経典の解釈に名を借りた善導自身の人間観の告白である。この人間観に彼の実体験がにじみ出ている。

■至誠心

まず行者に必要とされるのは至誠心つまり誠の心である。誠の心なくしていかなる行も無意味である。行者は誠の心そのものにならねばならない。

「一者至誠心《いっしゃしじょうしん》」。至《し》は、真なり、誠《じょう》は、実なり。一切衆生の身口意業《しんくいごう》に修《しゅ》する所の解行《げぎょう》、必ずすべからく真実心の中に作《な》すべきことを明かさんと欲す。外、賢《げん》善精進《ぜんしょうじん》の相を現じ、内、虚仮《こけ》を懐くことを得ざれ。貪瞋邪偽奸詐百端《とんじんじゃぎかんさひゃくたん》にして、悪性侵《や》め難く、事、蛇蝎《だかつ》に同じきは、三業《ごう》を起すといえども名づけて雑毒《ぞうどく》の善とし、また虚仮《こけ》の行と名づく。真実の業と名づけず。　（『観経疏』「散善義」）

行者はすべての動作を真実の心の中からなさねばならない。外にまじめな賢そうなようすをして、内に偽りの心を抱いてはならない。ここに「貪瞋邪偽奸詐百端にして、悪性侵め難く、事、蛇蝎に同じ」というのは、黒い心むきだしの強烈な表現である。

この言葉は法然よりもむしろ親鸞の心を強く打ち、彼は『教行信証《きょうぎょうしんしょう》』で独自の読み方をして、それを和讃《わさん》でもうたっている。善導は、このような虚仮の心でどんな立派なことをしても、それは「雑毒の善」であるという。彼は自分の心にある、いささかの虚偽も許さないのである。

また真実に二種あり。一つには自利真実、二つには利他真実なり。「自利真実」というは、また二種あり。一つには真実心中に、自他の諸悪および穢国《えこく》等を制捨して、行住坐臥《ぎょうじゅうざが》に、一切の菩薩の諸悪を制捨するに同じく、我れもまたかくのごとくならんと想う。二つには真実心中に、自他凡聖《ぼんじょう》等の善を勤修《ごんしゅ》し、真実心中の口業《くごう》にかの阿弥陀仏および依正《えしょう》二報を讃歎《さんだん》し、また真実心中の口業に三界六道等の、自他の依正二報、苦悪の事を毀厭《きえん》し、また一切衆生の三業になす所の善を讃歎す。もし善業にあらざるをば、敬ってこれを遠ざけ、また随喜せざれ。また真実心中の身業《しんごう》に合掌礼敬《がっしょうらいきょう》して、四事等もってかの阿弥陀仏および依正二報を供養す。また真実心中の身業に、この生死三界《しょうじさんがい》等の、自他の依正二報を軽《きょう》慢《まん》し厭捨《えんしゃ》す。また真実心中の意業にかの阿弥陀仏および依正二報を思想・観察・憶念《おくねん》して、目前に現ずるがごとくす。また真実心中の意業にこの生死三界等の、自他の依正二報を軽賤《きょうせん》し厭捨し、不善の三業をば必ずすべからく真実心中に捨つべし。また、もし善の三業を起さば、必ずすべからく真実心中に作《な》すべし。内《ない》外《げ》明闇《みようあん》を簡《えら》ばず、皆、すべからく真実なるべし。故に「至誠心」と名づく。（同前）

このなかに真実という言葉がどれだけ出てくるか。心も行も真実、口も身も意も真実、すべてが真実、すべてが至誠、これが善導のいう、まず行者に必要とする心である。

■深心

次に必要とされる心が深心である。『観無量寿経』には深心とあり、深い心とあるが、善導はそれを深信《じんしん》、すなわち深い信であるとする。深い信とは何か。善導はその深い信を七つ数える。

一つには決定《けつじよう》して深く信ず、自身は現にこれ罪悪生死の凡夫、曠劫《こうごう》より已来《このかた》、常に没《もつ》し常に流転して、出離の縁あることなしと。（同前）

自分は罪悪の凡夫で、ずっと昔からつねに六道の世界に生まれては死に、死んでは生まれ、流転をくり返して、この六道世界の苦しみからのがれることはできないと深く信じること、それが第一の深心であるが、それだけではない。

二つには決定して深く信ず、かの阿弥陀仏、四十八願をもって、衆生を摂受《しようじゆ》したまう、疑いなく慮《うらおも》いなく、かの願力に乗じて、定んで往生を得と。また決定して深く信ず、釈迦仏、この『観経』の三福九品《さんぷくくほん》、定散《じようさん》二善を説いて、かの仏の依正二報を証讃して、人をして欣慕《ごんぼ》せしめたまうことを。また決定して深く信ず、『弥陀経』の中に、十方恒沙《じつぽうごうじや》の諸仏、一切の凡夫決定して生ずることを得ることを証勧したまうことを。（同前）

ここでいわゆる「浄土三部経」というものが、このような六道を流転する罪悪生死の凡夫を救う経典として登場する。その経典を信ぜよというのである。『無量寿経』に説かれる阿弥陀仏の四十八願は、そのような罪悪生死の凡夫を極楽浄土に往生させる願である。その願力によって行者は極楽世界に往生できると深く信じなければならぬ。これが第二の深心である。そして『観無量寿経』で釈迦は定散の二善を説いて、あの極楽世界と阿弥陀仏のすばらしさをほめたたえる。その極楽世界を喜び慕う心を人におこさせる。それを深く信じなくてはならぬ。これが第三の深心である。また『阿弥陀経』に説かれるように、十方恒沙の諸仏が阿弥陀仏のいられる極楽浄土に往生することを勧めている。それを深く信じなくてはならぬ。これが第四の深心である。

さらに、つづけて善導は、このような、まったく仏の教えに従って仏の願に従順するものが、仏弟子であるという。これが第五深心である。また、その仏弟子はかたく仏の仰せられたことを信じ、ほかの人たち、あるいは菩薩あるいは人天のいうことを信じてはならない。これが第六深心である。こういう信仰をもって別解《べつげ》・別行《べつぎょう》・異《い》学《がく》・異見《いけん》・異執《いしゅう》の人のためにその信仰を妨げられてはならないというのが、第七の深心である。

こうして真実そのものの心が深くあの世を思う心と結びついたが、こういう人間のすべき行が二種あるという。これは、善導の説においても、法然の説においても、もっともたいせつなところなので、全文を引用しよう。

次に行について信を立つとは、しかるに行に二種あり。一つには正行《しょうぎょう》、二つには雑行《ぞうぎょう》なり。「正行」というは、専ら『往生経』に依って行を行ずる者、これを正行と名づく。何者かこれなる。一心に専らこの『観経』、『弥陀経』、『無量寿経』等を読誦《どくじゅ》し、一心にかの国の二報荘厳《にほうしょうごん》を専注《せんじゅう》、思想、観察、憶念《おくねん》し、もし礼《らい》するには、すなわち一心に専らかの仏を礼し、もし口に称するには、すなわち一心に専らかの仏を称し、もし讃歎供養《さんだんくよう》するには、すなわち一心に専ら讃歎供養す。これを名づけて正《しょう》とす。また、この正の中について、また二種あり。一つには一心に専ら弥陀の名号を念じて行住坐臥に、時節の久近《くごん》を問わず、念念に捨てざる、これを正定《しょうじょう》の業《ごう》と名づく。かの仏の願に順ずるが故に。もし礼・誦等に依るをば、すなわち名づけて助業《じょごう》とす。この正助二行を除いて已外《いげ》、自余の諸善を、悉く雑行と名づく。もし前《さき》の正助二行を修すれば、心常に親近《しんごん》して、憶念断たざれば名づけて無間《むけん》とす。もし後の雑行を行ずれば、すなわち心常に間断《けんだん》す。廻向して生ずることを得べしといえども、衆《すべ》て疎雑《そぞう》の行と名づく。故に「深心」と名づく。（同前）

ここで善導は正行と雑行を分かつ。正行というものは、『観無量寿経』『阿弥陀経』『無量寿経』つまり「浄土三部経」を読誦したり、観察したり、礼拝したり、称名したり、讃歎供養したりする行である。それに対して他の行、つまり『観無量寿経』『阿弥陀経』『無量寿経』以外の経を読誦したりする行を雑行と名づける。このような正行においては、心がつねに阿弥陀仏と一体であって、心が中断しない。つまり、そこには深信すなわち深心が存在するからである。これは、さきの第二深心、第三深心、第四深心に、それぞれ『無量寿経』『観無量寿経』『阿弥陀経』の深信をあてたことと相応ずる。

そして善導は、正行の中でも正定の業と助業とを分かつ。正定の業はとりわけ心がこもっている行である。しかし、五つの行のうち、どれが正定業に入り、どれが助業に入るのか。正定業というのは「一心に専ら弥陀の名号を念じて行住坐臥に、時節の久近を問わず、念念に捨てざる」行であり、礼・誦などはそうではないと善導がいっているので、礼拝や読誦が正定業に入らないのはたしかであるが、後はどうなるのか。法然は正定業を第四の称名に限るが、この文をよく読むと、そうとばかりはいえない。たしかにここに「専ら弥陀の名号を念じて」とあるので、口称念仏の行が正定業にふくまれるといえるが、「行住坐臥に、時節の久近を問わず、念念に捨てざる」という言葉は「一心にかの国の二報荘厳を専注、思想、観察、憶念し」という言葉と相応じているように思われる。「念念に捨てざる」ということは、一心に極楽浄土を思想し、観察し、憶念するということではないか。ここでも善導は、この第二の観察行についてとりわけ重視している。それは『観経疏』ばかりか、善導の全著作の思想でもある。そしてその行を正定業という。定《じよう》とは定善の定であり、明らかに観察の行であり、正受三昧の行である。またそれを、行といわず業といったのはどういうわけか。三昧に入ることのできるのは、一種の業と善導は考えていたのであろうか。

とすれば、正定業に属するのは、第二の観察の行を中心にして、他の行もふくまれるのではないかと考えられる。「専ら弥陀の名号を念じて」という言葉があるところをみれば、第四の称名もふくまれることになる。善導の文章には曖昧なところがあり、法然のような解釈も可能であるが、しかし、この文章はやはり第二の観察の行を正定業とするのが正しい解釈であり、またそれが、『観経疏』ばかりか善導の他の著作の思想とも合致する解釈ではないかと私には思われる。この問題は専修念仏思想の根幹にかかわる重要な問題なので、後にくわしくふれることにして、さきに進もう。

■廻向発願心

「三者廻向発願心《さんじやえこうほつがんじん》」。「廻向発願心」というは、過去および今生の身口意業《しんくいごう》に修する所の、世、出世の善根と、および他の一切の凡聖の身口意業に修する所の世、出世の善根とを随喜せると、この自他の所修の善根をもって、悉く皆、真実深信の心中に、廻向してかの国に生ぜんと願ず。故に「廻向発願心」と名づく。（同前）

第二の深心の解釈で真実の心は、いつもこの世を厭《いと》い、あの世に向かい、極楽浄土を深く信ずる心であることがわかった。その結果、当然、行者がこの世で行うすべての善を極楽浄土に往生するために廻向しなくてはならない。この廻向発願心を証明するときに善導の用いた譬喩《ひゆ》が、有名な二河白道《にがびやくどう》の譬喩である。善導らしいまことに詩的な譬喩である。

譬《たと》えば人あって西に向かって百千の里《みち》を行かんと欲するがごとき、忽然《こつねん》として中路に二河あるを見る。一つはこれ火の河、南に在り。二つはこれ水の河、北に在り。二河各《おの》おの闊《ひろ》さ百歩、各おの深くして底なく、南北辺りなし。水火の中間に正《あた》って、一つの白道《びゃくどう》あり。闊さ四五寸計りなるべし。この道、東岸より西岸に至るまで、また長さ百歩。その水の波浪、交《こも》ごも過ぎて道を潤し、その火の燄《ほのお》、また来って道を焼く。水火、相交わりて、常に休息《や》むことなし。この人すでに空《くう》曠《こう》の迥《はる》かなる処に至るに、さらに人物なし。多く群賊悪獣あって、この人の単独なるを見て、競い来って殺さんと欲す。この人、死を怖れて直ちに走って西に向かうに、忽然として、この大河を見る。すなわちみずから念言《ねんごん》すらく、この河、南北は辺畔を見ず。中間に一つの白道を見れども極めてこれ狭小なり。二岸相去ること近しといえども、何に由ってか行くべき。今日定めて死なんこと疑わず。正に到り廻《めぐ》らんと欲すれば、群賊悪獣、漸漸《ぜんぜん》に来り逼《せ》む。正に南北に避《さ》り走らんと欲すれば、悪獣毒虫競い来って我れに向かう。正に西に向かって道を尋ねて去かんと欲すれば、また恐らくはこの水火の二河に堕せんことを。当時《そのとき》の惶怖《おうふ》またいうべからず。すなわち自ら思念すらく、我れ今廻《かえ》るともまた死なん、住《とど》まるともまた死なん、去るともまた死なん。一種として死を勉《まぬか》れざれば、我れ、むしろこの道を尋ねて、前に向かって去かん。すでにこの道あり、必ずまさに度《わた》るべしと。

（同前）

一人の男が西に向かって百千里の道を行こうとすると、突然に目の前に二つの河があらわれた。南のほうは火の河、北のほうは水の河、その二つの河は広くして南北に果てがない。しかもその河は深くて底がしれない。その二つの河の中間に広さ四、五寸ほどの白い道がある。その道は東の岸から西の岸にいたるのは百歩ほどであるが、水の波浪が道を湿らし、また火の焔が道を焼いている。その水と火の相交わる、はなはだ危険な狭い白い道を男は行かねばならない。男は人のまったくいないところに来た。多くの群賊や悪獣が争って男を追いかけて殺そうとする。男は西に向かって逃げるが、大河を見て、思う。この河は果てしない大きな河である。中間に一つの白い道があるだけで、引き返そうとしたら、群賊、悪獣に襲われる。南北に逃げようとしても、悪獣や毒虫に攻められる。西に向かって行こうとすれば、水と火の二河に落ちてしまう。止まっても死ぬ、進んでも死ぬ。どうせ死を免れないなら、ずっとこの道を進んでいったら、かならず渡ることができるのではないか。

この念を作《な》す時、東岸に忽《たちま》ち人の勧むる声を聞く。仁者《なんじ》、ただ決定してこの道を尋ねて行け、かならず死の難なけん、もし住《とど》まらばすなわち死せん、と。また西岸の上に人あって喚《よ》んでいわく、汝、一心正念にして直ちに来れ、我れ能く汝を護らん、衆《すべ》て水火の難に堕せんことを畏《おそ》れざれ、と。この人すでにここに遣り彼《かしこ》に喚ぶを聞いて、すなわち自ら身心を正当にして、決定して道を尋ねて直ちに進んで疑怯退《ぎこたい》の心を生ぜず。あるいは行くこと一分二分するに、東岸の群賊等喚んでいわく、仁者《なんじ》廻《かえ》り来れ、この道、嶮悪にして過ぐることを得じ、必ず死せんこと疑わず、我れ等衆《すべ》て悪心をもって相向かうことなし、と。この人、喚ぶ声を聞くといえども、また廻《かえ》り顧《み》ず。一心に直ちに進んで、道を念じて行くに、須臾《しゅゆ》にすなわち西岸に到って、永く諸難を離る。善友《ぜんぬ》、相見て、慶楽《きょうらく》已むことなし。

これは、これ喩《たと》えなり。　　　　　　　　　　　　　　　　（同前）

男がこのように考えたときに、東の岸から「おまえはその道を進むがよい、かならず死を免れるであろう、もしとどまったならば死ぬであろう」という声がある。また西の岸から「何も考えず、私のところへ来るがよい、私はおまえを護ってやろう」という声がある。こういう二つの声によってその男は励まされ、はっきりと決心して、この白い道をまっすぐに進んだ。すると、東の岸の群賊が、「お帰りなさい、この道はたいへん悪い道で、行ったら必ず死にますよ、私はなにもあなたに害を与えようと思いません、お帰りなさい」という。しかし男はその声に耳を貸さず、ただちに進んで西の岸にたどり着き、諸難を免れたという。

この二河白道の譬喩は、おそらく詩人善導の頭にひらめいた譬喩であろうが、善導はこの譬喩に説明を加えている。東岸というのは娑婆《しゃば》の火宅《かたく》であり、西岸というのは極楽の宝国である。群賊・悪獣というのは衆生の六根《ろくこん》・六識《ろくしき》・六塵《ろくじん》・五陰《ごおん》・四大《しだい》を、水火の二河というのは、水のごとき衆生の貪愛《とんない》と火のごとき瞋憎《しんぞう》をたとえたものである。そして東の岸から「行け」と命ずるのは釈迦であり、西の岸から「おいで」と呼ぶのは阿弥陀仏であると説明しているが、こういう説明を聞かなくても、この火の河、水の河に囲まれた狭い白い道のイメージは、まことに詩的譬喩として適切であり強烈である。これはすぐれた詩人でなかったら容易に頭に浮かばない譬喩である。

私は、この譬喩は善導の若き日の孤独と苦悩、絶望の果ての宗教的決断の表現ではないかと思う。善導もおそらく若き日、この男のようにはるか人なきところに孤独に立っていたのであろう。頼るべき師も友もなく、どのように生きていいかわからない。その善導をいろいろな煩悩が駆りたてて、苦悩の谷に落とすのである。こういう状況に善導は絶望していたのであろう。その絶望の果てに彼はひと筋の救いの道を見いだすのである。それは、善導の前にあらわれた、果てしない火の河と水の河の中間にある白い狭い信仰の道である。おそらく善導は『観無量寿経』を発見して、ひと筋の救いの道が彼の前にあらわれたことを喜んだのであろう。しかし、その道は四、五寸ほどの狭い道である。彼の心の中には貪愛が水の河のごとくうごめいている。また瞋憎が火の河のごとく荒れ狂っている。この荒れ狂う貪愛と瞋憎の二河の間の狭い道を、彼は渡らねばならない。彼はとどまっても死、行っても死と思う。ところが、釈迦は「行け」と命じ、阿弥陀は「来い」と呼び、「道は安全だ」と保証する。それで、思いきって彼はこのほんの四、五寸の狭い道をまっすぐ進んで、ついに西の岸に達したというのである。これは孤独な悩みの果て、絶望の末に達した、善導の若き日の信仰の体験を語ったものだと私は思う。

それにしても、この譬喩は美しい。青い水の河、赤い火の河、その中間にある四、五寸の白い道、そして東岸に釈迦、西岸に阿弥陀、すぐに絵になる風景である。それゆえに、この二河白道の譬喩は日本で好んで絵に描かれる。とくに法然が善導を称揚して以後、浄土宗の寺では好んで二河白道の絵が描かれ、なかでも京都の粟生光明寺《あおのこうみようじ》、嵯峨清凉寺《せいりようじ》のものは有名である。

私は学生時代に、この善導の二河白道の譬喩を知って、はなはだ感動した。当時、私も人なきはるかなところにいて、さまざまな欲望に苦しめられていたのである。そして、二河白道の譬喩を絶望者の譬喩と考えて、はなはだ親しみを感じた。しかし、私の前には白い信仰の道はあらわれなかった。私の絶望は別の方法で癒されたのである。

このように二河白道の話は、私にとってある種のノスタルジアを感じさせる譬喩であるが、今、これを読んでみると、善導はあまりにも行者の孤独、苦悩、絶望の体験を重視しすぎると思う。信仰の道は、はたして火の河、水の河に囲まれた四、五寸ほどの危険な白い道なのであろうか。親鸞は、信仰の道は水の河、火の河に囲まれた四、五寸の狭い道ではなく、阿弥陀仏の慈悲によって渡された大道であるといった。法然もほぼ同じ考え方である。この点でも善導と法然は少しちがっている。今の私からみれば、善導は若き日の孤独や苦悩や絶望の体験にこだわりすぎているのではないかと思う。このような心の不安を彼はみごとに芸術に結晶する。そこに、彼の詩人としての才能があり、また青年男女を夢中にさせた布教の秘密があったのであろうが、私は、そこが善導の限界ではないかと思う。

極楽往生のための条件

『観無量寿経』は三心の説明の後に、次のようにいう。

三種の衆生ありて、まさに往生することをうべし。なにをか三とす。一には、慈《じ》心《しん》にして殺さず、もろもろの戒行《かいぎょう》を具《そな》う。二には、大乗の方等経典《ほうどうきょうてん》を読誦す。

三には六念を修行す。（これらの人々、）廻向発願して、かの国に生まれんと願い、この功徳を具うること、一日乃至七日ならんに、すなわち往生することをう。

（『観無量寿経』）

ここで極楽往生の条件として三つの行があげられる。一つは慈悲深い心があって殺さないという殺生戒《せっしょうかい》である。殺生戒は仏教の第一の戒であるが、善導は殺生戒に口殺《くせつ》・身殺《しんせつ》・心殺《しんせつ》という三種があるという。口殺というのは口で殺してもよいと許可を与えること、身殺というのは自分が手を下して殺すこと、心殺というのはいろいろ方便《ほうべん》をこしらえて殺すということであるという。ふつうの殺人罪は身殺をいうのであろうが、身殺に心殺、さらに口殺を加えると、われわれは知らないうちに殺人の罪を犯しているかもしれない。また、殺生というのは、人間を殺すことを意味するばかりではなく、すべての生きとし生けるものを殺すことを意味する。

このように殺生戒などの諸々の戒行をそなえることが第一の善根であり、そして第二の善根は大乗の経典を読誦するということであるが、第三の六念を修行するというのが問題である。この六念を修行するということを、善導は念仏であると考える。

「念仏」というは、すなわち専ら阿弥陀仏の口業《くごう》の功徳、身業《しんごう》の功徳、意業《いごう》の功徳を念ず。一切の諸仏もまたかくのごとし。

（『観経疏』「散善義」）

念仏というのはもっぱら口に阿弥陀仏を称え、身に阿弥陀仏を拝し、心に阿弥陀仏を思うことである。これは阿弥陀仏についてであるが、他の仏でも同じようなことがいわれる。この念仏に対して善導は「念天《ねんてん》」というものをあげる。それは、如来ではなくて天部の仏たちを念ずることである。

極悪人も救われる口称念仏

こうして上品の説明を終え、中品以下の説明に入るのであるが、下品に入ると、いささかその説明の態度がちがっている。『観無量寿経』の下品上生の項に次のようにある。

あるいは衆生ありて、もろもろの悪業《あくごう》を作る。方等経典《ほうどうきようてん》を誹謗《ひぼう》せずといえども、かくのごときの愚人、多くもろもろの悪を造りて、慚愧《ざんき》あることなし。命終らんと欲する時、たまたま善知識《ぜんぢしき》、（その人の）ために大乗十二部経の首題《しゆだい》の名字を讃えん。かくのごときの諸経の名を聞くをもってのゆえに、千劫《せんごう》の極重の悪業を除却す。（この）智者、また、（その人に）教えて、合掌・叉手《しやしゆ》して〈南無阿弥陀仏〉と称えしむ。仏の名《みな》を称うるがゆえに、五十億劫の生死の罪を除く。

（『観無量寿経』）

この愚人は、たとえ仏教経典を誹謗しなかったとしても、救いようがない罪人であるように思われる。多くの悪を行って、しかもまったく反省がない。このような人間がどうやって救われるか。『観無量寿経』には、この男は臨終のときに善知識に会って、その善知識が「大乗十二部経」の首題の名をほめたたえていることを聞くと、その経典の名前を聞いた功徳によって千劫のはなはだ重い悪業の罪が除かれた。そして、その善知識が手を合わせて「南無阿弥陀仏」と仏の名を称えさせると、五十億劫の生死の罪が除かれて極楽往生ができたという。ここでは、この愚人は三心を備えていず、また仏を念ずる心の余裕もない。そのような愚人も仏の名を称すれば、五十億劫の罪が消えて、極楽浄土に往生できるというわけである。ここで念仏すらできない人間に称仏が勧められているのである。

　このことは、『観無量寿経』下品下生の項において、もっとはっきり語られている。

あるいは衆生ありて、不善業の五逆《ごぎゃく》・十悪《じゅうあく》を作り、（その他）もろもろの不善を具す。かくのごときの愚人、悪業をもってのゆえに、まさに悪道に堕《だ》し、多劫《たこう》を経歴《きょうりゃく》して、苦を受くること窮まりなかるべし。かくのごときの愚人、命終る時に臨みて、善知識の、種々に安慰《あんに》して、ために妙法を説き、教えて仏を念ぜしむるに遇わん。この人、苦に逼《せま》られて、仏を念ずるに遑《いとま》あらず。（かの）善友《ぜんぬ》、告げていう、「汝よ、もし（仏を）念ずることあたわざれば、まさに無量寿仏（の名《みな》）を称うべし」と。かくのごとく、至心に、声をして絶えざらしめ、十念を具足して、〈南無阿弥陀仏〉と称えしむ。仏の名を称うるがゆえに、念々の中において、八十億劫の生死の罪を除き、命終る時、金蓮華《こんれんげ》の、なお日輪のごとくにして、その人の前に住するを見ん。

（同前）

この愚人は、五逆・十悪をつくったという。五逆というのは父殺し、僧殺しであり、十悪というのは、十の戒律をすべて破戒することである。もっとも重い罪人であるといわねばならない。そういう愚人が悪道に堕《お》ちて、数えられないほど多くの時間に果てしない苦しみを受けた。こういう愚人が臨終のときに善知識に会って、妙法を説いてもらったり、仏を念ずることを教えてもらったりした。しかし、この愚人の苦しみはひどくて念仏をする暇はない。それで、善知識は「念仏することができなかったら、〈南無阿弥陀仏〉と口でいいなさい」といった。それで、愚人は心をこめて「南無阿弥陀仏」といったら、八十億劫の生死の罪が除かれて、命終わって極楽浄土に往生することができたというのである。ここでは称仏、つまり口で「南無阿弥陀仏」をいうことは、仏を念ずることのできない救いようもない愚人の往生の方法として語られているのである。

ここで、とくに『無量寿経』に語られる阿弥陀仏の四十八願のうち本願とされる第十八願に従って、口で「南無阿弥陀仏」と称える口称念仏こそ、極悪人を極楽往生させる行であると主張されている。この口称念仏が、『観無量寿経』においては散善の九品のうちの下三品にいたって、はじめて出てくることに注意すべきであろう。虚心に『観無量寿経』を読めば、この仏の名を称する称仏は、観仏はもちろん念仏もできない人たちの救済の方法として説かれていると解すべきであろう。しかし考えようによっては、極悪人の罪を除き、極楽浄土へ往生させるのであるから、観仏や念仏よりもっと功徳のあるものとも考えられる。善導は、この点に注意して次のようにいう。

問うていわく、「何が故ぞ経を聞くこと十二部なるには、ただ、罪を除くこと千《せん》劫《ごう》、仏を称すること一声《いっしょう》するには、すなわち罪を除くこと五百万劫なるは、何《なに》意《こころ》ぞや」。答えていわく、「造罪の人、障り重く、加うるに死苦来逼《らいひつ》をもってすれば、善人、多経を説くといえども、飡受《ざんじゅ》の心、浮散《ふさん》す。心散《しんさん》ずるに由《よ》るが故に、罪を除くことやや軽し。また仏名はこれ一なり。すなわち能く散《さん》を摂《せっ》してもって心を住めしむ。また、教えて正念に名を称せしむ。心、重きに由るが故に、すなわち能く罪を除くこと多劫なり。

（『観経疏』「散善義」）

下品上生の人間は「十二部経」の名を聞いて、千劫の罪が除かれたという。それなのに、善知識に手を合わせて口に「南無阿弥陀仏」と仏の名を称することをしたら、五百万劫の罪が除かれた、それはどういうわけだ、と善導は自ら問いを発しているのである。それに答えて善導は、「そのような経の名を聞いたといっても、心は散っている。だから多くの罪を除くことはできない。しかし、仏の名を一遍称えれば、散った心を集めることができる。だから多くの罪を除くことができる」という。つまり称仏ということ、阿弥陀仏の名を称えることも、心を集めて定《じょう》にいたる一つの方法であると善導は考えているのである。つまり、この悪人は仏の名を口で称えることによって、知らず知らずのうちに定行を行っていたということになる。

このことを考えてはじめて、われわれは『観経疏』の「玄義分」で語られた言葉を、よく理解することができるようである。

今、この『観経』は、すなわち観仏三昧《かんぶつさんまい》をもって宗《しゅう》とし、また念仏三昧をもって宗とす。一心に廻願《えがん》して、浄土に往生するを体《たい》とす。(『観経疏』「玄義分」)

この観仏三昧は、やはり定善の行をさしているのであろう。観仏三昧こそ、善導が願う最高の三昧の境地であった。そして、「念仏三昧をもって宗とす」というのは、散善のことをさしているのであろう。この「散善義」において三心が出てきて、念仏がくわしく説かれるのである。散善においても、心の散りやすい人間もまた念仏三昧を行じ、それによって極楽往生がかなうのである。そして称仏もまた、ここでは念仏に入ると考えられる。なぜなら、さきに引用した善導の文章が語るように、称仏もまた心の散りやすい人間の心を集めることになるからである。また、「玄義分」で善導は次のようにいう。

しかも娑婆《しゃば》の化主《けしゅ》は、その請に因《よ》るが故に、すなわち広く浄土の要門《ようもん》を開き、安楽の能人《のうにん》は、別意《べっち》の弘願《ぐがん》を顕彰したまう。その要門とは、すなわちこの『観経』の、定散《じょうさん》二門これなり。「定」はすなわち慮《りょ》を息《や》めてもって心を凝らし、「散」はすなわち悪を廃してもって善を修す。この二行を廻《え》して、往生を求願す。弘願というは、『大経《だいきょう》』に説くがごとし。一切善悪《いっさいぜんなく》の凡夫、生ずることを得ることは、皆、阿弥陀仏の、大願業力《だいがんごうりき》に乗じて、増上縁《ぞうじょうえん》となさずということなし。（同前）

ここで、極楽浄土の門として、釈迦の語った要門と阿弥陀が与える弘願の二門がある。そして前者の要門には定散の二門があり、定善は韋提希の要請に釈迦が応えたもの、そして散善は釈迦が自発的に語ったものである。定善は観仏、散善は念仏であると考えてよいであろう。しかし善導はもう一門あるという。それは弘願の門である。

つまりあの阿弥陀の立てた四十八願のうちの十八願による門である。それは口称念仏をすれば、だれでも極楽に往生するという願である。これがいわゆる称仏であり、口称念仏であるが、善導は定散二門のほかに弘願の門をもうけて、称仏による往生も認めたということになる。私は、善導はあくまで観仏、念仏、称仏をともに極楽浄土往生の門と認める立場をとっていると思う。

善導から得た法然の確信

以上のように考えると、だいたい善導の思想構造がわかる。善導は称仏すなわち口称念仏を、悪人が往生することのできるもっともよい方法と考えていたようである。それでこの称仏の礼讃が、ほとんど『観経疏』が終わろうとする箇所に出てくるのである。『観無量寿経』は「序分」、「正宗分」、「得益分」、「流通分」というふうに分かれ、「得益分」はこの経典にはどのような得益があるか、「流通分」はこの経典をどのように後世に伝えるかを語る。善導は『観無量寿経』の「得益分」「流通分」を「散善義」に含ませている。口称念仏が強く勧められるのが、とくに「流通分」である。『観無量寿経』の「流通分」に次のようにある。

もし仏《ほとけ》を念ぜば、まさに知るべし、この人、これ人中の分陀利華《ふんだりけ》なり。（『観無量寿経』）

ここでいう念仏を、善導はやはり阿弥陀仏の名を専念することとして、そのような阿弥陀仏の名を専念する人は分陀利華であるという。その注釈として善導は次のようにいう。

分陀利《ふんだり》というは、人中好華《にんじゆうこうけ》と名づけ、また希有華《けうけ》と名づけ、また人中上上華《じようじようけ》と名づけ、また人中妙好華《みようこうけ》と名づく。この華、相伝えて、蔡華《さいけ》と名づくるこれなり。もし念仏する者は、すなわちこれ人中の好人《こうにん》、人中の妙好人《みようこうにん》、人中の上上人、人中の希有人、人中の最勝人なり。（『観経疏』「散善義」）

彼はこの口称念仏の人を、何重かのほめ言葉をつかってほめたたえるのである。また『観無量寿経』の「流通分」に、

仏、阿難《あなん》に告げたもう、「汝よ、好くこの語を持《たも》て。この語を持てとは、すなわちこれ、無量寿仏《むりようじゆぶつ》の名《みな》を持てとなり」。（『観無量寿経』）

という文があるのを、善導は、

上来《じようらい》、定散《じようさん》両門の益《やく》を説きたまうといえども、仏の本願に望むれば、意《こころ》、衆生をして一向《いつこう》に専ら弥陀仏の名《みな》を称せしむるに在り。（『観経疏』「散善義」）

と説明する。あれほど善導は定散二門を、口をきわめて称揚したではないか。しかしここにきて、このように定散二門を称揚したが、仏のほんとうの意志は一向に弥陀の名を称さしめる、つまり口称念仏にあった、というのはどういうわけであろう。この言葉はたしかに謎である。この善導の言葉の謎を解くことから、法然の専修念仏の説は生まれたのである。それを次の章で考えることにしよう。

第六章

立教開宗の宣言

——三部経釈

第一節 『観無量寿経釈』の思想

「三部経釈」――法然思想の到達点

『醍醐本《だいごぼん》』によれば、法然は善導《ぜんどう》の本を二度読んで、凡夫の往生はむずかしいと思ったが、三度目に読んだときに、乱想《らんそう》の凡夫が称名《しょうみょう》の行によって往生を得るという道理を知って、自らの出離の道を確信したという。善導のどういう本を読んだかは、法然はその名をあげていないが、それはまちがいなく『観経疏《かんぎょうしょ》』であると思われる。『観経疏』を二度読んで、法然はどうして凡夫の往生はむずかしいと思ったのか、そして三度目に読んで、どうして乱想の凡夫が称名の行によって往生を得るという道理を知ったのか。

それを明らかにするための絶好の文献がある。それは文治六（一一九〇）年二月、法然が、東大寺を再建した重源《ちょうげん》の求めに応じて、東大寺において「浄土三部経《じょうどさんぶきょう》」の講義をしたときの草案である。このときの講義の草案が、それぞれ『観無量寿経釈《かんむりょうじゅきょうしゃく》』

『無量寿経釈《むりょうじゅきょうしゃく》』『阿弥陀経釈《あみだきょうしゃく》』というかたちで残っている。この三つの経典を「浄土三部経」として浄土宗の根本経典としたのは法然であるが、この「三経」を浄土教の根本経典とする考えはすでに善導にあり、前章で述べたように、善導は第二深心《じんしん》、第三深心、第四深心のそれぞれを『無量寿経』『観無量寿経』『阿弥陀経』への深信《じんしん》に振りあてた。法然は善導の思想を受けて、この三つの経典の注釈書を書いた。それが「三部経釈」である。

　法然という人は、ものを書くことにあまり興味がない人であったように思われる。この三つの注釈書も、法然の開いた浄土宗にとって運命の分かれ目となるような、重要な東大寺での講義のためにつくられたものである。彼の主著である『選択集《せんちゃくしゅう》』の撰修のとき、彼は弟子に経文を探させたり、また彼が日本語で語った言葉を弟子たちに漢文で書かせたりした。『選択集』は、親鸞の『教行信証《きょうぎょうしんしょう》』のように法然が長い年月をかけて心血をそそいで書いた著書ではない。しかし、この「三部経釈」はまちがいなく法然自身が自ら書いた講義の草案である。とすれば、考えようによっては、この著書は『選択集』より、より重要な法然の著書であるといわねばならない。

　新しい浄土教の布教者法然を都の人に知らしめたのは、顕真《けんしん》が文治二（一一八六）年に主宰した「大原問答」であろう。そこで法然は、大原に隠遁《いんとん》していたとはいえ天台宗の実力者である顕真のもとで、南都北嶺《なんとほくれい》の名だたる学僧と論争をしたのである。法然自身は、この聖道門《しょうどうもん》と浄土門《じょうどもん》との論争は法門では互角であったが、どちらの教えがいまのわれわれにふさわしいかという機根比べでは私が勝ったと思う、と語っている。この論争によって、法然の名は一躍にして都に広がった。それからまもなくであろう、上西門院《じょうさいもんいん》から法然にお声がかかり、七日間の説戒の儀式が行われた。そして、おそらくそのときの法然の態度にすっかり感心した上西門院は同母弟の後白河法皇に法然のことを告げ、後白河法皇も法然に関心をもたれ、法然を如法経《にょほうきょう》の儀式の先達《せんだつ》としたり、『往生要集』を講義させたのであろう。

ここにきて仏教界における法然の地位はほぼ定まったわけであるが、文治六年に法然が「浄土三部経」の講義を東大寺で行ったのは、法然自身が求めたことであったか、それとも法然の弟子ともいえる東大寺勧進別当《かんじんべっとう》重源が頼んだことであったかはわからない。重源は行基《ぎょうき》のごときカリスマ性をもつ僧で、彼は東大寺の大仏殿の再建を任され、広く貴顕に勧進してみごとに東大寺の大仏殿を再興した。そういう重源が華厳《けごん》宗の僧でなく、法然の浄土教の信者であったことは意外なことであるように思われるが、東大寺としては寺の再建そのものが問題で、再建する人がどういう宗教の人であるかどうかはたいした問題ではなかったのかもしれない。後に法勝寺《ほっしょうじ》の塔が焼けたときに、その塔再建のための勧進職に新しい禅仏教の布教者である栄西《ようさい》が任じられたのも、同じような理由であったであろう。それゆえ東大寺の僧たちはいちおう重源に従っていたが、腹の底には、念仏の僧に、伝統ある華厳宗の本山である東大寺が牛耳られたのではたまったものではないという気持があったかもしれない。

しかし、まだ東大寺はよい。南都にはもう一つの大寺、興福寺がある。興福寺は藤原氏の氏寺であり法相《ほっそう》宗の本山である。興福寺は、藤原氏の権力のもとに奈良四大寺の筆頭であったが、聖武天皇の御代に東大寺が建造され、天下第一の寺の地位を東大寺に奪われた。それで東大寺建造当時から興福寺と東大寺は仲が悪かった。そのうえ、いまここで重源の力により大仏殿が建造され東大寺復興がなったが、興福寺の復興はいっこう進まなかったらしい。それに対するいろいろ不満があったのであろう。法然が東大寺で講義をしたら、当然、東大寺ばかりか興福寺その他南都の寺の僧たちはこぞって聞きにくる。そしておそらく天台宗、真言《しんごん》宗の僧たちも聴講に来るであろう。それらの僧の中には法然の新しい浄土教に好意をもつ僧もあったであろうが、強い反撥をもつ僧も多かったにちがいない。あの「興福寺奏状《こうふくじそうじょう》」を書いて法然を弾劾した興福寺の僧貞慶《じょうけい》も、その聴衆の一人であったろう。そう考えると、この講義はいわば敵地に乗りこんでの講義である。法然の講義にアラを探そうと、敵たちは手ぐすねひいて待っているのである。

このような空気を法然が感じとらないはずはない。それで彼は周到な用意をして、東大寺に出かけ講義をした。この講義は文治六年の二月一日と二日に行われ、一日には『阿弥陀経』が講義され、二日には『観無量寿経』が講義されたという。『無量寿経』の講義はいつ行われたのかわからない。あるいは、これは草案だけ用意され、講義は行われなかったのかもしれない。私は、この三つの法然の講義の草案を、やはり『観経疏』との関係で、まず『観無量寿経釈』を論じ、次に『阿弥陀経釈』を論じ、そして最後に『無量寿経釈』を論じようと思う。なぜなら、法然は『無量寿経釈』で『観無量寿経釈』と『阿弥陀経釈』も総合して、浄土宗開宗を宣言しているようなところがあり、やはりそれは後に論じられるべきものであると思われるからである。

この「三部経釈」ともに、聴衆である他宗の僧に気をつかった感がある。『観無量寿経釈』に関していえば、たとえば十二観を論じたところで「大安寺の像をもって、これに合すべし」といっている。大安寺は南都四大寺の一つである。おそらくこの講義を聞きにきている大安寺の僧を意識して、唐の高僧明瞻《みようせん》の例をとって十二観を説明したのであろう。

次に大安寺の像をもって、これに合すべし、次に宋朝の始めに経来りて後、大唐国中の比丘《びく》・比丘尼《びくに》、誰の人誰の人か、この十二観を成就すといえば、ただ明瞻法師一人あり、具《つぶさ》には僧伝に出たり。往生を欲せば、彼を勘《かん》がえよ。既に丈夫なり、我れまた丈夫なり、何ぞ妄りに強弱の想を生じ、修習《しゅじゅう》の意なからん。今、聴聞の諸衆の中に、真実の厭離穢土《おんりえど》のお志ましまし、真実の欣求浄土《ごんぐじょうど》の志ましまさば、今日より後、おのおの願に随い、或いは一観、或いは二観、意に随ってこれを修す。或いは宝地、或いは宝池、或いは華座《けざ》、或いは像想ないし仏・菩薩観、願に任せておのおのこれを修習し、おのおの往生極楽を期すべし、と云云。　（『観無量寿経釈』）

法然は、あなたがた南都の僧たちにかの明瞻法師のように、この世を厭《いと》う強い気持をおこして、観仏の行をしようではありませんか、といっているわけである。

また『観無量寿経釈』の終わりのほうに、念仏はだれにでもできる易《やさ》しい行であり、しかもたいへんすぐれた功徳をもった行であるという。それを法然は弘法大師《こうぼうだいし》空海《くうかい》の『二教論』（『弁顕密二教論《べんけんみつにきょうろん》』）に出てくる陀羅尼《だらに》（密教僧の称える呪文・真言）に比している。弘法大師は陀羅尼門を素呾纜《そたらん》（経）・毘奈耶《びなや》（律）・阿毘達磨《あびだつま》（論）・般若波羅蜜多《はんにゃはらみった》（智恵）の上におく。そして、それを乳・酪・生酥《しょうそ》・熟酥《じゅくそ》の上にある妙醍醐《みょうだいご》のごときものとしているが、念仏はまさにこの陀羅尼門であり、醍醐の味わいをもつというのである。これはおそらく聴衆の中にいるにちがいない真言僧を意識したものであろう。

　こういうことを考えると、この「三部経釈」の草案は、東大寺での講義の草案に後に法然が手を入れたものであるという意見があるが、そうは思えない。法然はだいたい自分の書いたものに執着する人間ではない。それに法然が手を入れたとしたならば、こういう聴衆を意識したような部分をカットしたにちがいないが、現在「三部経釈」の草案すべて、そういうところが残っている。私は、「三部経釈」は文治六年の東大寺の講義のために用意された草案そのままであるし、当時における法然の思想の正確な表現であると思う。

　彼はそのころ、自己の思想を一貫した体系的理論としようとする強い意欲をもっていたように思われる。なお法然に『三部経大意』という小さな著書がある。私がみるかぎり、『三部経大意』においては、まだ法然の「三部経」をみる統一的見解が定まっていない。たぶん『三部経大意』は文治六年からだいぶ以前の作品ではないだろうか。ただ、この『三部経大意』については、例の至誠心《しじょうしん》の解釈が自力《じりき》の立場と他力《たりき》の立場ではちがうという意見や、あるいは九品往生《くほんおうじょう》の中でとくに上品《じょうぼん》の往生を期すべきものであるという、他の著書ではあまりみられない思想がみられる。この上品上生の浄土に往生すべきであるという思想は『選択集』には語られず、法然の説教などではちらほらあらわれているが、『三部経大意』ほどはっきり語られていない。後で述べるように、熊谷蓮生《くまがいれんせい》や源智《げんち》にはっきりこのような思想があるが、『三部経大意』を法然の著書とすると、そういう思想の源はやはり法然にあると考えるべきであろう。

法然の確信――『観経』の本意は口称念仏にあり

法然は『観無量寿経釈』という本の題名の後に「諸師の解釈多しと雖も、今正には善導により、傍には諸師の釈をもって、善導の輔助《ほじょ》とす」とつけ加えている。ここで「偏依善導《へんねぜんどう》」という言葉のとおり、法然はもっぱら善導の『観経疏』により、諸師の解釈を参考にしながら『観無量寿経釈』をつくったといっている。この法然の言葉どおり、この本に引用した経典は、善導の書物以外は『観仏三昧経《かんぶつざんまいきょう》』『思益梵天所問経《しやくぼんてんしよもんぎょう》』『法華経《ほけきょう》』『観音授記経《かんのんじゅききょう》』および源信の『往生要集』、迦才《かざい》の『浄土論』、空海の『二教論』、道綽《どうしゃく》の『安楽集《あんらくしゅう》』にとどまると大橋俊雄氏はいう。

しかし、法然はここでももっぱら善導の『観経疏』によるといっているが、法然の『観無量寿経釈』を善導の『観経疏』と比較して読むと、『観無量寿経』に対する解釈の態度がかなりちがっていると考えざるをえない。

善導は『観経疏』を四つの部分に分けた。「玄義分《げんぎぶん》」と「序分義《じょぶんぎ》」と「定善義《じょうぜんぎ》」と「散善義《さんぜんぎ》」である。「玄義分」はいわば『観無量寿経』の概論で、そこで先行する『観無量寿経』の注釈者の説と善導の説がどのようにちがうかが、かなりくわしく語られている。そしてまた「発起序《ほっきじょ》」において釈迦が定善・散善を語る背景になった、わが子阿闍世《あじゃせ》に幽閉されるという韋提希《いだいけ》の悲しい物語がくわしく論ぜられている。『観経疏』では、この「玄義分」および「発起序」がかなり長い。ところが『観無量寿経釈』では「玄義分」のところがじつに簡単にされ、「発起序」のところはすべて省かれて、すぐに定善・散善の説明に移っているのである。「玄義分」を簡単にしたのはまだよいとしても、「発起序」をまったく省いたのは、やはり経典の解釈としては異例である。善導はこの韋提希の物語にただならぬ興味をもっており、しかも登場人物の心理に対する彼の読みは深い。私はこれを読んで、善導がもし戯曲を書いたらすばらしい戯曲ができるのではないかと思った。しかし法然は、あたかも劇というものにまったく関心のない人であるかのように、この部分の解釈を省いてしまった。

「定善義」についての法然の説明においても同じようなことがいえる。『観無量寿経』の美しい極楽浄土の描写、それはまさに東洋の想像力が生んだ芸術的傑作であると思われるが、それに善導は『観無量寿経』の作者以上の奔放な想像力を駆使して、みごとな詩を和する。ところが法然は、このような『観無量寿経』の文章の美しさに少しも感動せず、善導の詩も眼中にないかのようである。ここで法然は、文学のみならず、美術にも音楽にもまったく関心を示さない人であるかのようである。

「散善義」に入っても、まだ彼は淡々と経典の解釈をつづける。ここまでの『観無量寿経釈』にはまったく法然独自の思想というものがみられないのである。この『観無量寿経釈』の筆が生き生きとするのは、むしろ「正宗分《しょうしゅうぶん》」が終わったところからである。ふつうの経典には「序分」と「正宗分」と「流通分《るずうぶん》」がある。「流通分」というのは、その経典をどのように後世に伝えるかという部分で、いわば経典の終わりなのである。この『観無量寿経』の「流通分」に、

仏、阿難《あなん》に告げたもう、「汝よ、好《よ》くこの語を持《たも》て。この語を持てとは、すなわちこれ、無量寿仏の名《みな》を持てとなり」。仏、この語を説きたもう時、尊者目犍《もくけん》連《れん》・阿難および韋提希ら、仏の所説を聞きて、みな、大いに歓喜す。

（『観無量寿経』）

という言葉がある。これについて善導は、

「仏告《ぶつごう》阿《あ》難《なん》汝好《にょこう》持《じ》是《ぜ》語《ご》」より已下《いげ》は、正しく弥陀の名号を付属して、遐代《かだい》に流通

せしめたまうことを明かす。上来《じょうらい》、定散《じょうさん》両門の益を説きたまうといえども、仏の本願に望むれば、意《こころ》、衆生をして一向《いっこう》に専ら弥陀仏の名《みな》を称せしむるに在り。

（『観経疏』「散善義」）

と注釈する。

これは、いままで『観無量寿経』において説かれたことのどんでん返しではないかと思われる。法然は、善導がこの『観無量寿経』の「流通分」の文章によって、釈迦の本意は定散二善にあるのではなく一向に「南無阿弥陀仏」と阿弥陀の名号を称せしめること、すなわち口称念仏《くしょうねんぶつ》にあると断定したというのである。私は、この法然の解釈は多少いきすぎで、善導は筆の勢いでそう書いたのではないかと思う。しかし法然のように解釈することは、『観無量寿経』ばかりか、善導の『観経疏』そのものを否定することになる。『観無量寿経』で語られているのは、定善・散善によって極楽浄土へ往生することではなかったか。そして善導もまた口をきわめて定善・散善をほめたたえてきたではないか。それを善導が、この一文のみでまったく否定することがはたして正しいであろうか。

私はこの一文をさほど重視しようと思わないが、法然はこの一文に強く執着するのである。そして、この一文を善導の秘かな本意があらわれたものとして、そういう前提に立って『観無量寿経』を考え直すのである。

法然がこの一文に強く執着したことは、師叡空《えいくう》との論争において、念仏は観仏がすぐれていると、師の良忍《りようにん》もいっているという叡空の主張に対して、法然があくまで聖典を見よ、この『観経疏』の「上来、定散両門の益を説きたまうといえども、仏の本願に望むれば、意、衆生をして一向に専ら弥陀仏の名を称せしむるに在り」という文を見よ、といったという『四十八巻伝』などの記事によってもわかる。こういう解釈をとれば、「玄義分」で善導自ら語った「この『観経』は、すなわち観仏《かんぶつ》三昧《さんまい》をもって宗《しゆう》とし、また念仏三昧をもって宗とす」という『観経』の解釈も否定されることになる。なぜなら、観仏三昧は定善に属し、念仏三昧は散善に属しているとみるべきであろうが、定善・散善ともに仏の本意ではないことになるからである。

また前章で論じたように、善導は、極楽往生の門として、韋提希の要請によって釈迦が説いた定善と釈迦の自発的意志で説いた散善以外に、阿弥陀仏の弘願《ぐがん》によって往生する門を認めている。これは定善―観仏、散善―念仏に対して称仏の門であると私は思うが、この解釈をとれば、二つの要門、定善・散善の門を閉じて、もっぱら弘願の称仏一門のみを開いて、仏は極楽往生を勧めたということになる。もしも、『観無量寿経』の「流通分」の文章の善導の解釈を文字どおりに受けとめれば、論理的にそのようにならざるをえない。法然はまじめに、あまりにもまじめにその文章を受けとめ、そのうえに粘り強く自己の思索を積み重ねていったのである。

ここにきて私は、法然が『観経疏』を二度読んだかぎりでは、凡夫往生は不可能であると思ったが、三度目に読んで凡夫が称名の行で往生できる道理を知った、といった意味がわかるのである。法然が二度読んだかぎりでは、あの釈迦が真に称仏のみを阿難に付属したという『観経』の文に寄せる善導の、いままでの『観経』あるいは『観経疏』の考えにどんでん返しを与える解釈に、気がつかなかったからであろう。三度目に読んでこれに気づき、その一文をもとにして『観経』を考え直そうとしたのであろう。『観無量寿経』は定散二善を勧める経典のようにみえるが、その本意は定散二善よりむしろ口称念仏にあるのではないか。法然はこういう視点で『観無量寿経』を読み直すのである。

釈迦が阿難に定散二善の行を付属せず、ただ口称の念仏のみを付属したという『観無量寿経』の本文にもとづいて、釈迦の本心は定散二善にあったのではなく、もっぱら口称の念仏にあったとする善導の言葉によって、あたかも法然は積年の疑問が一挙に解けたかのごとき気持になったのである。いままで淡々と『観経』について語ってきた『観無量寿経釈』の筆はにわかに生き生きとして、それまでまったくだれにも語られていない新しい教説を語るのである。

口称念仏を讃美する七つの文

次に流通に多くの文段あり、要を取りてこれを釈せば、経にいわく、「仏告阿難汝好持是語〈仏、阿難に告げたまわく、汝よくこの語を持《たも》て〉」と云云。これを釈するに、二の意あり。一に先ず善導に依らば、定散の諸行を廃して、ただ念仏の一門に帰す。……（中略）……二には諸文をもって輔助《ほじょ》すとは、この経の意は、定散の善根を説いて諸行の往生を明かすと雖も、その正意を論ずるに、正しく念仏往生にあり。

（『観無量寿経釈』）

こうして法然は『観無量寿経』の経文から口称念仏を讃美する文章を探してくるのである。そして法然が探しあてたのは、七つの文である。

一には第九観の光明遍照《こうみょうへんじょう》の文、二には第十二観の無量寿仏《むりょうじゅぶつ》化身《けしん》無数《むすう》等の文、三には下品上生《げぼんじょうしょう》の「智者復教合掌叉手称南無阿弥陀仏〈智者また教えて合掌叉手《しゃしゅ》して南無阿弥陀仏と称せしむ〉」の文、四には同じく下品上生の化仏称讃《けぶつしょうさん》に「汝称仏名故諸罪消滅〈汝、仏名を称するが故に諸罪消滅せり〉」の文、五には下品中生《ちゅうしょう》の聴聞し弥陀の功徳により往生するの文、六には下品下生《げしょう》の十念往生の文、七には「若念仏者当知此人、乃至生諸仏家〈もし念仏せんものは、まさにこの人を知るべし。ないし諸仏の家に生ずべし〉」の文なり。（同前）

このうち、一は定善の第九観、二は同じく定善の第十二観、そして三から六までは散善に説かれる九品往生《くほんおうじょう》の中の下品に属するものである。そして七はさきに私があげた「流通分」の分陀利華《ふんだりけ》の部分である。

■第一の文――定善第九観

法然があげる第一の証拠の文、定善第九観の光明遍照の文は、阿弥陀仏の真身《しんしん》観が語られる経文の中にある。極楽浄土の背景から観行をはじめた行者が、ついに阿弥陀仏の真身を見ることができるようになる。それはいわば観仏のクライマックスといえる。阿弥陀仏は八万四千の相をもち、その八万四千の相の一つ一つに八万四千の随形《ずいぎょう》好《こう》すなわちそれにともなう形があり、その形の一つ一つにまた八万四千の光がある。その光の一つ一つがあまねく十方世界を照らして、念仏の衆生を摂取《せっしゅ》して捨てない。その光明のようすおよび化仏のありさまなどは、とても言葉に述べがたいという。これはまさに光の天国なのである。観仏三昧に入った人間は、現実にそのような阿弥陀仏の強烈な光を見ることができるのであろう。

法然は『観経』の「念仏の衆生、摂取して捨てたまわず」という言葉に注意して、これこそ仏が口称念仏のありがたさを勧める証拠の文であるとするが、これは明らかに観仏の行の三昧をあらわしている文で、仏が口称念仏の行者を摂取して捨てないという意味にはとりにくい。ここで念仏の衆生とか、念仏三昧という言葉がつかわれているが、正確にいえば、それは観仏の念仏三昧、観仏三昧というべきであろう。法然は、なぜ口称念仏の徒を阿弥陀仏は摂取して捨てないかという理由を「平等の義」とか「本願の義」とか「親縁等の義」とかによって説明しているが、私は、法然が定散二善を極楽往生の行として排除したからには、まさに定善のうちの定善、観仏のうちの観仏であるこの真身観を口称念仏を勧める文ととるのは、大きな無理があると思う。しかし法然は、どうもこの「念仏の衆生、摂取して捨てたまわず」という言葉がたいへん気に入っているようで、『選択集』にも、この文が口称念仏の功徳を説く証拠の文としてあげられているし、貞慶《じようけい》の「興福寺奏状」には、法然の教えをくむ念仏の徒が「摂取不捨《せつしゆふしや》の曼荼羅《まんだら》」という曼荼羅をこしらえて、口称念仏をする人にのみ阿弥陀仏の光明があたるという曼荼羅をつくったことを批判している。

こうしてみると、法然はよほどこの光明遍照の文が気に入っているようであるが、厳密にいえば、このように阿弥陀仏の無限の光明をあびるのは、口称念仏の行者ではなく観仏三昧の行者なのである。

■第二の文——定善第十二観

法然があげる第二の証拠の文は、定善第十二観の普観《ふかん》と名づける観に出てくる文である。この十二観は第九の阿弥陀の真身観、第十の観音《かんのん》観、第十一の勢至《せいし》観を経て、極楽浄土全体を見る観である。ここで、阿弥陀仏は無数の化仏《けぶつ》と観音・勢至を連れて、この行人《ぎようにん》のところにあらわれるという言葉がある。法然はその行人というものを口称念仏をする行人と考えて、善導の『往生礼讃《おうじようらいさん》』を引いて、これは阿弥陀仏が口称念仏の行人をほめたたえた言葉であると解釈するのである。この解釈も明らかに無理である。この文はやはり定善の観仏行の行人で、口称念仏の行人とはいえない。それにこの文からみて、この行人を阿弥陀が讃美したというふうにはとれない。おそらくこの文を、口称念仏がすぐれているという証拠の文とする論理的根拠が弱いことを、法然自らが感じたのであろう。この文は『選択集』には取り入れられず、『観無量寿経釈』しか証拠として採用されていない。

こうしてみると、第一の文も第二の文も口称念仏の行が観仏の行にすぐれていることを証拠だてる文としては採用しがたいことになる。とすると、残るは第三の文以下である。第三の文以下第六の文までは、九品往生の中で下品の人の往生を語るところに出てくる文である。法然はこの下品の人の往生を語る文から、四つの文章を口称念仏のすぐれていることを示す証拠としてあげている。下品上生から二文、下品中生から一文、下品下生から一文である。

■第三・第四の文——下品上生

あるいは衆生ありて、もろもろの悪業《あくごう》を作る。方等経典《ほうどうきょうてん》を誹謗せずといえども、かくのごときの愚人、多くもろもろの悪を造りて、慚愧《ざんき》あることなし。命終らんと欲する時、たまたま善知識《ぜんちしき》、（その人の）ために大乗十二部経の首題《しゅだい》の名字を讃えん。かくのごときの諸経の名を聞くをもってのゆえに、千劫《せんごう》の極重の悪業を除却す。（この）智者、また、（その人に）教えて、合掌・叉手《しゃしゅ》して〈南無阿弥陀仏〉と称えしむ。仏の名《みな》を称うるがゆえに、五十億劫の生死《しょうじ》の罪を除く。その時、かの仏、すなわち化仏《けぶつ》と化観世音・化大勢至を遣わして、行者の前に至り、讃えていいたもう、「善男子よ、汝、仏の名を称うるがゆえに、もろもろの罪消滅す。われ、来りて汝を迎う」と。（『観無量寿経』）

法然はこの下品上生、下品中生、下品下生の人を、それぞれ十悪、破戒、五逆を犯した人としているが、とすれば、下品上生の十悪を犯した人というのは殺生《せっしょう》をした人であろうか。あるいは人を殺した人かもしれない。そういうさまざまな悪を犯した衆生は、仏教の経典の悪口こそいわなかったとしても、殺人をはじめ多くの悪を犯して、しかも恥じるところがない。しかし、その人が命が終ろうとするときに善知識に会って、十二部に分かれた大乗経典の首題の名をほめたたえたのを聞いた功徳で、千劫という途方もない長い間のひどい悪業が除かれた。また、その善知識が十悪を犯した衆生に手を合わせて「南無阿弥陀仏」と称えさせることを教えたら、さきの千劫よりはるかに長い五十億劫の生死の罪が除かれた。そのときに阿弥陀仏は化仏を遣わして、行者の前に立ち、「善男子よ、私の名前を称えたためにおまえの罪が消滅してしまった。それで私はおまえを迎えにきたのだ」といったという。

これは明らかに称仏であり、口称念仏である。そしてこの口称念仏によって「大乗十二部経」の経典の題名を聞くよりはるかに多くの罪が除かれたのである。さきに述べたように、この「十二部経」の名を聞いて千劫の罪しか除かれないのに、「南無阿弥陀仏」と称えて五十億劫の罪が除かれたという理由について、善導は自ら問いと答えを発して、それは「十二部経」の名を聞くだけでは心は集中しないが、阿弥陀仏の名を称えれば心が集中するからであるという。善導の場合、この心の集中というのがたいへん重要であるが、法然は心の集中ということをあまり重視せず、ただこの文を口称念仏の讃美の文とのみ解釈をする。

そしてこの下品上生の文を二つに分けて、「あるいは衆生ありて……五十億劫の生死の罪を除く」を前段とし、そして「その時、かの仏……来りて汝を迎う」を後段として、前段において口称念仏の諸行はすぐれた行であることが明らかにされ、後段において阿弥陀仏自らが称仏の行をほめたと解釈している。この前段を第三の証拠文として、後段を第四の証拠文としている。この文は法然のいうように、たしかに称仏すなわち口称念仏讃美の文であるが、しかし、この下品上生の文章を二つに分ける必要はないと思われる。これは一体として考えられるものであろう。法然もやはり、二つの文と考えることは無理と思ったのであろう、『選択集』ではこれを一体として、口称念仏を讃美した文としてあげている。

■第五の文——下品中生

第五は下品中生の文であるが、下品中生の人とは次のような人である。

あるいは衆生ありて、五戒、八戒および具足戒《ぐそくかい》を毀犯《きぼん》す。かくのごときの愚人、僧祇物《そうぎもつ》を偸《ぬす》み、現前僧物を盗み、不浄説法《ふじょうせっぽう》して、慚愧《ざんき》あることなく、もろもろの悪業《あくごう》をもって、みずから荘厳《しょうごん》す。かくのごときの罪人、悪業をもってのゆえに、まさに地獄に堕《だ》すべし。命終らんと欲する時、地獄の衆火《しゅか》、一時にともに至るに、善知識の、大慈悲をもって、ために阿弥陀仏の十力の威徳を説き、広くかの仏の光明の神力を説き、また、戒《かい》・定《じょう》・慧《え》・解脱《げだつ》・解脱知見を讃えるに遇わん。この人、聞きおわりて、八十億劫《ごう》の生死《しょうじ》の罪を除く。地獄の猛火、化して清涼《しょうりょう》の風となり、もろもろの天華《てんげ》を吹く。（その）華の上に、みな、化仏・（化）菩薩ありて、この人を迎接《こうしょう》したもう。（同前）

法然は、下品中生の人を破戒の人とするが、五戒・八戒・具足戒すべての戒を破った札付きの悪人である。そして僧の物を盗んだり、不浄の説法をしたりする。僧の物を盗むのは、ふつうの人の物を盗むより罪深いことであろう。不浄な説法をするというのは、今の日本で例をとれば、麻原某、福永某とかいうような人をいうのであろうか。まあ、そういう人にかぎって懺悔をせず、悪業の結果得た財宝や名望などをさかんに自慢するものである。このような人が、命が終ろうとするとき、地獄の衆火が一気にやってきて、苦しみにあうが、そのとき、善知識が阿弥陀仏のありがたさなどをほめたたえると、その功徳で八十億劫の生死の罪が除かれて、地獄の猛火が涼しい風に変わって、阿弥陀仏の化仏がこの人を迎えにくるというのである。

この経文では直接称仏の功徳が説かれていないが、善導の『観経疏』に、「罪人、すでに弥陀の名号を聞けり、すなわち罪を除くこと多劫《たこう》なることを明かし」とあるので、法然は『観経疏』の文によって、これを念仏すなわち口称念仏の功徳を示す証拠の文として採用したのであろう。しかし、これもいささか無理であり、この下品中生の文はやはり『選択集』には採用されていない。

■第六の文――下品下生

称名の行の功徳がもっともはっきり語られているのは、第六の下品下生の文であろう。下品下生とは次のような人である。

あるいは衆生ありて、不善業の五逆・十悪を作り、（その他）もろもろの不善を具す。かくのごときの愚人、悪業をもってのゆえに、まさに悪道に堕し、多劫《たこう》を経歴《きょうりゃく》して、苦を受くること窮まりなかるべし。かくのごときの愚人、命終る時に臨みて、善知識の、種々に安慰《あんに》して、ために妙法を説き、教えて仏を念ぜしむるに遇わん。この人、苦に逼《せま》られて、仏を念ずるに遑《いとま》あらず。（かの）善友《ぜんぬ》、告げていう、「汝よ、もし（仏を）念ずることあたわざれば、まさに無量寿仏（の名）を称うべし」と。かくのごとく、至心に、声をして絶えざらしめ、十念を具足して、〈南無阿弥陀仏〉と称えしむ。仏の名を称うるがゆえに、念々の中において、八十億劫の生死の罪を除き、命終る時、金蓮華《こんれんげ》の、なお日輪のごとくにして、その人の前に住するを見ん。（同前）

この下品下生の衆生はまさに悪人のうちの悪人、「五逆・十悪を作り、もろもろの不善を具す」というから、親殺しや僧殺しなどを行った救いようのない人間であろう。このような愚人は、この世で犯した悪業によって悪道に堕ち、長い間無量の苦しみを味わってきた。この愚人は、命が終ろうとするときに善知識に会って、いろいろありがたい仏の教えを聞き、念仏を勧められたが、苦しみに責められて念仏をする暇がない。それで、善知識が阿弥陀仏の名を称えよといったので、愚人は心から「南無阿弥陀仏」と称えたところ、称えるごとに八十億劫の生死の罪が除かれ、無事極楽に往生することができたという。ここで、さきに述べたように明らかに称仏と念仏が区別され、念仏の余裕のない悪人、愚人に称仏すなわち口称の念仏が勧められている。

この下品下生の文で、もっともはっきり称仏の功徳が説かれているわけであるが、私は、法然が称仏すなわち口称念仏を重んじたのは、『観無量寿経』および『観経疏』を読んで、称仏すなわち口称念仏のみが極悪非道の人間を救う功徳のあるものであることを発見したからではないかと思う。これを、法然が弘法大師のいう陀羅尼に比しているのも、まことにもっともなことである。この口称念仏が易行《いぎょう》で、しかも極悪非道の人間の罪すら除くとすれば、口称念仏にまさる行はないということになる。これは私は、念仏の功徳を示すもっとも有力な証拠となる文であると思うが、なぜかこの文は『選択集』には採用されていない。それは、おそらくこの文では念仏と称仏とに疑いを起こさせる材料になるからではなかろうか。

■第七の文——分陀利華

　第七の分陀利華の文は法然のいうとおりである。まさにこれは、ほかならぬ称仏すなわち口称念仏の行者をたたえたものである。善導は『観無量寿経』の文を引き、さらに言葉をきわめて称仏すなわち口称念仏の行者をほめているが、善導が称仏を重視するのは、定善・散善によって心を集中できない人は阿弥陀仏の名を称えることによって心の集中ができるからであろう。法然ももちろん、このような心の集中をたいせつであるとしているが、彼の力点は「南無阿弥陀仏」という口称そのものの功徳にあると思われる。その意味で、やはり口称念仏は陀羅尼に近い呪力をもっているといえようか。

　しかし、『観無量寿経』および『観経疏』の下品下生のところではっきり登場する称仏すなわち口称の念仏に法然が着目し、その口称念仏の功徳という思想で、『観無量寿経』ばかりか「浄土三部経」全体を解釈しようとしたのは、法然の悪人救済の心がはなはだ強かったことを物語っている。悪の問題は法然にとってもっとも重要な問題として、つねに法然の近くに存在していたのである。

法然が東大寺で『観無量寿経』の講義をしたのは文治六（一一九〇）年二月二日であるが、その前日、彼は『阿弥陀経』の講義をした。講義の順序からいえば、ここでは、『阿弥陀経』の講義の草案である『阿弥陀経釈』から語らねばならないことになるが、『観経疏』を読んで、凡夫往生という根本思想を得たという法然の言葉に従って、いかにして彼が『観経疏』によって凡夫往生という思想にふみきったかを明らかにするために、私はまず『観無量寿経釈』について語った。

第二節　『阿弥陀経釈』の思想

一生補処の菩薩が住む極楽世界

極楽往生の門を口称念仏に限ったことが、法然におけるアルキメデスの一点であった。彼はその一点からすべてを演繹《えんえき》しようとしている。ちょうどそれはルネ・デカルトの、彼が疑いの結果達した「我思う、ゆえに我あり」という一点から彼のすべての思想を演繹しようとしている態度に似ている。法然がデカルトのごときアルキメデスの一点を見つけたからには、何がなんでも、それをもとにして彼自らの仏教学を立てねばならない。その際、法然が頼りとするのはやはり「浄土三部経」である。「浄土三部経」が極楽浄土往生を説いたもっとも重要な経典であるとすれば、他の二つの経典、『阿弥陀経』と『無量寿経』にも、口称念仏を極楽往生のための唯一の行とする説を見いださねばならないことになる。

このような視点から法然は『阿弥陀経』を解釈するわけであるが、この『阿弥陀経釈』という題名の後にも、彼は「正には善導により、幷《なら》びに愚懐《ぐかい》を述ぶ」という注をつけている。たしかに、ここには『観無量寿経釈』以上に善導以外の祖師の論疏《ろんしょ》などの引用は少ない。しかし、『阿弥陀経』については善導は『観無量寿経』のような注釈書をつくっていないので、「善導により」といっても善導の多くの書に間接的によっているにすぎない。善導の『法事讃《ほうじさん》』は、『阿弥陀経』を読誦《どくじゅ》し、阿弥陀仏を礼拝《らいはい》し、讃歎供養《さんだんくよう》する儀式の言葉を善導がつくったものであり、そこに『阿弥陀経』に対する善導の考えが出ているので、そういうものによりながら法然は『阿弥陀経』を解釈したというのであろうが、この解釈は善導のものというより多分に法然自身のものである。善導の解釈書が直接には存在しないので、かえって法然独自の解釈がしやすかったのではなかろうか。この講義の草案でも法然が聴衆に気をつかった跡がある。

『阿弥陀経』は『法華経』などを訳した鳩摩羅什《くまらじゅう》の訳の経典であり、たいへん短い経典であるが、その文章は簡潔で、しかも美しいので、日本の仏教では、『般若心経《はんにゃしんぎょう》』とともにもっともよく読まれる経典である。浄土宗および浄土真宗の仏事にはかならずといっていいほど読まれる。『阿弥陀経』は釈迦が舎衛《しゃえ》国の祇樹給孤独園《ぎじゅぎっこどくおん》で説いた説法であるが、そこに舎利弗《しゃりほつ》や目犍連《もくけんれん》などの弟子とともに文殊《もんじゅ》や弥勒《みろく》などの大乗仏教の菩薩たちが大勢出席していた。この菩薩たちに法然は着目するのである。そのなかに文殊や弥勒のような大乗仏教の菩薩たちがふくまれているとしたら、龍樹《りゅうじゅ》もまたふくまれているかもしれない。ところが文殊は三論《さんろん》の祖師であり、弥勒は法相《ほっそう》の祖師であり、龍樹もまた真言・天台・三論などの共通の祖師である。『阿弥陀経』の中で極楽浄土が語られているが、その極楽浄土は「一生補処《いっしょうふしょ》（の菩薩）」がいるところであるとされている。一生補処ということは、いまはまだ仏の候補者であるが、次の生にはかならず仏になれると約束された菩薩である。このような一生補処の菩薩のいる極楽浄土に文殊も弥勒も龍樹もいるにちがいない。とすれば、三論・法相・真言・天台の僧たちはむずかしい自宗の仏教学を学ぶより、極楽浄土へ往生して、直接彼らの祖師に出会い、自宗のむずかしい教義もやすやすと学ぶことができるではないかと法然はいうのである。

また『阿弥陀経』の終わりのほうに、釈迦の説法を聞いた舎利弗などがその説法を喜んだとあるが、この舎利弗などを法然は「聞法奉行《もんぼうぶぎょう》の人なり」（『阿弥陀経釈』）と解釈する。そして「奉行の人」すなわち念仏往生の法を聞いて奉行する人の中に、釈迦の弟子ばかりか文殊や弥勒も混ざっている。とすると、三論・法相や天台・真言の人たちの祖師がこの浄土念仏の説を聞いて、歓喜信受《かんぎしんじゅ》してその説を奉行したということになる。文殊もまた念仏行者であったという証拠として、法照《ほっしょう》禅師が五台山《ごだいさん》の竹林寺に入って文殊に出会って、念仏の教えを受けたという例をあげている。これはやはり、この講義を聞きにきた三論・法相・天台・真言などの人々を意識して、彼らの宗派の祖師すら浄土念仏の信者であったとしたならば、彼らも浄土念仏の門に入ったらどうかという勧めであると思われるが、三論・法相・天台・真言の僧たちはこういうことを聞いて、はたして浄土念仏の門に入ろうという気をおこしたか、それともかえってそのような説法に反撥して、法然の新しい浄土教に対する憎しみを深めたかはわからない。

『阿弥陀経』は「浄土三部経」の中で、法然の説にとってもっとも好ましい経典であるといえる。それはこの経典には定散二行が説かれず、そこで説かれるのは称仏すなわち口称念仏の行のみであるからである。

舎利弗よ、もし善男子《ぜんなんし》・善女人《ぜんにょにん》ありて、阿弥陀仏(の名号《みょうごう》)を説くことを聞き、名号を執持《しゅうじ》せんに、もしは一日、もしは二日、もしは三日、もしは四日、もしは五日、もしは六日、もしは七日(の間)、一心不乱ならば、その人命終る時に臨んで、阿弥陀仏、もろもろの聖衆《しょうじゅ》とともに、現じてその前に在《ましま》さん。この人(命)終る時、心、顚倒《てんどう》せず。(命終るや)すなわち阿弥陀仏の極楽国土に往生することをえん。(『阿弥陀経』)

ここではっきり「名号を執持せんに」とあるので、ここで勧められているのはけっして観仏でも念仏でもなく、阿弥陀の名号を称える口称念仏であることがわかる。そしてその口称念仏を七日間一心不乱に称えれば、臨終のときに阿弥陀仏が迎えにきて、心静かに極楽浄土に往生できるというのである。

法然は『阿弥陀経』を「序分」と「正宗分」と「流通分」に分け、「正宗分」の文で、極楽の依正《えしょう》と念仏往生が語られるという。極楽の依正の「依」というのは極楽浄土で、「正」というのは極楽浄土の主である阿弥陀仏である。この『阿弥陀経』にも『観無量寿経』と同じようなあの美しい極楽浄土のありさまが語られる。文章はたいへん美しく、やわらかく、中国文学の大家であった、今は亡き、仏教嫌いの吉川幸次郎先生も、口をきわめて、中国語で読んだ『阿弥陀経』の美しさをたたえておられたのを思い出す。しかし法然は、そこに光が溢れ、そこに鳥が鳴く美しい極楽浄土に、ほとんど関心がないかのようである。それは『観無量寿経』の定善を論ずるときの態度と少しも変わりがない。ただ法然が極楽浄土に関心をもつのは、そこは一生補処の菩薩のいるところであるということのみである。そしてそこに菩薩ばかりか、自分よりもさきに極楽浄土にいった父母・兄弟・親戚縁者の人たちがいる。そういう一生補処の菩薩および父母・兄弟・親戚縁者の人に会える、そういうところとして、法然は極楽世界をたたえているのである。

口称念仏讃歌と選択という思想

このような極楽の依正にまったく関心をもたない法然が関心をもつのは、もっぱら念仏往生ということのみである。この『阿弥陀経』で念仏というのがくわしく語られている。たとえば、念仏は小善根ではなく、大善根であることなどである。しかし、とりわけこの経典の特徴は、釈迦や六方の仏たちが念仏を証誠《しょうじょう》した、すなわち口称念仏がはなはだ功徳があることをほめたたえたということにあろう。六方の諸仏とは東西南北上下の無数の仏たちである。これについて法然は自ら次のような問いを出し、自らそれに対して答えている。

次に問うて曰く、何が故ぞ、六方の諸仏の証誠、ただ念仏の一行に局《かぎ》るや。

答えて曰く、もし善導の意《こころ》によらば、念仏はこれ弥陀の本願なり、故にこれを証誠す。余行はしからず、故にこれなきなり。（『阿弥陀経釈』）

どうして六方の諸仏が念仏だけをほめたたえるのか、と法然は問い、念仏は弥陀の本願であるので、諸仏はほめたたえるが、諸行は本願ではないのでほめたたえないと答える。

さらに法然は、次にもう一つ問答を出す。

問うて曰く、もし本願によって念仏を証誠せば、双巻《そうかん》・観経等に念仏を説くの時、何ぞ証誠せざるや。

答う、解するに二義あり。一に解して云く、双巻・観経等の中に本願念仏を説くといえども、兼ねて余行を明かす。故に証誠せず。この経には、一向に純《もつぱ》ら念仏を説く。故にこれを証誠す。（同前）

次に、本願によって念仏をほめたたえるというならば、なぜ『無量寿経』や『観無量寿経』で念仏を説くときにほめたたえずに、いま『阿弥陀経』を説くときにほめたたえるかと自ら問い、それに対して、『阿弥陀経』は定散二善などの余行は説かず、ただ口称念仏のみを説いているので、この『阿弥陀経』で諸仏は念仏をほめたたえていると自ら答えるのである。

一には「若有善男子善女人」とは、これ則ち念仏の行者を明かす。これにつきて善人をあぐと雖も、意《こころ》また悪人を兼ぬ。（同前）

ここでは「善男子善女人」とあり、念仏が善人にのみ勧められているようにみえるが、これは主として、悪人に念仏が勧められているかのようにみえる『観無量寿経』

と対照的である。『無量寿経』では三輩《さんぱい》の人が、一向に念仏して極楽浄土に往生することが述べられている。このように「三経」を比較すれば、「三経」とも念仏を善人のみあるいは悪人のみではなく、すべての人に勧められていることがわかる。

『阿弥陀経釈』には、その他さまざまな注目すべき見解があるが、もっとも重要なのは、ここで「選択《せんちゃく》」という思想が語られていることであろう。法然は「浄土三部経」に七つの選択があるという。『無量寿経』に「選択本願《ほんがん》」「選択讃歎《さんだん》」「選択留《る》教《きょう》」の三つがあり、『観無量寿経』に「選択摂取《せっしゅ》」「選択化讃《けさん》」「選択付属《ふぞく》」の三つの選択があり、『阿弥陀経』に「選択証誠《しょうじょう》」の選択がある。『観無量寿経』の選択のうちの「選択摂取」とは、さきに述べた阿弥陀の真身観の摂取不捨の選択であり、「選択化讃」というのは、下品上生の大乗経典の名を聞くよりは阿弥陀仏の名を聞いたほうがはるかに多くの罪が除かれたという選択であり、「選択付属」というのは「流通分」の中の定散二善をとらず、称仏のみをとったという選択であり、『阿弥陀経』の「選択証誠」というのは、さきに述べた六方の諸仏が余行を証誠せず、念仏のみを証誠したという選択である。

法然は、この『観無量寿経』および『阿弥陀経』の選択に『無量寿経』の三つの選択を加えた七つの選択に、『般舟三昧経《はんじゅざんまいきょう》』の中の「選択我名《がみょう》」という選択を加えて、つごう八つの選択をあげている。この「選択我名」というのは、阿弥陀仏自らが、「我が国に来生せんと欲《おも》わば、常に我が名を念じて、休息せしむることなかれ」といった文章にもとづいて、他の仏の名ではなく、私の名「南無阿弥陀仏」を称えよ、とおっしゃった選択である。善導は、本願・摂取・我名・化讃の四つは弥陀の選択であり、讃歎・留教・付属の三つの選択は釈迦の選択であり、証誠は十方恒沙《じっぽうごうしゃ》の諸仏の選択であるという。選択の思想については、『無量寿経釈』および『選択集』を論ずるときに語ることにしよう。

第三節　『無量寿経釈』の思想

新しい浄土教の立教宣言書

以上、私は『観無量寿経釈』および『阿弥陀経釈』を一瞥《べつ》したが、なお『無量寿経』の注釈である『無量寿経釈』が残っている。私は『無量寿経釈』を再三、読んでみたが、読めば読むほど、これは法然の著作としてきわめて重要な著書ではないかと思うようになった。法然は「三経」について、それぞれ釈をつくっているが、その「三経」の釈の性質がいささかちがうのである。とくに『観無量寿経釈』と『無量寿経釈』とは同じ釈ではあるが、内容がだいぶちがっている。

『観無量寿経』には善導の『観経疏』があり、この『観経疏』に従って『観無量寿経』を解釈しようとする法然の『観無量寿経釈』は、法然自らが断っているように、ほとんど一字一句を『観経疏』に従って解釈している。もっとも、さきに述べたように『観経疏』の「玄義分」ははなはだ簡単にされ、「序分義」はほぼ完全に削除されたが、「定善義」以下はだいたい『観経疏』に従って一字一句が解釈され、そしてきわめて淡々とほとんど終わりまで善導の解釈にそって『観無量寿経』の解釈がなされている。しかし、『観経疏』「散善義」の「流通分」の「上来《じょうらい》、定散《じょうさん》両門の益《やく》を説きたまうといえども、仏の本願に望むれば、意《こころ》、衆生をして一向《いっこう》に専ら弥陀仏の名《みな》を称せしむるに在り」という言葉を契機にして、『観無量寿経』の解釈のどんでん返しが行われるのである。

ここで法然は善導の新しい念仏の解釈を発見したのである。釈迦が阿難に口称念仏だけを付属したのは、釈迦が定散二善を捨て、口称念仏だけを選んだからである。それが善導の解釈である。この口称念仏こそ『無量寿経』で説かれる仏の本願である。法然は、善導は釈迦の本意は定散二善になく、阿弥陀仏の本願である口称念仏にあると考えたと信じて、『観無量寿経』にそのようなもっぱら口称念仏を勧める箇所を見いだそうとし、七ヵ所を見つけて、専修念仏の教えを確信するにいたった。そしてその目で『阿弥陀経』を読んで、仏が口称念仏を下品の人ばかりか、上品の人にもすべての人間に勧めていることを見いだした。

このようにして専修念仏の理論が着々とこしらえられていったのであろうが、それには『無量寿経』をどう解釈するかが問題である。善導が、あのどんでん返しの文章で述べた定散の行は釈迦の本意ではなく、口称念仏の行のみが釈迦の本意であると考えるのは、口称念仏の行のみが『無量寿経』に説かれる仏の本願であるという理由によってであった。この仏の本願を重視することによって、浄土教は『観無量寿経』中心の浄土教から、『無量寿経』中心の浄土教となる。善導はたしかに阿弥陀仏の本願を重視したにちがいないが、彼には、美的浄土経典である『観無量寿経』への強い執着があった。しかし、善導の思想の方向をさらにおしすすめて、従来の『観無量寿経』中心の浄土教を『無量寿経』中心の浄土教に変えたところに、法然の新しい浄土教の誕生があった。

この『無量寿経釈』にも、法然は「正には善導により、傍には諸師によって、幷《なら》びに愚懐《ぐかい》を述ぶ」という注をつけている。この注の言葉と『観無量寿経釈』の「諸師の解釈多しと雖も、今正には善導により、傍には諸師の釈をもって、善導の輔助《ほじょ》とす」、および『阿弥陀経釈』の「正には善導により、幷びに愚懐を述ぶ」という注の言葉の微妙な違いに注意するがよい。『観無量寿経釈』はやはり、善導のどんでん返しの言葉の部分の解釈までは『観経疏』による『観無量寿経』の解釈である。『阿弥陀経釈』は、『観無量寿経釈』よりは解釈はかなり自由になり、口称念仏をもってすべての人の極楽往生の行とする法然の立場がはっきりと語られている。それが「幷びに愚懐を述ぶ」という言葉によってあらわされているのであろう。『無量寿経釈』では『阿弥陀経釈』と同じように、「幷びに愚懐を述ぶ」といっているが、愚懐すなわち法然独自の思想を語ることがはるかに多くなっている。そしてそれは、一つには、『観無量寿経』には善導の『観経疏』という注釈書があり、『阿弥陀経』はたいへん短い経典で、善導は彼の著作とくに『法事讃』などで『阿弥陀経』をかなりくわしく説明しているが、『無量寿経』については、そのような善導の注釈書がないことにもよろう。『無量寿経』は分量にして『観無量寿経』の二・四倍ほどあり、『阿弥陀経』の七・六倍ほどあるにもかかわらず、善導の『無量寿経』についての解釈は阿弥陀仏の本願を語ったところ以外ははなはだ簡単である。この善導の解釈が乏しいところが、私は、法然独自の浄土教の成立にたいへん有利に働いたのではないかと思う。『無量寿経』に関するくわしい善導の解釈の書がないだけに、法然は『無量寿経』に対して大胆な解釈を行うことができたのではないかと思う。

法然は『無量寿経釈』においては、『観無量寿経釈』のように一語一語をくわしく解釈するという態度をとらない。『無量寿経』は上下二巻からなっているが、下巻のはじめに三輩往生《さんぱいおうじよう》について語られている。ところが法然の『無量寿経釈』では、三輩往生のところから「流通分」の前までのところの解釈がほとんど省かれているのである。それは、この世の悪と阿弥陀浄土の善を対比するところであるが、『無量寿経』は極楽浄土を語るのに、『観無量寿経』や『阿弥陀経』のように美しく語らず、それははなはだ倫理的な国であることを強調している。その文章も韻文的であるよりは散文的である。法然の解釈では、こういうところはすべて省かれている。それゆえに、『無量寿経釈』は『無量寿経』の語句をいちいちていねいに解釈したというようなものではなく、『無量寿経』の解釈を中心として、それに『観無量寿経』や『阿弥陀経』の解釈を加えて、口称念仏を中心とした新しい法然の浄土教の確立を告げようとする著書になっている。

『無量寿経釈』ではっきりと浄土宗の立教開宗が宣言されている。私は、この書は法然が浄土宗を従来の九宗に加えて新しい一宗とする高らかな立教宣言の書であると思う。立教宣言の書としては、おそらく『無量寿経釈』が書かれたと思われる年の八年後に書かれた『選択集』をあげねばならないが、『選択集』は前関白の九条兼実《くじようかねざね》に宛てたもの、それはいわば公的な立教開宗の宣言である。やはり私的な立教開宗の宣言は『無量寿経釈』という、この書でなされていると思う。

『阿弥陀経釈』が文治六年二月一日に東大寺で行われた講義の草案であり、『観無量寿経釈』が翌二月二日に行われた講義の草案であるのに対し、『無量寿経』の講義がいつ行われたのかはわからない。私は、あるいはひょっとしたら、これは草案だけが用意されたとしても実際の講義は行われなかったのではないかと思う。なぜなら、このような立教宣言がふくまれるような講義を、敵の多い南都の東大寺で法然があえてすることができたかどうか、多分に不安を感じるからである。そしてまた、この著書にはひじょうに粘り強い強靱な思弁がふくまれていて、衆人の前で、とくに法然の講義のアラを探して法然の説を否定しようとする多くの僧の前で、このような多少わかりにくい強靱な思弁の産物のような講義をすることが、はたして得策であるかどうかを、法然は思い悩んだにちがいないと思うからである。

法然独自の理論を展開する『無量寿経釈』

東大寺における「浄土三部経」の講義の草案には、『選択集』のように弟子に手伝わせた形跡はない。そして『選択集』よりは経文の引用が少なく、法然自らが語っている部分が多い。『選択集』の撰修のときは、法然は病気であったことにもよろうが、経文の引用などを弟子に手伝わせ、そして「私に云く」という法然自らの意見を述べるところも、ほとんど「三部経釈」の文章をそのまま引用している。しかるに、この

「三部経釈」とくに『無量寿経釈』は法然自らが経典や論や疏の引用をし、自説を自分の言葉で語っている。この著書は悪戦苦闘の思弁の格闘の跡を残してはいるが、そこにみごとに首尾一貫した論理が貫徹されている。しかもそこには、『選択集』には書かれていない女人往生などの、法然の思想としてけっして見落とすことのできない重要な思想が語られている。私はこれを読んで、法然の思弁の驚くべき粘り強さと明晰さにつくづく感心した。私はこの著書を法然の主著とみたい。しかし、『選択集』をけっして低くみようとは思わない。私は、この『無量寿経釈』を法然の裏の主著あるいは密《みつ》の主著と考え、『選択集』を表の主著、顕《けん》の主著と考えたいのである。

■立教宣言

『無量寿経釈』を読もう。『無量寿経釈』の冒頭で次のようにいっている。

　まさにこの経を釈せんとするに、略して五意あり。一には大意、二には立教開宗、三には浄教の不同、四には釈名、五には入文《にゅうもん》解《げ》釈《しゃく》なり。（『無量寿経釈』）

この五の「入文解釈」というのは、『無量寿経』の文に従って解釈をするという意味であるが、さきに述べたように、『無量寿経釈』はけっして忠実に『無量寿経』の文章にそって一字一句解釈したものではない。むしろ、『無量寿経』についてというより、浄土教についての法然独自の理論を述べたものであるといえる。それはいちおう『無量寿経』の解釈であるといっているが、一から三までは、『無量寿経』を中心とした新しい浄土教の開宗宣言である。

一に大意とは、釈迦、無勝浄土《むしょうじょうど》を捨てて、この穢土《えど》に出でたもう事は、もと浄土の教えを説いて、衆生を勧進《かんじん》して、浄土に生ぜしめんがためなり。弥陀如来穢土を捨て、かの浄土に出でたもう事は、もと穢土の衆生を導いて、浄土に生ぜしめんがためなり。（同前）

ここで、法然は釈迦と阿弥陀の役割をはっきり規定する。釈迦が世に出たのは、「浄土の教えを説いて、衆生を勧進して、浄土に生ぜしめんがためなり」と法然ははっきりいう。この言葉とともに釈迦が説いたという無数の経典の教えが無視され、釈迦がこの世に出たのは、もっぱら浄土の教えを説いて多くの人に勧めて浄土に往生させるためであったと、浄土経典に語られる教えのみに釈迦の教えが限定されるのである。そして、法蔵菩薩《ほうぞうぼさつ》が願を立ててこの世を捨て阿弥陀仏になったのは、もっぱらこの汚い世に住む人を極楽浄土に導かんがためであるという。

これは、じつに明晰な釈迦と阿弥陀の役割の規定である。このような思想は、あの二河白道《にがびゃくどう》の譬《たと》えのときに、「釈迦はあちらへ行けといい、阿弥陀はこちらへ来いというう」という善導の思想にふくまれているが、法然のようにはっきりと釈迦と阿弥陀の役割をいいきった祖師はいない。

このように『無量寿経』の大意を述べた後に、彼は立教開宗について語る。立教開宗とは、いままでのすべての仏教の宗派をいくつかに分け、自らはその一つと宣言することである。ここで法然は、すべての仏教を聖道の教えと浄土の教えに分ける。聖道の教えの中に従来の小乗《しょうじょう》仏教および浄土の教え以外の大乗《だいじょう》仏教、顕教や密教などがふくまれる。法然によれば、このような聖道の教えは煩悩を断じて生死《しょうじ》を出ずる仏教である。それに対して、浄土の教えは煩悩を断ぜずして阿弥陀仏の力によって生死を出ずる仏教である。これを「横截五悪趣《おうせつごあくしゅ》」（横《よこしま》に五悪趣〈地獄・餓鬼・畜生・人間・天上〉を截《き》る）という。道綽はそれを次のように説明している。

もしこの方の修治断除《しゅちだんじょ》によらば、先ず見惑を断って、三途《さんず》の因を離れ、三途の果を滅す。後に修惑を断って人天の果を離る。これ皆、漸次《ぜんじ》の断除にして横截《おうせつ》と名づけず。もし弥陀の浄国に往生することを得ば、娑婆の五道一時に頓《とみ》に捨つる故に、横截と名づく、と。（同前）

法然によれば、真言、天台は自分の立場を頓教《とんぎょう》というが、それは自力によって惑いを断つので真の頓教とはいえず、漸教《ぜんぎょう》と呼んでよい。そうではなく煩悩を断たずに生死を出ずるこの横截五悪趣の浄土の教えこそ、頓中の頓であるという。ここではっきりと道綽の教えによって、仏教が聖道門と浄土門に分けられ、浄土門こそ末世の凡夫を救済することができる教えであるとされ、彼自身がこの浄土門の立場に立って一宗を開宗することが宣言される。

三に浄教の不同とは、往生教において根本あり、また枝末あり、例せば真言の如しと云々。この経をもって根本と名づけ、余経をもって枝末と名づくと云々。またこの経をもって正往生《しょうおうじょう》の教えと名づけ、余経をもって傍往生《ぼうおうじょう》の教えと名づくと云々。（同前）

こうして教義が定められたならば、そのよるべき経典が問題となる。法然は『無量寿経』を根本経典、正往生の経典と名づける。ここで法然が『無量寿経』のみを根本経典、正往生の経典とし、他の経典を枝末経典、傍往生の経典としていることに注意すべきであろう。法然は後の『選択集』では、『無量寿経』『観無量寿経』『阿弥陀経』の三つの経典を正依《しょうえ》の経典としている。しかるにここで、『無量寿経』のみを根本経典とするのはどういうわけであろう。

この違いをどう解釈するかはむずかしい問題であるが、私は、法然の教学は浄土教でも善導の浄土教とちがって、『無量寿経』に説かれる阿弥陀の十八願すなわち本願を中心とした浄土教であると思う。それゆえ、ここで『観無量寿経』や『阿弥陀経』

を退けて、『無量寿経』のみを根本経典にするということは当然であるが、しかし法然の教学は『無量寿経』ではっきり説かれる、口称念仏をすれば、かならず極楽浄土に往生することができるという阿弥陀の本願を中心として、「浄土三部経」すべてを解釈することによって成り立っていることを考えると、「浄土三部経」すべてが根本経典とされてもおかしくはない。

しかし、それでも三経典が平等の立場でならぶようなものではなく、やはり『無量寿経』を中心に他の二経典がならぶものとして専修念仏の教えが立てられるのである。それゆえ、『無量寿経釈』でいったん『無量寿経』のみが正依の経典とされるが、『選択集』において『無量寿経』は『阿弥陀経』および『観無量寿経』と平等にならび、この三つの経典が法然の浄土宗の根本経典とされる。しかし、それでも『無量寿経』の優位は動かないと思われる。弟子の親鸞では『無量寿経』のみが根本経典とされ、後の二経すなわち『観無量寿経』と『阿弥陀経』は一段下の経典とされるが、それはむしろ『選択集』よりは、この『無量寿経釈』の思想を継承するものであろう。

■阿弥陀の十八願の真意

こうしてまず立教宣言を行って、それから解釈に入るわけであるが、法然はこのような経の解釈の例に従って、「序分」と「正宗分」と「流通分」を分け、そして「正

「往生の行業《こうぎよう》」の四章に分かって注釈する。一――「四十八願の興意《こうい》」、二――「依願修行《えがんしゅぎよう》」、三――「所得の依正《えしよう》」、四――「往生の行業《こうぎよう》」の四章に分かって注釈する。

「四十八願の興意」というのは、法蔵菩薩が四十八の願をおこして、難行苦行をして浄土に往生して阿弥陀仏になった。法蔵菩薩は何のためにそのような願を立て、難行苦行をして極楽浄土に往生し、阿弥陀仏になったかということである。これについて『無量寿経』は次のように語る。

昔々、途方もないほど遠い昔、錠光《じようこう》如来という仏が世の中に出て、数えきれないほどの多くの衆生に正しい道を教えて世を去った。そして光遠《こうおん》、月光《がつこう》、栴檀香《せんだんこう》などの仏が次々と出て、また同じように多くの衆生を救って世を去った。そしてその五十四番目に世自在王《せじざいおう》如来という仏が出たときに、一人の国王があって、この仏の教えを聞いて、心に喜びを抱き、このうえもない願いをおこし、王の位を捨てて僧になり、名を法蔵といった。その法蔵菩薩が世自在王如来のもとに行き、理想の仏国土を選びとり、理想の仏国土を建てる願を立てられた。世自在王如来はその法蔵菩薩の願いによって二百一十億の諸仏の国を見せたが、法蔵菩薩はその中から理想の浄土を選びとって、難行苦行を重ねた結果、その願は成就して法蔵菩薩は無事、阿弥陀仏となり極楽浄土の主になった。

その法蔵菩薩が立てた第十八願が「たとい、われ仏となるをえんとき、十方《じっぽう》の衆生、至心《ししん》に信楽《しんぎょう》して、わが国に生れんと欲して、乃至十念《ないしじゅうねん》せん。もし、生れずんば、正《しょう》覚《がく》を取らじ。ただ、五逆（の罪を犯すもの）と正法を誹謗するものを除かん」という願であった。この願文の十念というのを、法然は善導に従って十回の念仏と解釈する。とすると、この願は十方の衆生がひたすら極楽浄土に生まれようとして十回念仏して極楽浄土に生まれなかったならば、私は仏にならないという意味の願なのである。つまり法蔵菩薩は、口で「南無阿弥陀仏」を称えれば、すべての衆生は極楽浄土に往生することができるという願を立て、難行苦行して、その結果、願は成就されて阿弥陀仏となり、現に極楽浄土に存在しているからには、念仏を称えれば、五逆の罪を犯すものと正法を誹謗するものを除く衆生はかならず極楽浄土に往生するというのである。法然はここで、口称念仏をすれば、かならず極楽浄土へいけるということが、このうえない確実で間違いのない真理であることを粘り強く説明する。

たとえば、法蔵菩薩の願の第一は、その国には地獄・餓鬼・畜生という三悪趣《さんなくしゅ》がないという願であり、第二は、その国の人は命終えた後に、また三悪趣、すなわち地獄・餓鬼・畜生にかえらないという願であり、第三は、その国の人間や天人はすべてが真の金色をしているという願であり、第四は、その国の人間や天人は形や色はまったく同じであり、美醜の差がないという願であるが、これらの願はすべて成就され、いま極楽浄土には地獄・餓鬼・畜生という三悪趣がなく、またいったん極楽浄土に往生した人は命終えた後も、三悪趣にはかえらず、その国の人はすべて金色をしていて形も色も同じで美醜の差がない。このような第一願、第二願、第三願、第四願がすべて成就している以上、ひとり第十八願がどうして成就しないことがあろうかと法然はいう。

ところが、他の願はともかく、法蔵菩薩が第十八願を立てるには疑問がある。

問うて曰く、普《あまね》く諸願に約して、麁悪《そあく》を選び捨て善妙《ぜんみよう》を選び取ることは、その理しかるべし。何が故ぞ、第十八願に一切の諸行を選び捨てて、ただ偏《ひとえ》に念仏の一行を選び取って、往生の本願としたもうや。（同前）

この疑問は当然である。極楽浄土には三悪趣がないとか、三悪趣にかえらずという願は、まことにもっともであるが、なぜ第十八願のようにいっさいの諸行を捨てて、口称念仏の行のみを往生の道とする願を立てたかということである。ここで、こういう願を本願とした阿弥陀の意志が問題になる。

答えて曰く、聖意《しょうい》測《はか》り難し、輙《たやす》く解するにあたわず。しかりといえども、今試みに二義をもって、これを解せん。一には勝劣の義、二には難易の義。（同前）

阿弥陀仏の意志を推しはかるのはたいへんむずかしいが、いま試みに二つの点で阿弥陀仏の意志を推しはかることにしよう。一つは「勝劣」、一つは「難易」ということである。

勝劣について、『観無量寿経』の下品下生のところで語られているように、仏を想うという念仏をする余裕のない五逆・十悪を犯した悪人が臨終にあたって、善知識の勧めで口で阿弥陀仏の名を十回称えたら、たちまち無量の罪が除かれ往生することができた。このように口称念仏の行は極悪非道の悪人の罪をも即座に除く功徳ある行なのである。そしてそのうえ、それは易しくだれでも行ずることが可能である。この易しくだれでも行ずることのできる行を、念仏の行とし給うところに仏の平等の慈悲があるという。

次に難易の義とは、念仏は修し易く諸行は修し難し。故に諸仏の心とは、慈悲を体とす。この平等の慈悲をもって、普く一切を摂するなり。仏の慈悲は一人も漏らさず、普く一切を利すべし。（同前）

この仏の平等の慈悲ということが法然の浄土教の要《かなめ》なのである。このように語って、法然はやはり、その講義を聞いている聴衆である他宗の僧を考慮して次のようにいっている。

たとえていうと、真言宗の心によって三密の章句をもって往生の願とすれば、真言宗の祖師である無畏《むい》・不空《ふくう》・恵果《けいか》・法全《はっせん》などは往生できるが、他宗の人たちは往生できない。また、仏心《ぶっしん》宗すなわち禅宗の意によって見性成仏《けんしょうじょうぶつ》、つまり世を無と観ずることを阿弥陀の願とすれば、恵可《えか》・僧璨《そうさん》・弘忍《こうにん》・恵能《えのう》などは往生できるが、他宗の人は往生できない。法華宗の意によって、一乗実相、すなわち三諦《さんたい》の義、空・仮・中の義をさとることを往生の願とすれば、天台《てんだい》・章安《しょうあん》・妙楽《みょうらく》・道邃《どうずい》などの天台の祖師たちは往生できるが、他の宗の人は往生できない。それに対して、この十八願、口称念仏の願を往生の本願とすれば、どのような人もいちように往生することができる。真言や仏心や天台より浄土宗のほうが、だれでも往生できる教えであるという点ですぐれていることを秘かに語ろうとしているのであろう。

そして、もしも布施や起塔や稽古鑽仰《けいこさんごう》や多聞広学《たもんこうがく》を願とすれば、往生する人は少なく、ほとんどの人が往生できない。これは仏の平等にもとること、阿弥陀仏はそんなことをするはずはない。したがって、阿弥陀仏はだれにでもできる口称念仏を往生の本願として、すべての人を極楽浄土に導き給うというのである。

たとい少聞・少見といえども、名号《みょうごう》を唱うれば即ち生ずべし。たとい多聞・多見なりといえども、仏名を称うれば即ち生ず。たとい月卿雲客《げっけいうんかく》なりといえども、念仏する者は即ち生ず。たとい田夫野人《でんぶやじん》なりといえども、称念すれば即ち生ずと云々。万機を一願に摂し、千品を十念に納む。この平等の慈悲をもって、普く一切を摂するなり。（同前）

ところが『選択集』になると、このように真言・仏心・天台などの聴衆を意識することなく、平等の慈悲がもっとはっきりと論ぜられているが、平等の慈悲こそ法然の仏教の中心思想であろう。もともと釈迦仏教の中心思想が四姓《しせい》平等の思想であった。それゆえに釈迦も阿弥陀も平等の慈悲をもっていられるのは当然であろう。法然は、この釈迦と阿弥陀の慈悲がのりうつったかのように、平等の慈悲という思想で仏教を解釈し、ついに『無量寿経』にある阿弥陀の本願にいきあたったのであろう。釈迦や阿弥陀が平等の慈悲の持ち主である以上は、釈迦や阿弥陀がこの口称念仏を往生の行としたのであるとする法然の確信は微動だにしない。

■正定業としての口称念仏

法然は、入文解釈「正宗分」の第二に「依願修行」、第三に「所得の依正」について論じている。「依願修行」というのは、法蔵菩薩がどのような願を立て、そしてどのような難行苦行をしたか、「所得の依正」というのは、それによって法蔵菩薩が得られた極楽世界と阿弥陀仏がどのようなものかを述べたものであるが、法然はこのところはごく簡単にふれるだけで、彼の筆はすぐに第四の「往生の行業」に移る。

法然によれば、往生の行には二行があるという。その一つは念仏の行で、もう一つは諸行である。法然は、まず行を念仏と諸行との二つに分かち、その得失をほぼ善導に従って論じている。ここで法然は、善導が『観経疏』で示した正行《しょうぎょう》と雑行《ぞうぎょう》の区別および正定業《しょうじょうごう》と他の業との区別について、ほぼそのまま述べている。つまり、この『無量寿経』の注釈に善導の『観無量寿経』の注釈を入れこんでいるのである。

この正行と雑行の区別については問題はないが、正定業と他の業について、法然が正定業というのは口称念仏のみであり、観察がふくまれないかどうかについては重大な疑義があると、私は『観無量寿経釈』について論じたところで指摘しておいた。なぜなら正定業というのはまさに定善の行であり、それはいわば三昧のことを意味し、正定業がそのような三昧を意味するとしたら、口称もまた三昧を得る一つの行なので、それにふくまれるかもしれないが、何よりもまず、定善の行といえば観仏をさすのではないかという疑義である。法然もまた、この「定」の字が多少気になったかもしれない。

但し正定とは、法蔵菩薩、二百一十億諸仏の誓願海《せいがんかい》の中において、念仏往生の願を撰定《せんじょう》したもう。故に定と云うなり。　（同前）

とある。法蔵菩薩は二百一十億諸仏の誓願海の中で念仏往生の願を選択したが、法然はそれを撰定したから定というのだという。法然の立場に立てば、そう解釈するより仕方がないかもしれないが、撰定という言葉はあまり聞き慣れない言葉であり、そういう言葉はないといってよい。これはまことに苦しい法然の解釈であり、正定業という言葉からみても、定はやはり精神の集中、定善の行を意味し、観仏をそれにふくまないとするのはやはり無理な解釈であろう。

しかし、法然の頭の中には多少そのような疑いが存在したかもしれないが、『観経疏』を読んで、このような口称念仏のみを仏の本願とする説を思いついたからには、もはやこの正定業が定善の観仏の行をふくむなどという疑いをおこしてはいけないのである。ここで法然は疑うことなく浄土往生の行を正行として、それ以外の行を雑行として、しかも正行のうちで口称念仏を正定の業とする解釈を断固として貫こうとするのである。この正定の業である口称念仏の行、それこそ阿弥陀の本願の行なのである。

このような行がどのように他の行に対してすぐれているかということを、『観経疏』の文にそって、彼は、親疎対《しんそたい》、近遠対《ごんのんたい》、無間有間対《むけんうけんたい》、不廻向廻向対《ふえこうえこうたい》、純雑対《じゅんぞうたい》の五つの対比で説明している。そして彼は勝ち誇ったように善導の『往生礼讃』の文を引用する。

もしよく上の如く念々に相続して畢命《ひつみよう》を期とする者は、十は即ち十ながら生じ、百は即ち百ながら生ず。何をもっての故に、外の雑縁《ぞうえん》なくして正念を得るが故に、仏の本願と相応するが故に、教えに違せざるが故に、仏語に随順するが故に。

もし専を捨てて雑業を修する者は、百が時に希《まれ》に一二を得、千が時に希に五三を得。何をもっての故に。雑縁乱動して正念を失うによるが故に、仏の本願と相応せざるが故に、教えと相違するが故に、仏語に順ぜざるが故に、係念相続《けねんそうぞく》せざるが故に、憶想間断《おくそうけんだん》するが故に、廻願慇重《えがんおんじゆう》真実ならざるが故に、貪《どん》・瞋《じん》諸見の煩悩来たって間断するが故に、慚愧悔過《ざんきかいか》の心あることなきが故に、また相続して念じてかの仏の恩を報ぜざるが故に、心に軽慢《きようまん》を生じて業行をなすといえども、常に名利《みようり》と相応するが故に、人我自ら覆って同行善知識《ぜんちしき》に親近《しんごん》せざるが故に、雑縁に楽《ねが》い近づいて自らも障《さ》え、他の往生の正行をも障うるが故なり。（同前）

ここではっきり、念仏の行が諸行よりすぐれていることが阿弥陀仏の化身である善導によって語られているのである。念仏を行うものは十人の中で十人すべて、百人の中で百人すべてが極楽往生するが、念仏をしないで極楽往生するものは百人の中でわずかに一人か二人、千人の中でわずかに三人か五人くらいである。善導はこの理由を、やはりその他の行では心が乱れて名利の心が消えないからであるというが、法然は善導のように心の乱れについては注意を向けずに、ただ念仏をすれば十人は十人全部、百人は百人全部往生するが、諸行をするものは百人のうちに一人か二人、千人のうち三人か五人であるという善導の言葉を、口称念仏の勧めとするのである。ただこの善導のいう念仏が、法然の口称念仏とまったく重なり、定善の観仏あるいは散善の念仏がそれにふくまれないかどうかの疑問は強く残る。このような念仏を勧めているのは、ひとり善導のみではなく、中国の智栄《ちえい》・信仲《しんちゅう》・懐感《えかん》、インドの覚親《かくしん》、日本の源信・永観《ようかん》・珍海《ちんがい》などがある、と法然はいう。

このように善導ばかりか諸師が念仏の功徳をほめているとすれば、口称念仏すれば極楽往生は疑いないことになるが、しかし『無量寿経』そのものに、このような口称念仏のみを極楽浄土往生の行とすることを疑わせる文章がある。その文章とは何か。

■一向専念無量寿仏

『無量寿経』の巻下のはじめに、三輩の話が出てくる。それは『観無量寿経』の三《さん》福《ぷく》および九品往生の話に相応ずるものである。三輩の中の上輩は、家を捨て、欲を棄てて、沙門《しゃもん》となり、菩提心をおこして、一向に無量寿仏を念じて、もろもろの功徳を修めて、かの国に生まれんと願うものであり、中輩は、心からかの国に生まれんと願いつつも沙門になることはできないが、一向にもっぱら無量寿仏を念じ、多少の善を修し、斎戒《さいかい》を奉持し、塔や像などを立てたりする行をしたものであり、下輩は、そのような功徳をすることはできないが、無上の菩提心をおこして一向にひたすら無量寿仏を念じてかの国に生まれようとするものである。ここで念仏とともに、上輩においては出家・受戒など、中輩においては斎戒および起塔など、下輩においては発菩提心《ほつぼだいしん》などが往生の条件とされている。

この阿弥陀の本願を説く『無量寿経』に、念仏以外の諸行が往生の行として説かれているのはなぜか。これについて善導はここで、三輩ともに「一向に専ら無量寿仏を念ず」という文章があるが、この「一向」という言葉に注意する。一向というのは余行を兼ねずということである。それは何か諸行を助ける助業としての念仏の行ではなく、ただ念仏のみを称える但念仏《たんねんぶつ》の行を意味する。それであるから、三輩ともに上中下の根性に従って、仏はもっぱら阿弥陀仏の名を称えることを勧めたのであると法然はいう。しかし、まだ疑問は解けない。

問うて曰く、この釈、いまだ前の難を遮《しゃ》せず、何ぞ余行を棄て、ただ念仏と云うや。（同前）

『無量寿経』そのものの文章が、法然の専修念仏の教えに対して重大な疑問を投げかけている。なぜここで念仏を諸行とともに往生の条件とするか、なぜ諸行を棄てて念仏をとることを素直に語らないのか。これは専修念仏の教えにとっては、はなはだ難問である。それに対して法然は次のように答えている。

答えて云く、これに三の意あり。一には諸行を廃して、念仏に帰せんがために、しかも諸行を説くなり。二には念仏を助成《じょじょう》せんがために、しかも諸行を説くなり。三には念仏・諸行の二門に約して、おのおの三品を立てんがために、しかも諸行を説くなり。（同前）

「諸行を廃して、念仏に帰せんがために、しかも諸行を説く」とは、さきほどの『観経疏』にある「上来、定散両門の益を説きたまうといえども、仏の本願に望むれば、意、衆生をして一向に専ら弥陀仏の名を称せしむるに在り」という言葉を取り出して、法然は、善導は『観経疏』においてずっと説かれてきた定散二善を「流通分」すなわち結論の部分において否定して、口称念仏以外の定散の善を棄てたのである、と解釈する。そして、それは釈迦の意志でもある、釈迦の意志も定散二善を否定し、ひたすら口称念仏を勧めることにあった、という大胆な解釈をとるのである。それと同じことがここで行われたというのである。これは、表面は諸行の勧めのようにみえるが、しかし「一向に専ら無量寿仏を念ず」という言葉が三輩のすべてにある以上は、結局、諸行を廃すがために、いったん諸行を説いたにすぎないと解釈すべきであるというのである。

これが善導の解釈であると法然は信じているが、まだ他の解釈もある。それは、念仏を助成せんがために諸行を説いたという解釈である。さきに述べたように、正行には五種あるが、そのなかの第四の正定の業すなわち口称念仏の行を、他の助業としての正行によって助けしめることがある。これが同類の善根で、念仏を助成することであるが、もう一つ異類の善根、つまり助業とはちがったいろいろな雑行をもって、この念仏の行を助成することがある。このような異類の善根をもって念仏を助成するために諸行が浄土往生の行として記されたのではないかという。

この解釈に対してもう一つ、行を三つに分けたのは、諸行を三つに分けることによって念仏をも三つに分けようとしたのではないかという解釈がある。たとえていうと、念仏の数で上中下を分かったり、念仏の長さで上中下を分かったり、あるいは念仏の観念の浅深によって念仏を上中下に分かったりすることができる。往生の行を三つに分かったのは、このような諸行とともに念仏を上中下の三つに分けるためではないかという解釈である。

この三つの解釈は、いずれも苦しい解釈であるが、法然は第一の解釈を善導の解釈として、それによるというのである。この善導の解釈というのも、『観経疏』「散善義」の「流通分」のあのどんでん返しの文章の解釈であるが、善導が定善・散善の行を、価値として口称念仏の行より下においたとはとてもいえないと私は思う。善導はやはり、それぞれの人間の性質によって定善すなわち観仏、散善すなわち念仏、弘願《ぐがん》すなわち称仏によって往生すべきであるという立場ではなかったか。しかし法然は、善導は定善・散善の行を廃し、口称念仏のみを往生の行としたとかたく信じて、いまここでも善導の考えに従って、第一の解釈をとるというのである。

疑問はまだ残るが、しかし、『無量寿経』でも『観無量寿経』と同じように、「流通分」においてどんでん返しが起こるのである。というのは「流通分」のはじめに、このような文章があるからである。

それ、かの(阿弥陀)仏の名号を、聞くことをうることありて、歓喜踊躍《かんぎゆやく》し、ないし一念せん。まさに知るべし、この人、大利《だいり》を得《う》となす。すなわち、これ無上の功徳を具足するなり。(『無量寿経』)

ここで、釈迦によって勧められているのは、明らかに諸行ではなく、口称念仏である。これについて法然はいう。

生を明かす。

上の来迎《らいごう》の願等の中および次の三輩の文に、助念《じょねん》の往生と諸行の往生を明かす。これによってもろもろの往生の行者、但念《たんねん》・助念・諸行において、疑網を懐《いだ》いて、いまだ決せず。故に流通に至って、初めには助念・諸行の二門を廃し、但念仏往生を明かす。（『無量寿経釈』）

これによって、いままで諸行か、助念か、但念仏か迷っていた衆生が、はっきり諸行・助念の二門は仏の意志ではなく、仏の意志は但念仏すなわち口称念仏にあるということを知るというのである。これはまさに、『観無量寿経』の「流通分」において釈迦が阿難に十三定善・三福・九品の諸行往生を付属せず、念仏のみを付属したということと相応じているのである。

そしてさらに「流通分」に次のような言葉がある。

当来《とうらい》の世、経道《きょうどう》、滅尽すとも、われ慈悲・哀愍《あいみん》をもって、特にこの経を留め、止住すること百歳せん。それ、衆生ありて、この経に値《あ》う者、意《こころ》の願うところに随って、みな、得度《とくど》すべし。（『無量寿経』）

この言葉を、法然はたいへん重視する。すべての釈迦の経典が滅んでも、「この経」つまり『無量寿経』だけが末法の世に残る。このような念仏を説いた経典が残るということは、念仏そのものが残るということである。やがてすべての経典が滅びるときがくるかもしれない。しかし、この経だけは、念仏だけは残る。なぜ念仏だけが残るか。念仏はだれにも行いやすいからである。ちょうど秦《しん》の始皇帝《しこうてい》の焚書坑儒《ふんしょこうじゅ》によって多くの経典は滅びたが、『詩経《しきょう》』だけは残ったのと同様である。詩そのものが口で称えやすいためである。そのように念仏は口で称えやすいために、いかなる世の中がきても残らざるをえない。法然は、聖道と浄土の二門のうちどちらが残るか、十方往生の教えと西方往生の教えとどちらが残るか、兜率往生《とそつおうじょう》すなわち弥勒浄土往生の教えが残るか、西方往生すなわち阿弥陀浄土往生の教えが残るか、あるいは念仏が残るか、諸行が残るかをいろいろ比較し、浄土の教え、西方往生の教え、念仏の行が法滅百歳の代まで残るという。それがいわば釈迦の慈悲である、と法然はいうのである。

このようにみると、諸行を廃せんがために念仏を説いたという、法然がひとまず従っていた善導の説が、この「流通分」の中で説かれる二つの念仏の優位によって証明されたわけである。

これが『無量寿経釈』の大要である。私はそれを読んで、法然独自の論理のみごとな展開に舌を巻いた。口称念仏を救いの根底におくというのは、法然の大胆な仮説にちがいない。しかし、その仮説にもとづいて、彼はみごとにひとつの思想体系を構成した。それによって釈迦と阿弥陀の存在の意味が明らかになり、全仏教が聖道と浄土の二門に分かたれ、しかも浄土教の優位が高らかに宣せられる。そして、その専修念仏の理論によって彼は、『無量寿経』ばかりか、『阿弥陀経』『観無量寿経』をも、みごとに首尾一貫した論理で解明する。つまり彼はもっともたしかなものであると思われる口称念仏の立場に立って、すべての経典を解釈して、そこにみごとな論理的体系を構成したのである。

日本人にして自らの論理を信じてそのような独創的な思想体系を立てたような人は、法然以外には見つけられないのではないか。しかし、この思想の根底にあるものは何であろうか。

女人往生の願を立てる

『無量寿経釈』で、阿弥陀の本願、第十八願について論じたすぐ後に、法然が女人往生の願についてくわしく語っていることに注意しなくてはならない。女人往生については法然の説教の中でもときどき語られているが、これほどまとまって語られているのはほかにはない。しかも、この文章は法然に似合わず多少興奮した文章である。この願は第三十五願で、「変成男《へんじょうなん》子《し》の願」と呼ばれる。

たとい、われ仏となるをえんとき、十方の無量・不可思議の諸仏世界、それ、女人《によにん》ありて、わが名字《みようじ》を聞き、歓喜信楽《かんぎしんぎよう》し、菩提心を発《おこ》し、女身を厭悪《えんお》せん。(その人)寿《いのち》終りてのち、また女像とならば、正覚《しようがく》を取らじ。(『無量寿経』)

もし女人が、阿弥陀仏という私の名前を聞いて喜んで菩提心をおこし、女の身を厭い、死んだ後にふたたび女身となるならば、仏にならないという願である。この願について法然の弟子弁長《べんちよう》は、これはじつは女人往生の願であるが、女人往生という思想は仏教においてタブーなので、女人往生のかわりに、このような女人が男子になって往生するという変成男子の願を立てたのであると語ったという。ここで法然は、十八願はもともと男子ばかりか女人もまた、念仏を称えれば極楽浄土に往生できるという願であるが、女人は障りが多く、この願だけでは自分は往生することができないのではないかと思うので、別にこの三十五願を立てて女人往生を阿弥陀仏は保証したというのである。

法然はいままでいかに女人が差別されたかを語る。女人は五障《ごしよう》があって、梵天《ぼんてん》にも、帝釈天《たいしやくてん》にも、魔王にも、転輪聖王《てんりんじようおう》にもなれず、いわんや仏になれないとされている。梵天・帝釈天・魔王・転輪聖王すべてはるか昔にこの世に出現し、また去って、代々新しい梵天・帝釈天・魔王・転輪聖王がその位につく。それはすべて男子なのである。女人にして梵天・帝釈天・魔王・転輪聖王になった人はない。まして仏の位にいたるのは、口に出していうにも憚《はばか》りがあり、思うだけでも畏《おそ》れ多いことなのである。それゆえ女人はとうてい仏になれない。貪りや怒りや愚かさの煩悩に満ちたものとして、六道をさまようしか仕方がないものとされるのである。このような女人は聖地に入ることができない。

この日本国にさしも貴き無上の霊地・霊験の砌《みぎ》りには、皆ことごとく嫌われたりと云々。先ず比叡山はこれ伝教大師《でんぎょうだいし》の建立、桓武天皇の御願なり。大師自ら結界《けっかい》して、谷を堺《さか》い、峰を局《かぎ》って、女人の形を入れず。一乗の峰高く立ちて、五障の雲聳《そび》ゆることなく、一味の谷深くして、三従《さんじゅう》の水流るることなし。薬師医《やくしい》王《おう》の霊像、耳に聞いて眼に視ず。大師結界の霊地、遠く見て近く臨《のぞ》まず。

（『無量寿経釈』）

女人はとうてい叡山には登れない。

高野山は弘法大師《こうぼうだいし》結界の峰、真言上乗《しんごんじょうじょう》繁昌の地なり。三密の月輪《がつりん》普《あまね》く照らすといえども、女人非器の闇をば照らさず。五瓶《ごびょう》の智水《ちすい》等しく流るといえども、女身垢穢《にょしんこうあい》の質には灑《そそ》がず。これらの所において、なおその障りあり。いかにいわんや、出過三界道《しゅっかさんがいどう》の浄土においてをや。

（同前）

高野山にも足を踏み入れることはできない。

しかのみならず、また聖武天王の御願、十六丈金銅の舎那《しやな》の前、遥かにこれを拝見すといえども、なほ扉の内には入らず。天智天王の建立、五丈の石像弥勒の前、高く仰いでこれを拝礼すといえども、なお壇上には障りあり。ないし金峰の雲の上、醍醐の霞の中、女人は影をささず。（同前）

そればかりか、東大寺にも崇福寺《すうふくじ》にも金峰山《きんぶせん》にも醍醐三宝院《だいごさんぼういん》にも入ることができないのである。この女人の差別を、法然はまさにわがことのように嘆くのである。

悲しきかな、両足を備うといえども登らざる法の峰あり、沓《ふ》まざる仏の庭あり。恥ずべきかな、両眼は明らかなりといえども見ざる霊地あり、拝さざる霊像あり。この穢土《えど》の瓦礫荊棘《がりやくけいきよく》の山、泥木素像《でいぼくそぞう》の仏にだにも障りあり。いかにいわんや衆《しゆ》宝合成《ほうごうじよう》の浄土、万徳究竟《くきよう》の仏をや。ここによって往生その疑いあるべきが故に、この理を鑑《かんが》みて、別にこの願あり。（同前）

この文章は、法然としてはまことに珍しく感情的な文章であるように思われる。ここで法然は、あたかも自分が女人になったかのように女人差別に激しく抗議をしている。女人は男子と同じように二つの足、二つの眼をもっているのに、踏み入れてはいけない聖地があり、見てはならない霊地や仏像がある。しかし、阿弥陀仏は女人差別を許さず、第十八願において、すでに女人の往生も保証しているのに、さらにこの第三十五願をわざわざ加えて、女人往生を保証したのである。そしてここで法然は善導の『観念法門《かんねんほうもん》』を引く。

乃ち弥陀の大願力によるが故に、女人仏の名を称えて、正しく命終《みようじゆう》の時に、即ち女身を転じて男子となることを得。弥陀接手し、菩薩身を扶《たす》けて、宝華の上に坐して、仏に随って往生し、仏の大会《だいえ》に入って無生を証悟《しようご》す。また一切の女人、もし弥陀の名願力《みようがんりき》によらずば、千劫《せんこう》・万劫《まんこう》・恒河沙《ごうがしや》等の劫にも、終《つい》に女身を得転すべからず。或いは道俗ありて云く、女人浄土に生ずることを得ずといわば、これはこれ妄説《もうせつ》なり、信ずべからず。（同前）

ここで阿弥陀仏は、念仏を称える人に、かならず命が終わったときにその女身を転じて男子として、その人の手をとって蓮華の上に乗せて極楽浄土に連れていき、仏の仲間に入れるとある。浄土の教えによって女人ははじめて往生ができる。女人往生はできないというのは、まったくの妄説であると善導ははっきりいう。善導が都の士女とくに女人に人気があったのは、このように善導が女人往生を説いたゆえでもあったろうか。しかし法然は、善導以上にはっきり女人往生の説を説く。最後に法然は次のようにいう。

これ則ち女人の苦を抜いて、女人の楽を与える慈悲の御意の誓願《せいがん》利生《りしょう》なり。（同前）

ここで女人というときに、法然はまず、だれのことを思ったのであろうか。後に述べるように、法然は戒がきびしく、もしもまったく女人にふれない聖《ひじり》があったとすれば、それは法然であるといわれる。しかし、法然の信者に女性が多かったことは事実である。この女性の信者が多かったことは法然の教説とも関係するが、その法然が、まず女人というものを考えたときに頭に浮かぶ女人は、いったいだれであったろうか。私は、それはやはりあの哀れな死を遂げた母の秦氏であったと思う。法然は凡夫往生を説いたが、その凡夫というのは悪人であるとともに女人である。悪人往生の思想が『観無量寿経釈』で表面に出てきたのに対し、『無量寿経釈』では女人往生の説が表面に出てきたといえよう。

第七章

口称念仏の選択——選択本願念仏集

第一節　『選択本願念仏集』の撰修

『選択集』によって完成する法然教学

以上、私が考察したように、法然の教学は、文治六（一一九〇）年に東大寺で法然が講義した「浄土三部経《じょうどさんぶきょう》」の講義録の草案、とくに『無量寿経釈《むりょうじゅきょうしゃく》』の草案において、ほぼできあがっているということができる。しかし、浄土宗という新しい仏教の宗派を樹立するには、「三経釈《さんぎょうしゃく》」を一つの理論書に統合する仕事が必要であろう。

法然はこういう仕事の必要性を感じていたにちがいない。しかしながら、法然はますます専修念仏《せんじゅねんぶつ》の信仰をかため、日に六万遍の念仏を七万遍にするというありさまであった。六万遍というのは、法然が師とする善導《ぜんどう》の行った念仏の二倍である。七万遍の念仏は、善導の念仏の二倍を超えるたいへんハードな行である。これだけ毎日念仏を勧めたら、本など書く時間は十分とれなかったにちがいない。おそらく法然は、このような理論書の作成の必要を感じながらも、毎日七万遍の念仏三昧にふけっていたのであろう。

このような状況の中で、建久九（一一九八）年に九条兼実《くじょうかねざね》の要請によって『選択《せんちゃく》本願念仏集《ほんがんねんぶつしゅう》』（以下『選択集』）がつくられた。それは、東大寺における「三部経」の講義が行われてから八年後である。法然には、「三部経」を講義したときと、『選択集』撰述のときのちょうど中間にあたる建久五年につくられた『逆修説法《ぎゃくしゅせっぽう》』という著書がある。それは、彼の弟子安楽房遵西《あんらくぼうじゅんさい》の父中原師秀《なかはらもろひで》が阿弥陀如来像を建立し、その開眼供養に合わせて師秀の死後の極楽往生を願う逆修説法会の席で、法然が行った講義の草案である。この逆修説法会は五十日間つづき、初七日から六七日の六回は法然が説法し、後の七七日の結願の一回を真観房感西《しんかんぼうかんさい》が行ったものである。この草案が残っていて、法然の思想の形成と発展を知るうえにおいて参考になるが、私がみたところ、この説法は大衆相手の説法で、法然のもっている、あの鋭い理論の展開はあまりみられない。それで私は、ここでは『逆修説法』についてはふれず、直接『選択集』について論じたいと思う。

『四十八巻伝』は次のように語る。

建久八年上人いさゝかなやみ給事有けり。殿下ふかく御歎ありける程に、いく程なくて、平愈し給にけり。上人同九年正月一日より草庵にとぢこもりて別請《べっしょう》におもむき給はざりければ、藤右衛門尉重経《とうのうえもんのじょうしげつね》を御使として、浄土の法門、年来教誡を承るといへども、心腑《しんふ》におさめがたし、要文をしるし給はりて、かつは面談になずらへかつはのちの御かたみにもそなへ侍らむと仰られければ、安楽房外記入道師秀子を執筆《しゅうひつ》として、選択集を選せられけるに、第三の章書写のとき、予も筆作の器にたらずば、かくのごとくの会座《えざ》に参ぜざらましと申けるをきゝ給て、この僧憍慢《きょうまん》の心ふかくして悪道に堕しなむとて、これをしりぞけられにけり。その後は真観房感西にぞかゝせられける。此書を選進せられてのち、同年五月一日上人の夢の中に、善導和尚来応して、汝《いまし》専修念仏を弘通《ぐずう》するゆへに、ことさらにきたれるなりとしめしたまふ。此書冥慮《みょうりょ》にかなへる事しりぬべし、ふかく信受するにたれり　（『四十八巻伝』第十二）

ここで三つのことが語られる。第一は、この『選択集』という本は九条兼実の要請によってつくられたことである。第二は、『選択集』をつくるにあたって法然は弟子に手伝わせて、安楽房遵西に執筆させたが、安楽に驕慢の心があったから、真観房感西にかえたということである。第三は、法然はこの著書を書き終わった後に、善導が夢の中にあらわれるというような神秘的体験を経験したことである。この一つ一つについて説明しよう。

法然のパトロン、九条兼実の失脚

まず第一の九条兼実との関係であるが、九条兼実の日記『玉葉《ぎょくよう》』に法然の名が登場するのは文治五（一一八九）年からである。法然は文治二年に「大原問答」を行い、新しい浄土教を説く説法者として、一躍、都の人にその存在を知られるようになった。上西門院《じょうさいもんいん》が法然を召して、七日間の説戒の儀式を行ったのは、大原問答の後まもなくであったと思われる。そして、法然のことは上西門院からすぐに後白河法皇に伝わったのであろう。後白河法皇は、どのような身分の低いものでも才あり芸あれば、かまわずお召しになった方であり、文治四年に一介の聖《ひじり》にすぎない法然をして如法経《にょほうきょう》の先達《せんだつ》を務めさせ、建久二（一一九一）年には親しく法然を呼んで『往生要集』の講義をさせた。九条兼実が法然に近づいたのは、ちょうど法然が如法経の先達を務めたときであり、あるいは、それは後白河法皇の意を体《たい》したことであったかもしれない。『玉葉』には、そのころから法然がたびたび兼実の屋敷に出入りし、戒を授けたという記事があるが、法然はこのような精神的な慰撫である戒を授けるとともに、兼実に専修念仏の教えを説いたにちがいない。

九条兼実は法性寺殿《ほっしょうじどの》といわれた藤原忠通《ただみち》の三男であり、ふつうならばとても摂政・

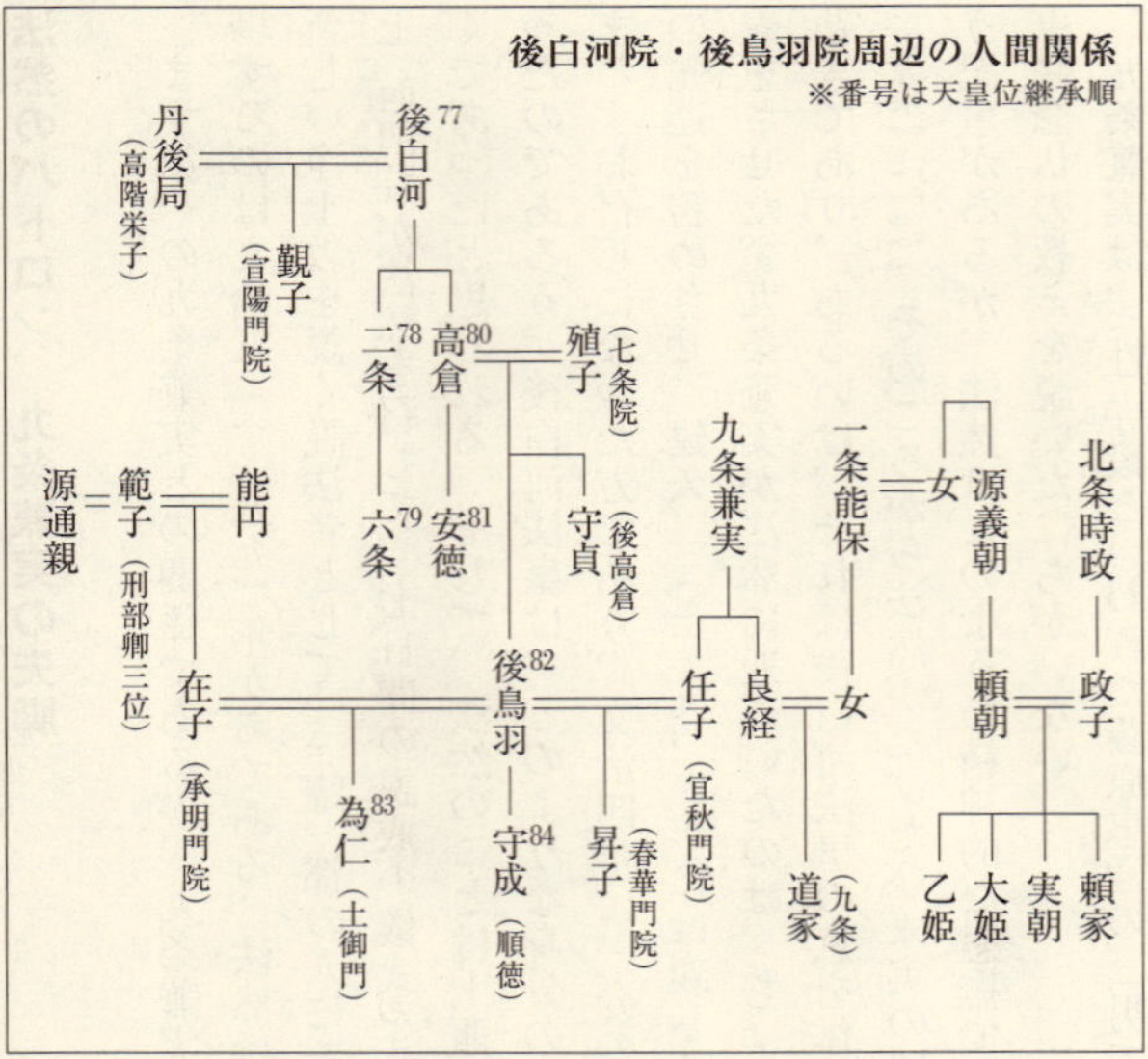

関白の地位につける身分ではなかった。しかし、うちつづく源平の戦乱の中で忠通の長男近衛《このえ》基実《もとざね》は平家との関係が深く、また次男松殿基房《まつどのもとふさ》は木曾義仲との関係が深かったので、鎌倉に幕府を開いた源頼朝は三男の九条兼実に着目し、兼実を通じて間接的に朝廷を支配しようとした。それで法皇は平家滅亡後の文治元（一一八五）年十二月に兼実に内覧《ないらん》の宣旨を、翌文治二年に摂政、氏長者《うじのちょうじゃ》の宣旨を下した。

　ここにきて、いままでの摂関家は近衛、九条の二家に分かれたのであるが、このような摂関家の権力を分散させるのが鎌倉幕府の朝廷支配にはなはだ有利であったことは否めない。九条兼実の孫の摂政道家が死んだとき、近衛家から鷹司《たかつかさ》家が分かれ、九条家から一条家と二条家が分かれたのも、摂関家を分裂させることによって、いっそう幕府の朝廷支配を容易にさせる政策にそったものであったのであろう。同じような政策が皇室に対してもとられ、皇統を持明院統《じみょういんとう》と大覚寺統《だいかくじとう》に分かち、かわるがわる即位させるという政策がとられ、それが建武中興《けんむのちゅうこう》（一三三四年）の原因にもなる。このような支配は後に豊臣秀吉にも受け継がれ、あまりに巨大な宗教権力となっていた本願寺を西本願寺と東本願寺に分かつという政策がとられるのである。

それはともあれ、九条兼実はこのようにして源頼朝の強い推薦によって摂政・関白の地位を得、それなりの善政をしいたと思われるが、その権力が鎌倉幕府の長である源頼朝の力によっていたところに、彼の地位の不安定さがあった。

後白河院が建久三（一一九二）年に亡くなり、後鳥羽院がそれにかわって最高権力者になったが、後鳥羽院と兼実はどうもウマが合わなかったようである。だいたい前代の寵臣《ちょうしん》というものは次の権力者には嫌われやすいものである。後鳥羽院は何かと兼実が目障りであったにちがいないが、兼実が頼朝を背後の力としているかぎりはどうにもならない。こういう状況において兼実を頼朝から引き離し、兼実を失脚せしめようとする策士があった。それが、源通親《みちちか》であるが、かの曹洞宗《そうとう》の開祖道元は通親の実子であり、法然の弟子、浄土宗西山派《せいざんは》の第二祖証空《しょうくう》もまた通親の猶子《ゆうし》であった。この通親は、道元や証空の実父であり養父であるにふさわしい、教養もあり歌もうまい文化人であったが、彼は稀代のマキャベリストで、出世のためには平気で妻をかえるという人間であった。彼は、後白河院の乳母であり朝廷の影の権力者といわれた丹《たん》後局《ごのつぼね》と謀って、頼朝が娘の大姫《おおひめ》を天皇の后に入れようとする願いをもっていることにつけこんで、頼朝の意を迎え、九条兼実を失脚させて、その後に近衛基実の子基通《もとみち》をあてた。ところが、この大姫の入内《じゅだい》は大姫の死によって実現せず、頼朝もその三年後、建久十（一一九九）年に死んだ。

建久七年の九条兼実の失脚が、どのようなショックを兼実に与えたか、はかりしれない。あの、愛宕《あたご》山の頂上にある月輪寺《がつりんじ》の苦行者のような兼実の像は、そのころの意気消沈した兼実の姿を示しているのであろうか。このような失脚によって兼実は現世の望みを失い、ますます極楽浄土に思いをかけ、その極楽浄土への導き手として法然を頼みにしたのであろう。法然が月輪寺に通った跡があるが、まもなく兼実も京都の南東、法性寺あたりに隠棲し、そこに寺を建て、法然を迎えて話を聞くのを楽しみとしていた。

兼実の要請でつくられた危険な書

このように失脚した権力者九条兼実が法然を頼る気持が強くなれば強くなるほど、法然はそれに対してある種の煩わしさを感じていたのではなかろうか。失脚した権力者といえども、権力者はわがままである。彼は平気で法然を呼びつけ、法然が来るのをあたり前と思っている。しかし、法然には念仏の勤めもあり、また自分の体調のこともある。それをほとんど無視して、兼実は法然を呼びつけたのであろう。この失脚した権力者と法然との間のよからぬ噂が都に広まっている。法然がそういう権力者にごまをすって、邪教を広めたという噂が兼実の耳には届かないとしても、法然の耳には入ってくる。兼実の求めに応じてやすやすと法然がおもむけば、その悪い噂はいっそう強くなる。『四十八巻伝』のいうように、建久八年に法然が病気であったのはまちがいなかろうが、しかし、病気ばかりか法然の気持の中に、法性寺参りを遠慮したいという気持があったのもまちがいないことのように思われる。

それで、法然は自分のかわりに証空を遣わして、講義をさせたのである。証空はこのとき二十二歳、いくら賢いといっても、まだ二十二歳の若造である。その若造に法然の代理が務まるのであろうか。証空ではなくて真観や安楽を遣わしたら、まだしもよい講義ができたかもしれない。それなのに法然はなぜ証空を遣わしたのか。あるいは、証空は兼実の政敵通親の猶子であるから、証空を兼実に近づけることによって兼実と通親の仲をとりもとうとしたのか、法然の真意はよくわからない。しかし兼実の心の中には、証空は政敵通親の猶子の若造である、こんないけ好かない若者の講義など聞けるか、というような気持があったのではなかろうか。それで兼実は、講義に来られなかったら法然上人の教説を書物に記して、与えてほしいと頼むのである。

このことについて証空は、『選択蜜要決《せんちゃくみつようけつ》』で次のようにいう。

この集は月輪禅定殿下《つきのわぜんじょうでんか》毎月の御授戒に上人を参らしむ。然るに六十有余の時、暇を申して籠居《ろうきょ》し、証空を似て代官に進《まい》らしむ。これによりて殿下禅閤より仰せありて云はく、面謁のこと希願す。心に疑いあり、往生の信心を増進せしめんが為に抄物を記し賜るべしと。

（『選択蜜要決』巻第二）

つまり、九条兼実のところへ法然は毎月授戒におもむいていたのであるが、六十有余のときに少し暇がほしいといって草庵に籠り、証空を代役とした。兼実は、お目にかかっていろいろお聞きしたいことがあるが、それもできないなら、往生の信心を増すための理論を書いたものがほしいといったというのである。これが『選択集』がつくられた要因である。『選択本願念仏集』の終わりに次のようにある。

浄土の教、時機を叩いて、行運《ぎょううん》に当れり。念仏の行、水月を感じて、昇降を得たり。しかるに今、図らざるに仰せを蒙る。辞謝するに地《ところ》なし。よつて今 憖《なまじ》ひに念仏の要文を集めて、あまつさへ念仏の要義を述ぶ。ただし命旨《みようし》を顧みて、不敏を顧みず。これ即ち無慙無愧《むざんむき》の甚だしきなり。庶幾《こいねが》はくは一たび高覧を経て後に、壁の底に埋めて窓の前に遺すことなかれ。おそらくは破法の人をして、悪道に堕せしめざらむがためなり。

（『選択集』第十六）

法然はあくまで、この書物が自発的意志ではなく、まったく九条兼実の要請によってできたと語っているが、「命旨を顧みて、不敏を顧みず。これ即ち無慙無愧の甚だしきなり」とは、いささかおのれを卑下しすぎているように思われる。そして彼は、「ご覧になった後は、壁の底にでも埋めて外に出すようなことはしないでください」と頼んでいる。おそらく法然は、この本の内容の過激さを自らよく知っているからであろう。この本は、天台《てんだい》・真言《しんごん》・南都六宗の既成仏教の批判をかう性格を十分にもっている。それは、考えようによってはたいへん危険な書である。危険な書だから壁に埋めて外に出ないようにしてもらいたいと、法然は頼んでいるわけである。

『選択集』撰修を手伝った三人の弟子

さて、次に第二の問題であるが、法然が『選択集』の撰修を弟子たちに手伝わせたのは『四十八巻伝』の記述からみても明らかであるが、『選択集』という、いわば法然の主著にあたるこの著をつくるにあたって、どのように弟子たちに手伝わせたのか。さきほど引用した証空の『選択蜜要決』に次のような言葉がある。

上人六十六の春、建久九年三月、この文を撰せらるゝ時、人を簡《えら》びて、座に在らしめず。真観ありて、法門の義を談じ、証空ありて、経釈の要文を引き、安楽ありて、筆を執《と》つて、これを書す。この外に人を簡んで、在座せしめられず。

(『選択蜜要決』巻第二)

たしかに法然は弟子に手伝わせたけれど、三人の弟子しか撰修の場に入れなかった。それは真観と証空と安楽である。しかし、この真観と証空と安楽は、それぞれ役目がちがうのである。真観は「法門の義を談じ」とあるから、法然の教義はこういう教義であるので、このように書いたらよいのではないかという相談にあずかったのであろう。次に証空は「経釈の要文を引き」とあるから、このような理論を立てる場合、どのような経文を引いたらよいか、その経文を法然の要求に従って探してくる役割を仰せつかったのであろう。「浄土三部経」ばかりか道綽《どうしやく》や善導の書物、それに法然自らが書いた「三部経釈」の草案などを引いてきて、『選択集』はつくられた。後から述べるが、『選択集』は法然自らの思想を「私《わたくし》に云く」というかたちで語るが、それはほとんど法然が「三部経釈」で語った言葉のそのままの引用である。こういう経文を探してくる仕事は、「浄土三部経」や善導や道綽の著作および法然の著作をかなりよく知っていなくては、とうていできない。このような仕事を証空に任せたのであろう。そして、安楽はもっぱら執筆を命ぜられる。この執筆というのは、経文や論疏《ろんしよ》および法然の「三部経釈」の言葉を筆記することもあろうが、新しく法然が付け加えた意見の筆記もあろう。それは、口頭で法然が日本語で語ったものを漢文で筆記するという仕事であろう。それゆえ、それはかなり漢文ができないと不可能な仕事である。安楽は外記《げき》中原師秀の子である。中原家は代々外記を務める家柄であり、外記というのは朝廷の公文書をつくる役職である。はからずも安楽は、父祖伝来の業で法然の『選択集』撰修という歴史に残る大事業に、書記の大役を果たすという役目を仰せつかったというわけであろう。

この証空の証言がまちがいないことが、証空の三代目の法孫行観《ぎようかん》の書いた『選択本願念仏集秘鈔《ひしよう》』によってもわかる。

時に法然上人の春秋六十六、御籠居已後《いご》のことなり。西山上人は年齢二十三云々。あるいは云ふ二十五歳　法然上人は達者、西山上人は口入《くにゅう》の人なり。あるいは師の仰せに随ひて、経律論等の文どもを引き集め書かる、なり。勢観房《せいかんぼう》は生年十八なり。この人は御前に侍ると雖も、いまだ口入の分ほどに至らざるなり。

（『選択本願念仏集秘鈔』）

ここで、証空の役目は「口入の人」であるといわれる。「口入」というのは、師の仰せに従って経律論などの文を引き集めて書くということであるというが、経論などを集めるのと書くのとは別の役である。証空ははじめ経論などを集める役をしたが、後に執筆の役をもした。この『秘鈔』の文は、証空のはじめの役と後の役とを一緒にしたのであろう。また『秘鈔』には、このとき「勢観房」すなわち源智《げんち》は十八歳にして、法然上人の御前にいたけれど、口入という役は与えられなかったとある。行観は、自分たち西山派の祖師である証空をなんとかして源智よりもちあげたいと思い、このとき源智はその場にいたのに口入役を与えられなかったというが、源智はどうやらその場にいなかったらしい。というのは、『醍醐本《だいごぼん》』「一期《いちご》物語」の中に次のような文があるからである。

ある時、云はく、汝、選択集と云ふ文ありと知るや否やと。知らざる由（を申す異本）。

この文は我作れる文なり。汝これを見るべし。我存生の間はこれを流布すべからざる由、これを禁《とど》めし故に人々これを秘すと。これに依りて成覚房の本を以てこれを写す。（『醍醐本』「一期物語」）

あるとき法然は、「おまえは『選択本願念仏集』という文を知っているか」と源智に問うた。源智が「それは知りません」というと、「それは私がつくった文章であり、おまえはこれを見るがよい。しかし、私が生きている間は流布してはいけない」といった。それで源智は成覚房幸西《じょうがくぼうこうさい》の本を借りて、『選択集』を写したという。もしも源智がこの撰修の場にいたならば、源智が『選択集』を知らないということはありえない。やはり源智自らいうように、その場にはいず、したがって『選択集』のことはよく知らなかったのであろう。源智は十三歳のときに法然のもとに引き取られたが、法然は源智を真観のもとに預けて教育させて、教育が終わってから手元に引き取った。このときは源智はふたたび法然のもとに帰っていたが、『選択集』のことは知らされていなかったのであろう。

このようにみると、法然が『選択集』撰修の手伝いをさせたのは真観、証空、安楽の三人の弟子で、その役割分担は明らかである。しかるに、この執筆の役割を担ったはずの安楽が法然の気に障ることをいい、ついに執筆の役をおろされた。『四十八巻伝』によれば、安楽は第三章を執筆していたときに、自分はこういう筆作の能力がなかったら、この『選択集』撰修という光栄ある座にはべることはないであろうといったという。法然は、その言葉に安楽の高慢な心をみて安楽を退け、筆者を真観にかえた。安楽は、自分は家の外記という職業からして、ものを書く才能をもっている、このような才能がなかったら、『選択集』撰修という歴史的な座にはべることができようかといったのである。それは、安楽としてきわめてあたり前の発言のように思われるが、それが法然の気に障ったのであろう。安楽は、法然の教えを広めるのにたいへん力があった。「六時礼讃《ろくじらいさん》」のたくみなうたい手であり、都の士女の人気者であったのであろう。安楽には、ひじょうに調子に乗りがちな、いささか軽佻《けいちよう》浮薄《ふはく》な性があったと思われるが、このときも安楽ははしゃぎすぎて、その役を真観にかえられたのかもしれない。

この執筆者の変更であるが、それについて浄土宗鎮西派《ちんぜいは》の持阿《じあ》が著し、良栄《りようえい》が改訂した『選択決疑《けつぎ》鈔見聞《しようけんもん》』には次のようにある。

この選択集には多く執筆あり。謂《いわ》ゆる「選択本願」より「念仏為先」の註に至るは、上人の御自筆なり。第一篇より第三本願章の「能令瓦礫変成金」の文に至るまで安楽房の執筆なり。「問テ曰ク一切菩薩雖立其願」より十二付属章に至るまで真観房の執筆なり。第十三章より第十六章の「私云」より「一如経法応知」までは他筆なり。名字を失す。「静以善導」以下は又真観房の執筆なり。

（『選択決疑鈔見聞』）

これによれば、最初の「選択本願」から「念仏を先とす」という言葉は法然の自筆であり、第一章から第三章の「よく瓦礫《がりやく》をして変じて金《こん》となさしめむ」までは安楽の執筆であり、それ以下「問うて曰く、一切の菩薩は、その願を立つといへども」から第十二の付属の章の終わりまでが真観の執筆であり、第十三章から第十六章「一《もつぱ》ら経法《きようぼう》の如くすべし。まさに知るべし」まではだれかわからない人の執筆で、それ以下、終わりまでがまた真観の執筆であるというのである。

この『選択集』の原本は廬山寺《ろざんじ》に残っているが、『選択決疑鈔見聞』がいうように、最初の「選択本願念仏集」という表題と「南無阿弥陀仏〈往生の業には念仏を先とす〉」は法然の自筆であり、後は持阿の指摘どおり、第一章から第三章の「よく瓦礫をして変じて金となさしめむ」まではAの筆であり、「問うて曰く、一切の菩薩は、その願を立つといへども」から第十二章まではBの筆であり、第十三章から第十六章「一ら経法の如くすべし。まさに知るべし」まではCの筆で、「静かに以《おもん》みれば、善導の観経の疏は」以下はまたBの人の筆であることがわかる。このAは安楽、Bは真観とすべきであろう。Cについては、『選択決疑鈔見聞』には「名字を失す」人の筆ということになっているが、廬山寺本『選択集』のこのくだりの筆跡を清凉寺《せいりょうじ》に残された証空の手紙などの、証空の真筆にまちがいないと思われる筆跡と比べて鑑定された上田良準氏によって、Cは証空の筆であることが明らかにされた。鎮西派の持阿が書いた『選択決疑鈔見聞』に「名字を失す」とあるのは、あるいは鎮西派の、西山派の祖師証空に対する故意の無視であるとみられなくはない。

このように考えると、だいたい『選択集』撰修に際して三人の弟子の果たした役割がわかる。安楽や真観や証空が務めた執筆の役であるが、それについて良忠《りょうちゅう》の『選《せん》択伝弘決疑鈔《ちゃくでんぐけつぎしょう》』には、法然が真観に執筆の役を頼んだとき、真観は筆をとるにたえないと断ったが、法然は、自分が書こうと思わずに私がいうとおりに書けばよいといったので、執筆を引き受けたという話がある。『選択集』には、法然の意見が「私に云く」というかたちで加えられているが、それは多くは「三部経釈」の文章をほぼそのまま引用したものであり、新たに付け加えられた文は少ない。しかし、その部分も法然自らが筆をとったのではなく、法然が口で和文で話したものを安楽や真観や証空が漢文として筆記したものであろう。

このようにして『選択集』がつくられたが、法然は主著というべき『選択集』制作を、なぜこのように弟子たちに手伝わせたのであろうか。そして自ら執筆せずに、執筆の役割まで弟子たちに任せたのはどういうわけであろうか。これに関して思い出すのは、明恵《みようえ》の『摧邪輪《ざいじやりん》』の文章である。明恵は『選択集』について、「この書、さらに上人の製作にあらず、是れ門弟の撰するところなり」との噂があり、さらにまた「上人、深智ありと雖も、文章に善からず。仍つて自製の書記なし」との噂すらあったという。この噂は、このような『選択集』撰修の事情を考えれば、まんざらのデマではない。「門弟の撰するところ」という疑惑が生まれるのもゆえあることであろう。そしてさらに、「法然はたいへん深い智恵があるが、文章は得意ではない。それで自らつくった著作がない」というのも、それほどひどい誤解とはいいきれない。法然には「三部経釈」という著書があるが、それは秘蔵されて、公開されなかったのであろう。自らの著書を書くということに、法然はけっして積極的ではなかった。

偉大な仏教者には二つのタイプがある。たとえば、飛鳥・奈良時代における日本の仏教者として二人の傑出した人物がある。一人はもちろん聖徳太子で、一人は行基《ぎようき》である。聖徳太子ははっきり仏教書の著作の意志をもち、推古天皇の前で『勝鬘経《しようまんぎよう》』『維摩経《ゆいまぎよう》』の講義をし、『勝鬘経』『維摩経』『法華経《ほけきよう》』の注釈書『三経義疏《さんぎようぎしよ》』を書いた。しかるに、聖徳太子とならんで日本における仏教の普及に大きな功績をあげた行基は何の著書も残さず、また講義らしい講義をしたという話は聞かない。彼は諸国を行脚し、道をつくり、橋を架け、宿を建て、寺院を建て、仏像をつくって、日本の底辺の民衆にまで仏教を布教した。明らかに日本の仏教者には、このように聖徳太子のタイプと行基のタイプがあるが、平安時代においては最澄、空海、円仁、源信などは前者に属して、空也《こうや》のごときは後者に属する。

法然は、どちらかといえば後者のタイプであり、書物を書くことにとくに強い関心をもっていなかった。この点は彼の弟子親鸞はちがう。親鸞はその著書『教行信証《きょうぎょうしんしょう》』に心血をそそぎ、もちろん一人で執筆し、しかもその文章を再三推敲し、紙を貼ってその文を訂正した跡がある。つまり、親鸞は自己の人生をこの一冊にこめようとする意志で『教行信証』を書いたと思われるが、法然は『選択集』に彼の人生をすべてこめようという意志をもっていたとは、とうてい思われない。

明恵は法然を「文章に善からず」というが、法然の文章はけっして下手とはいえない。「三部経釈」はまさに法然のつくった文章であるが、彼の文章は論理的であり、いささかの論理の乱れがない。また、ときどき女人往生について語るところなどで、彼は感情的に怒りや慨嘆をもらすが、その筆もまた十分抑制されている。そして法然の字ははなはだ雄渾《ゆうこん》で、清涼寺に残された手紙などはほとばしるような勢いがある。

文章が下手で字が下手だから、著作を書かなかったということはいえない。それはおそらく彼の学説と関係するのであろうが、法然はそういうものを書くということより、念仏の行をはるかに重視する人間である。学より行、行の中でも往生の行である口称《くしょう》念仏《ねんぶつ》の行を重視する法然は、ものを書く暇があったら、念仏を数万回称えたほうが極楽往生にはよいと考えていたのであろう。

「三昧発得記」が語る法然の夢

次に第三の問題であるが、『四十八巻伝』は建久九（一一九八）年五月一日、法然の夢に善導があらわれて、「おまえが専修念仏を弘通するゆえに、私はやってきた」といったというが、これは『四十八巻伝』の誤りであり、法然が善導の夢を見たのは専修念仏の説を確信した後、布教を決意する前である。夢にあらわれた善導に励まされ、法然は布教を決意したのである。それは、法然が山を下った少し後であり、建久九年のことではない。建久九年に彼が体験したのは別の夢である。それは『醍醐本』の「三昧発得記《さんまいほっとくき》」に記されている夢である。

法然はこの夢の体験をだれにも語らなかったが、その体験を自筆で書きつけて、それを源智に渡した。法然が亡くなるときに明遍《みょうへん》が訪ねてきて、この「三昧発得記」を見て随喜の涙を流したという。とすれば「三昧発得記」は、珍しく法然自ら書いた文章で、法然の隠された体験を語ったものといえよう。これは、夢とも幻ともつかない不思議な体験の記録である。それは大きく分けると、四つの不思議な体験群から成り立っている。

「三昧発得記」を四つに分けて、法然の夢を調べてみよう。

■第一の夢の体験

建久九年正月一日、山桃の法橋教慶の許より帰りて後、未《ひつじ》(申《さる》異本)の時に恒例、毎(正異本)月七日念仏を始行す。一日明相少しきこれを現ず。自然として甚だ明らかなり。二日水想観《すいそうかん》、自然にこれを成就す。総じて念仏七ヶ日の内に地想観《ちそうかん》の中に瑠璃《るり》の相、少分にこれを見る。二月四日の朝、瑠璃地、分明にこれを現ず云々。六日の後夜に瑠璃宮殿の相これを現ず云々。七日の朝に重ねてまたこれを現ず。即ち宮殿の類に似たり。その相これを現ず。総じて水想・地想・宝樹・宝池・宮殿の五観は正月一日より始め二月七日に至る三十七ヶ日の間なり。毎日七万反《へん》の念仏不退にこれを勤む。これに依りてこれ等の相現ずるなり云々。

(『醍醐本』「三昧発得記」)

法然が、このような不思議な体験をもったのは建久九年正月一日からである。そしてその夢は、その年の二月七日までの間三十七日間つづいた。それは彼が毎日七万遍の念仏を勤め、念仏三昧に入っていたときである。そのころ、九条兼実はしきりに法然に来てほしいと頼んだが、法然は断りつづけた。「三昧発得記」を読めば、そのときの法然の心情はとても兼実の招きに応ぜられる状況ではなかったことがわかる。毎日七万遍の念仏を欠かさず、しかも不思議な夢幻があらわれてくるのである。この建久九年正月一日から二月七日にいたる夢幻の体験、法然にいわせれば三昧発得の体験は、ほぼ『観無量寿経《かんむりょうじゅきょう》』の線にそっているように思われる。

正月一日に「明相少しきこれを現ず」というのは、日想観であると思われる。ついで、多少順序は前後するが、地想観、水想観、宝樹観、宝池観、宝楼観の五観が出現する。まずこれについては問題はないが、ここで瑠璃相および瑠璃地が出てくることに注意すべきであろう。瑠璃は紫がかった青い色の宝石である。

■第二の夢の体験

ところが、二月二十五日から見た夢幻はまことに奇怪である。これは経典のどこにも記されていない夢幻である。

二月二十五日より始めて明処《めいしょ》にして開目するに眼根より仏出生す。赤き袋に瑠璃の壺、これを見る。その前には目を閉ずればこれを見、目を開けばこれを失ふ。二月二十八日に病に依りて念仏これを延（退異本）ばす。一万あるいは二万と。左（右異本）眼にその後、光明放つことあり。また、光の端《しるし》赤（青異本）し。また、眼に瑠璃あり。その眼（形異本）は瑠璃の壺の如し。瑠璃の壺に赤花あり、宝瓶の如し。また、日入りて後に出でて四方を見る。亦（赤カ）あり青き宝樹あり。その高さ定まりなく、高下に随喜（意異本）す。あるいは四、五丈、あるいは二、三（十異本）丈云々。

（同前）

真昼に眼を開くと、自らの眼の玉から仏が飛びだした。そして赤い袋に瑠璃の壺が見えた。それが眼を閉じると、見えるが、眼を開けると赤い袋も瑠璃の壺も見えなくなってしまった。これは何か精神の病気であるとしか思えないが、そのころ法然は七万遍の念仏ができず、一万遍あるいは二万遍に念仏の回数が減ったという。不思議な体験はまだつづき、あるとき左眼から光明を放った。『四十八巻伝』にある、法然が夜本を読んでいると、眼から光を放ち、たちまち部屋が明るくなったという話は、その体験なのであろうか。これは、弟子の信空《しんくう》や湛空《たんくう》が実際に見た不思議であったという。そして、その光の先が赤かったというのである。赤い色と瑠璃の色がこの不思議な体験においてかかわるがあらわれているようであり、法然の眼に瑠璃があって、その眼は瑠璃の壺のようであった。その壺に赤い花が咲いていて、ちょうどそれは美しい花瓶のようであった。そこでもまた、『観無量寿経』の極楽世界の宝樹があらわれて、その宝樹は青い宝樹で、高さが四、五丈になったり二、三丈になったり、高下した。その高下する木を見ながら、法然は随喜したという。この不思議な法然の体験をどう解釈したらよいか。これはまさに三昧発得といっても、まことに独創的な三昧発得である。赤い色と紫がかった紺のような瑠璃の色、それに青い木、奇怪な色の世界の体験である。

この体験をへて、法然は『選択集』の撰修にたずさわったのではなかろうか。

■第三の夢の体験

八月一日、もとの如く七（六異本）万返《へん》これを始め、九月二十二日の朝に地想分《ちそうぶん》明《めい》に現ず。闇円《やみのあたり》（周囲異本）七、八段ばかりなり。その後二十三日後夜《ごや》ならびに朝また分明にこれを現ずと云ふ。（同前）

ここでまた、法然の心は正常にもどったようであり、彼は毎日七万遍の念仏を欠かさず、その夢幻もほぼ『観無量寿経』にそった夢幻になる。ただ、「闇円七、八段ばかりなり」というのは、どういう意味であろう。極楽世界になお闇があるというのであろうか。法然が『選択集』の撰修を終えたのは建久九年十二月といわれるが、法然は、ひとときたいへん奇妙な夢幻の体験、つまり、ほぼ『観無量寿経』の線にそった三昧発得の体験をしつつ、『選択集』の撰修をつづけていたのであろう。このような三昧発得の体験によって、法然は善導なみの三昧発得の人となりえたという自信をもったにちがいない。そしてその体験に、善導の体験にはない、眼から光が出たり、瑠璃の壺や赤い袋を見たのも、彼の三昧発得の独自性を示すものであると思ったにちがいない。

■第四の夢の体験

しかし、この不思議な夢幻は『選択集』の撰修が終わってもまだつづく。

　正治二年二月の比《ころ》、地想等の五観、行住坐臥《ぎょうじゅうざが》に意《こころ》に随ひ意に任せ運に任せてこれを現ず。建仁九（元異本）年二月八日の後夜に鳥舌（音異本）を聞き、琴の音、笛の音等を聞く。その後、日に随ひて自在に音を聴く。正月五日に三度、勢至菩《せいしぼ》薩《さつ》の御後に丈六ばかりの（勢至の異本）御面現ず云々。西の持仏堂の勢至菩薩の形なり。丈六の面現ぜり。これ則ちこの菩薩はすでに念仏の法門を以て法門を証するところと為す故に、いま念仏者のためにその相を示現したまふこと疑ふべからず。同二十六日に始めて座処より下りて四方に一段ばかり青き瑠璃地なりと云々。今においては経ならびに釈に依りて往生疑ひなし。地観の文に心に疑ひなきを得る故なり云々。思ふべし。

建仁二年二月二十一日、高畠《たかばたけ》の少将殿《しょうしょうどの》、持仏堂においてこれに謁《まみ》ゆ。その間、例の如くに念仏を修し、阿弥陀仏の後の障子より見れば、徹通して仏面《まのあたり》にして現ず。大きさは長さ丈六の仏の面の如く、即ち忽ちに隠れ給ひぬ。二十八日午《うま》の時なり。元久三年正月四日には念仏の間に三尊、大身を現ず。また五日にも前の如し云々。（同前）

この正治二（一二〇〇）年は『選択集』の撰修が行われた二年後であり、建仁九年というのは、建仁は四年にして元久にかわるので九年というのはありえず、建仁元年の間違いであろう。建仁元年とすれば正治二年の翌年である。ここで法然は、鳥の声や琴の音や笛の音を聞く。『観無量寿経』は、極楽世界の視覚的な色の美しさとともに聴覚的な音の美しさをしきりに強調している。このような視覚的・聴覚的美にほとんど法然は反応せず、彼の『観無量寿経釈』はそういう美をまったく無視している。それなのに、ここで法然が鳥の声や琴の音や笛の音を聞いたのは、たいへん不思議なことである。そして、彼が拝んでいた勢至菩薩の像の背後に一丈六尺の巨大な面があらわれた。それは勢至菩薩そのものの面であり、勢至菩薩が念仏の法門をよしとして、念仏者の法然の前にその巨大な相をあらわし給うたことを法然は疑わなかった。そして二十六日に、法然は座っていたところより下りると、四方に一段ばかりの青い瑠璃地があらわれた。それを見て法然は、これは『観無量寿経』の地想観そのものの成就であり、極楽往生は疑いないと思った。翌建仁二年、高畠少将のところで念仏をしていると、阿弥陀仏の後ろの障子を通して長さ丈六の仏の面があらわれた。その仏の巨大な面は阿弥陀仏の面であろうか。建仁元年正月五日の勢至菩薩の丈六の面といい、建仁二年二月二十一日にあらわれた阿弥陀仏らしい丈六の面といい、この夢においては巨大なる面が主役をなすように思われる。そして元久三（一二〇六）年正月四日、それは建仁二年の四年後であるが、そのときには阿弥陀三尊《あみださんぞん》すなわち阿弥陀仏と勢至菩薩と観音菩薩があらわれた。それは、まさに三昧発得の完成を意味するのであろうか。

これが法然の三昧発得の体験であるが、研究者の中にはこの体験を否定する人がある。法然は定散《じようさん》二善を退けて、口称念仏のみを往生の行としたのではないか。それなのに、『選択集』撰修のさなかに『選択集』の内容と明らかに矛盾する、このような定善すなわち観仏《かんぶつ》と似たような体験をしたというのは、どういうわけであろう。それで、このような体験を法然らしくないものとして否定する論者もいるし、いままでこのような三昧発得の体験をとくに重視した論者は少ない。

しかし私は思う。法然はまことに明晰な頭脳をもった人であるが、そのような頭脳をもった人でも、やはり不思議な体験があるものである。明晰な頭脳のみでは偉大なことは成し遂げられない。明晰な頭脳の人でも、神秘的な体験と思われるような体験をもつものである。かのルネ・デカルトは中世の哲学をはじめいっさいを疑って、一日小部屋に閉じこもった。そこで彼は、彼自身の哲学というよりは、すべての近代哲学のもとになった原則を思いついたのである。この小部屋における夢想に似たある種の神秘的な体験が、近代哲学の創始者としてのデカルトを誕生せしめた。そのような体験をもったからには、彼はその原則の正しさを信じて、一歩も引こうとはしなかった。それと同じようなことが法然にもあるのではないかと思う。

それはやはり夢の体験である。その夢の体験の中に、法然の理性で抑えられていたものがあらわれる。それは、法然自らが退けたはずの観仏の世界、あの美しい極楽浄土の姿である。そこには、彼が日常とくに関心をもたなかった美しい鳥の声や琴の音や笛の音が聞こえてくる。またそこには、巨大な仏の面があらわれてくる。そして、赤い袋と瑠璃の壺、それはシュールレアリスムの絵を見ているような不思議な風景である。法然にも、このような夢想の世界があることを、私はむしろ当然であり、むしろ法然の名誉であると思う。こういう不思議な体験によって法然は、自ら信ずる阿弥陀仏の平等の慈悲を根底とした、首尾一貫した新しい浄土教の創立に強い自信をもつことができたのであろう。

『選択集』を付属された弟子の活躍

このようにして『選択集』はつくられたが、その内容に入る前に、いま一つ語っておきたいことがある。それは『選択集』付属のことである。法然が『選択集』の終わりに語るように、この本は九条兼実の要請に従って著作されたものであるが、この本を見た後は壁の底に埋めて、けっして外に出さないようにと兼実に頼んでいる。とすれば、これは門外不出の書であるということになる。それゆえに、法然はもちろん弟子たちにも、この著書のことを容易に知らせなかったはずである。しかし、この著書の撰修に真観、安楽、証空の三人の弟子をはべらせた以上は、三人の弟子はもちろん『選択集』の書写を許され、その内容を熟知していたにちがいない。しかし、この著書がつくられてまもなく、法然は他の弟子にも『選択集』を付属して、書写せしめている。しかも、それらの弟子は比較的入門が新しい弟子である。

浄土宗鎮西派の二祖聖光房弁長《しょうこうぼうべんちょう》が法然の弟子となったのは建久八（一一九七）年であるが、その二年後、正治元年に法然は弁長に『選択集』を付属し、書写させている。また、隆寛《りゅうかん》が法然の弟子となったのは建久三（一一九二）年頃であるが、この隆寛にも元久元（一二〇四）年に『選択集』を授けている。入門してから『選択集』付属まで多分に時間があいたのは、後に述べるように、法然が隆寛をほんとうの専修念仏の信者と認めたのは、彼が入門してからだいぶ後であったからであろう。また親鸞が法然に入門したのは建仁元（一二〇一）年、弁長に遅れること四年であるが、その四年後、元久二（一二〇五）年に親鸞に『選択集』を授けている。また、幸西《こうさい》が法然の門に入ったのは建久九（一一九八）年であるが、法然が幸西にも『選択集』を授けたことは源智の証言によって明らかである。

法然は、どうしてこのようにだれにも見せてはならない門外不出の書を、入門してまもない弟子たちに付属したのか。私は、それは法然の予感ゆえではないかと思う。すでにそのころ、法然の専修念仏を排斥する声が既成教団からあがっていた。法然はおそらく、やがてこのような声は高くなり、専修念仏が弾圧される日がくるにちがいないと予感していたのであろう。そこで、これらの、学問があって仏教にも通じていると思われる弟子たちに、彼はこの本を付属して弾圧の日にそなえたのではなかろうか。彼らの中のだれかが、付属した『選択集』によって自らの信仰を確立し、その信仰の種をあちこちに蒔く日がくることを法然は秘かに期待したのではなかろうか。彼が『選択集』を付属した四人の弟子、弁長、隆寛、親鸞、幸西、すべて天台教学を学んだ弟子である。天台教学を素地として専修念仏の教義を学べば、専修念仏の教義はよく理解でき、それによって専修念仏の確固たる布教者になるにちがいないと思ったのではないか。こういうことはひとつの勘である。法然はこのような勘がたいへん鋭い人であったと思う。こうして『選択集』を付属された弟子たちは、秘書を付属された師の恩義を一生忘れず、師の教説を世に広げたのである。

『選択集』撰修にたずさわった三人の弟子のうち、真観は若くして死に、安楽もまた法然流罪の原因となった六時礼讃の事件により殺されたが、証空はよく師の教えを継ぎ、浄土宗西山派の第二祖となった。また『選択集』を付属された四人の弟子のうち、幸西は行空《ぎょうくう》とともに一念義をたて、法然の教えに背いたために門徒から除かれたと『四十八巻伝』は伝える。隆寛は法然の死後、法然教団の中心となり、多くの書物を書き、法然の教えを広め、嘉禄《かろく》の法難において流罪となった。そして、弁長は九州で法然の教えを広め、ついに浄土宗鎮西派という宗派をつくり、弁長の弟子良忠《りょうちゅう》にいたって、幕府の根拠地鎌倉に布教し、また都に帰り、源智の弟子と協力して浄土宗鎮西派の本山知恩院をつくった。また親鸞は、法然が流罪になったときに越後《えちご》に流罪となり、流罪が赦された後に常陸《ひたち》に渡り、そこで法然の教えを広めたのである。そして親鸞は晩年京都に帰り、『教行信証』をはじめとする著作を書き、浄土真宗の祖師となった。親鸞の曾孫覚如《かくによ》の時代になって、親鸞の墓所である本願寺を中心とする親鸞教団結成の動きとなり、ついに覚如から六代目の子孫である蓮如《れんによ》の時代にいたって巨大な教団に成長した。弁長も親鸞も、法然から『選択集』を付属された恩義を一生忘れず、それを彼の信仰の基礎においたのである。このような弁長や親鸞の活躍も、『選択集』付属ということがなかったならありえなかったと思われるが、法然はそこまで未来を見通していたのであろうか。

この『選択集』を付属されたときの弟子たちの感激がいかばかりかであったか。それを知るために、いま二人の弟子の言葉を引用して、この節を終えたい。二人の弟子の一人は鎮西派第二祖の弁長である。弁長がなかったなら、現在においてなお巨大な教団である浄土宗はありえなかったかもしれない。

殿下、上人に告げていわく、今、この書は浄土宗の奥義なり。上人在世の時、禅室草庵より披露《ひろ》せしむることなかれ。大師入滅の後、博陸槐門《はくりくかいもん》よりこれを弘通《ぐづう》すべし。源空、この炳誡《へいかい》を蒙るといえども、露命《ろみよう》定め難く、今日死せんも知れず、明日死せんも知れず。故にこの書をもってひそかに汝に付属す。外聞に及ぶことなかれ、と。云云 ここに、弟子某甲《むこう》、低頭挙手《ていづこしゅ》し合掌《がっしょう》恭敬《くぎょう》して、跪いてもってこれを賜わりおわんぬ。歓喜身に余り、随喜心に留まる。伏して以《おもんみ》れば報じ難く、仰いで以れば謝し難し。ただ、義理を口決に伝うるのみにあらず、また造書を眼前に授けらる。解行《げぎょう》、本ずくことあり、文義すでに足れり。それより以降《このかた》、往生の願、弥《いよ》いよ深く、念仏の行、倍《ます》ます高し。しかして窮老《ぐろう》の微質《みしつ》、図らざるに存命し、念仏の暇に当り行法の隙を瞻《み》て、一切経蔵を披き優婆提舎《うばだいしゃ》を覧るに選択の正文、経教の説に相応し、念仏の妙義、論家の釈に違うことなし。計り知りぬ、上人博覧の智、得て称すべからざるものなり。(『徹選択本願念仏集《てつせんちゃくほんがんねんぶつしゅう》』)

弁長は熱血漢である。この文章も声涙倶《とも》に下るというべき熱血の文章である。ここで、どこにも語られていない『選択集』撰修に関するエピソードが語られている。それは、法然死後に九条兼実のほうから『選択集』を弘通すべしとのことである。これはどこにも書かれていない話である。そういう約束が、あるいは兼実と法然の間になされていたのであろうか。法然はそういう約束に従って、「弟子にも見せるべきものではないが、私もいつ死ぬかわからないから、おまえには付属する」といって、弁長に付属したという。それに弁長はどんなに感激したことか。その感激を胸にしまって彼は九州に下り、まさに超人的な活躍をして法然教団の基礎をつくった。この弁長の熱情は弟子の良忠に伝わり、良忠はついに幕府の根拠地鎌倉での布教に成功し、都に帰って鎮西派の本拠知恩院を建てたというわけである。この『選択集』付属ということがなかったら、弁長および良忠の活躍はありえず、浄土宗の今日のごとき繁栄はとうてい見られなかったであろう。弁長はもちろん向学の志に富み、いろいろ経文を見たが、法然の学問の広さとその論理の鋭さにあらためて驚嘆したという。

もう一人、『選択集』付属を一生の光栄として、法然教団づくりに弁長に劣らず努力した弟子がある。もちろん親鸞である。親鸞は『教行信証』の最後に次のようにいう。

選択本願念仏集は、禅定博陸《ぜんぢやうはくりく》〈月輪殿兼実《つきのわどのかねざね》、法名円照《ゑんせう》〉の教命《かうめい》に依りて撰集せしむるところなり。真宗の簡要《けんえう》、念仏の奥義、これ摂在《せふざい》せり。見るもの諭《さと》りやすし。誠にこれ希有最勝の華文、無上甚深《じんじん》の宝典なり。年を渉《わた》り日を渉りて、その教誨《けうくゑ》を蒙《かふ》るの人、千万なりといへども、親《しん》と云ひ疎《そ》と云ひ、この見写《けんしや》を獲《う》るの徒《ともがら》、甚だ以て難し。しかるにすでに製作を書写し、真影を図画せり。これ専念正業《せんねんしやうごふ》の徳なり、これ決定往生の徴《ち》「徴の字、千の反《かへし》、あらはす」なり。よりて悲喜の涙を抑へて由来の縁を註《しる》す。（『教行信証』「化身土巻《けしんど》」）

親鸞は弁長のように、直接、熱血がほとばしりでるような文章は書かない。彼の文章は深く重く沈潜された文章であるが、この文章には、やはり法然に『選択集』を付属されたときの感激がこめられている。『選択集』はすばらしい本であるが、その本を見せられ付属された弟子ははなはだ少ない。それなのにその著書を書写し、そのうえ法然の真影を描かせていただいたという師の恩を、親鸞は一生忘れなかったであろう。親鸞が青春にして味わった越後流罪、そしてその後の、文化果つる地と思われる常陸における布教の困難さに堪えられたのも、この『選択集』付属の感激を彼が一生忘れなかったゆえであろう。親鸞は晩年都に帰り、彼が法然から聞いた浄土真宗の教えを強く守り、『教行信証』などの著書を残して死んだが、親鸞の曾孫覚如によって本願寺の基礎ができ、それが天才的布教者ともいえる蓮如によって大きく発展し、今日のごとき大教団ができたのである。『選択集』付属の霊験、まことにあらたかであったといわねばならない。

第二節　浄土宗聖典の完成

選択――新しい浄土教の根本原理

『選択集』は九条兼実の要請によってつくられたものであり、しかも、その制作にあたって法然が三人の弟子たちに手伝わせたことは確実であるが、それは、けっしてこの著書に寄せる法然の情熱が欠如していたことを意味しない。法然はだいぶ前から、従来の八宗あるいは九宗に対して、新しく浄土宗を開くにあたって立宗を宣言する理論書の必要を感じていたにちがいない。なぜならば、従来の八宗、九宗いずれも、その宗派の根本聖典が宗祖によってつくられているからである。このような根本聖典なしには、浄土宗という新しい宗派が八宗あるいは九宗と匹敵することはできない。

たしかに、『無量寿経釈』には浄土宗の立教開宗が宣言されている。そして『無量寿経釈』の中には、『観無量寿経釈』『阿弥陀経釈』などの説が取り入れられている。とはいうものの、それはあくまで『無量寿経』の注釈書にすぎず、真の立教開宗の宣言書としては不十分であろう。

この主著制作にあたっての法然の緊張感はなみなみではなかったと思われる。理性的な法然が「三昧発得記」で示したような異常体験におそわれたのは、こういう緊張感ゆえではなかろうか。そして、彼はそういう異常な体験によって、善導と同じく自分も三昧発得の人であることを確信したはずである。『選択集』制作にあたって法然は、善導が『観経疏《かんぎょうしょ》』制作にあたって見た夢とは少しちがった異常な夢の体験をしたわけであり、彼もまた三昧発得の人として『選択集』を善導の『観経疏』なみの、阿弥陀仏によって認められた聖者の主著にすることができたのである。

新しい宗派をつくるには、やはり原理が必要である。「三部経釈」においては、まだその原理が確立されていない。しかし『選択集』において、彼は新しい浄土教の根本原理を確立した。その根本原理というのは「選択《せんちやく》」である。選択は、すでに『阿弥陀経釈』において語られた言葉であるが、法然は『選択集』において、この選択という言葉を中心に「浄土三部経」ばかりか、全仏教を解釈しようとする。

『選択集』は、正式には『選択本願念仏集』というが、これはやはり本願の念仏を選択したという意味である。本願というのは、もちろん『無量寿経』に語られている阿弥陀の十八願であり、それはやさしくいえば、口称念仏を十回称えれば極楽浄土に往生するという願である。釈迦は、この阿弥陀仏の本願にそった念仏を極楽往生の行として、『観無量寿経』などに説かれる観想の念仏を極楽往生の行としなかった。それゆえ表題そのものが、いままでこれこそ念仏とされてきた観想の念仏の否定を意味するのである。

この「選択」という言葉は『無量寿経』ではつかわれず、かわりに「摂取《せっしゅ》」という言葉がつかわれている。『無量寿経』には、世自在王如来が二百一十億の諸仏の浄土を示したのに、法蔵菩薩すなわち阿弥陀はそのなかで極楽浄土を摂取したとある。しかし『無量寿経』の異訳経典である『大阿弥陀経』では、二百一十億の浄土の中から極楽を選択したとある。法然は、この『無量寿経』の摂取と『大阿弥陀経』の選択は同じサンスクリット語の異訳であり、それゆえに同じ意味であるといって、摂取を選択に変えて、選択を新しい浄土教の根本理論をあらわす用語としたのである。しかし、サンスクリットの原語はとにかく、漢語の摂取と選択はいささか意味を異にする。摂取は取り入れるという意味が強いが、選択というのは、二つの中あるいは多くの中から一つを選び、他を捨てるという意味が強い。法然は選択という言葉をもちいるとともに、「選捨」という言葉をもちいる。もし摂取という言葉をつかえば、取り入れるという意味が強くなって、その反対の摂捨という言葉はありえない。

法然がわざわざ摂取という言葉をつかわず選択という言葉をつかったのは、選ぶという機能を重視したゆえであり、その反面の選捨ということを重視したからであろう。すでに『選択集』はその題名において、口称の念仏を選択している。しかも、その選択は法然自らの選択ではない。何よりも阿弥陀仏自らの選択なのである。

『選択集』の中心教説

『選択集』は十六章からなるが、このうち三章までが彼の理論の中心部分である。ここで、法然は三つの選択について語る。

一、道綽禅師《どうしゃくぜんじ》、聖道《しょうどう》・浄土《じょうど》の二門を立てて、しかも聖道を捨てて正《まさ》しく浄土に帰するの文《もん》。
二、善導和尚《ぜんどうかしょう》、正雑二行を立てて、雑行《ぞうぎょう》を捨てて正行《しょうぎょう》に帰するの文。
三、弥陀如来、余行をもつて往生の本願としたまはず。ただ念仏をもつて往生の本願としたまへるの文。（『選択集』）

つまり、第一は道綽の選択、第二は善導の選択、第三は阿弥陀仏の選択である。道綽は『安楽集《あんらくしゅう》』で、仏教を聖道門と浄土門に分かった。聖道門というのは浄土教をのぞいた、すべての大乗仏教すなわち顕教《けんぎょう》、密教《みっきょう》、権大乗《ごんだいじょう》、実大乗《じつだいじょう》、そして小乗仏教である。そして浄土門には、浄土往生を明らかにする教えとかたわらに浄土往生を明かす教えがあるが、まさしく浄土往生を明かす教えは『無量寿経』『観無量寿経』『阿弥陀経』の「三経」と天親《てんじん》の『往生論』（『浄土論』ともいう）のみである。かたわらに浄土往生門を明らかにする教えというのは、『法華経』や『華厳経』などである。聖道門と浄土門を比較すると、聖道門は理は深いが、釈迦の時代を去ることはるか遠い、末法の現世では行うことはできない。それで道綽は聖道門を選捨して、浄土門を選択した。

　これが第一の選択であるが、第二の選択は善導の選択である。善導は、すべての行を浄土の経典による正行と雑行に分かち、しかも浄土の経典による読誦《どくじゅ》・観察《かんざつ》・礼拝《らいはい》・称名《しょうみょう》・讃歎供養《さんだんくよう》の五行のうち第四の称名の行を正定業《しょうじょうごう》として選んだ。この第二の善導の選択は二重構造になっているのである。つまりそこに二つの選択がこめられている。一つは正行と雑行、いま一つは正定の業と助業《じょごう》である。この正行と雑行の選択は、道綽の聖道門と浄土門の選択と重なる。とすれば、もう一つの正定の業と助業の選択が善導独自の選択といえよう。第一の道綽の選択で聖道門が選捨され、浄土門のみが選択されたが、第二の善導の選択によって極楽浄土往生の行として余行は選捨され、口称念仏のみが選択される。

ここですでに選択は完成されたとみなくてはならないが、その選択がまちがいないことを示すために阿弥陀の選択が加わるのである。それが第三の選択である。これがまさに選択のうちのもっとも重要な選択である。阿弥陀仏は二百一十億の浄土の中から、口称念仏すれば往生できる極楽浄土を選び給うたのである。それは何ゆえか。それは、すでに『無量寿経釈』で語られているように、念仏はもっとも功徳がまさり、そしてだれにもできる易行《いぎょう》であるからである。『観無量寿経』によれば、十悪五逆を犯した罪人が口で念仏を称えたら、たちまちのうちに無量劫《むりょうこう》の罪が消え、極楽浄土へ往生することができるという。そのように口称念仏は功徳があるうえに、しかもそれを行ずることは易《やさ》しい。それゆえ阿弥陀仏は、このような功徳がすぐれていて、しかも易しい行で往生することができるという浄土、すなわち極楽浄土を選び給うたというのである。

> 念仏は易きが故に一切に通ず。諸行は難きが故に諸機《しょき》に通ぜず。しかれば則ち一切衆生をして平等に往生せしめむがために、難を捨て易を取りて、本願としたまふか。もしそれ造像起塔をもつて本願とせば、貧窮困乏《びんぐうこんぼく》の類《たぐい》は定《さだ》んで往生の望《のぞみ》を絶たむ。しかも富貴の者は少なく、貧賤の者は甚だ多し。もし智慧高才《ちえこうさい》をもつて

本願とせば、愚鈍下智《ぐどんげち》の者は定んで往生の望を絶たむ。しかも智慧の者は少なく、愚痴《ぐち》の者は甚だ多し。もし多聞多見《たもんたけん》をもつて本願とせば、少聞少見《しょうもんしょうけん》の輩《ともがら》は定んで往生の望を絶たむ。しかも多聞の者は少なく、少聞の者は甚だ多し。もし持戒《じかい》持律《じりつ》をもつて本願とせば、破戒無戒《はかいむかい》の人は定んで往生の望を絶たむ。しかも持戒の者は少なく、破戒の者は甚だ多し。自余の諸行、これに准じてまさに知るべし。

まさに知るべし。上《かみ》の諸行等をもつて本願とせば、往生を得る者は少なく、往生せざる者は多からむ。しかれば則ち、弥陀如来、法蔵比丘《ほうぞうびく》の昔、平等の慈悲に催されて、普《あまね》く一切を摂せむがために、造像起塔等の諸行をもつて、往生の本願としたまはず。ただ称名念仏の一行をもつて、その本願としたまへるなり。

（同前　第三）

私は、ここに法然がこの著書でいちばんいいたかったことがあらわれていると思う。もし仏像をつくったり、塔を建てたりすることが本願であったならば、貧乏で生活に困っているような人間は往生することはできない。しかるに金持ちは少なくて、貧乏な人が多い。もし智恵があり才があることが本願であるとすれば、才がない愚かな人は往生することはできない。しかし賢い人は少なく、愚かな人がはなはだ多い。もしものを知っていることを本願とすれば、ものを知らない人は往生することはできない。

しかしものを知っている人は少なく、ものを知らない人がはなはだ多い。もし戒を守っていることを本願とすれば、戒を守れない人は往生することができない。しかし戒を保っている人は少なく、戒を破る人は多い。こういうわけで、念仏以外の行を本願としたならば極楽へ往生する人は少なくて、大部分の人は往生の望みすらない。私は、これが法然のもっともいいたいことであると思う。

『無量寿経釈』において、真言や天台や法相《ほっそう》や三論《さんろん》の教えを知ることを本願とすれば、そのようなことを知っている人はわずかであり、大部分の人は往生の望みをもてないといっているが、ここでは聴衆に対する配慮は捨てられて、法然のいいたいことがはっきり語られている。法然は、阿弥陀仏は平等の慈悲をもっていらっしゃるので、そんなわずかな人だけが極楽浄土に往生するような行は選択せず、だれでもできる口称念仏の行を選択し給うたというのであろう。

『選択集』では、こういう思想が、『無量寿経釈』にあったような余分な配慮が捨てられて、率直に語られている。それゆえその理論はいっそう明晰になり、阿弥陀様は平等の慈悲を深くもっておられるので、そんなほんの少しの人間だけが極楽往生でき、ほとんどの人間が極楽往生できないということをお選びになるはずがないではないかという法然の思いが、いっそう強く感じられるのである。『選択集』の第三章までで、だいたい法然の『選択集』の中心的教説は語りつくされていると思う。

『無量寿経』中心の立場と師資相承の血脈

『選択集』に、浄土宗は「三経・一論」を根本経典とするとある。「三経」というのは『無量寿経』と『観無量寿経』と『阿弥陀経』であり、「一論」というのは天親の『往生論』である。『無量寿経釈』では、『無量寿経』のみが根本経典とされていたではないか。いまどうして『選択集』で、『無量寿経』『観無量寿経』『阿弥陀経』の「浄土三部経」が根本経典とされるのか。こんへんの違いについて法然は何も語っていないのでよくわからないが、法然の立場は、やはり阿弥陀の四十八願のうちの第十八願を本願として、口称念仏をもって浄土往生の唯一の行と考える立場なので、『無量寿経』中心の浄土教といわざるをえない。善導はこの阿弥陀の本願、十八願を高く評価したけれど、詩人の彼は『観無量寿経』を終生はなはだ愛好し、やはり善導の立場は『観無量寿経』を中心とする浄土教であったといわねばならない。「偏依《へんね》善導《ぜんどう》」といいながら、法然は『観無量寿経』中心の浄土教から『無量寿経』中心の浄土教へ立場を変えているのである。『無量寿経釈』では『無量寿経』一つを正依の経典としているが、この『選択集』では『無量寿経』『観無量寿経』『阿弥陀経』の「浄土三部経」、それに天親の『往生論』を加えて正依の経典としている。しかし、『無量寿経』中心の彼の立場は変わっていないと思う。『選択集』で彼が「三経」を正依の経典としたのは、ここで彼が「三経」から口称念仏の功徳を讃美した経文を選んで『選択集』をつくったからであろう。

『選択集』は十六章からなるが、それは次のとおりである。

第一から第六までがだいたい『無量寿経』からとったもので、第七から第十二までが『観無量寿経』からとったもの、第十三から第十六までが『阿弥陀経』からとったもので、そのほとんどはすでに「三部経釈」で語られている説なのである。このうち第一から第三までは直接『無量寿経』の文ではないが、『無量寿経釈』ですでに論ぜられている。「三経」を浄土教の根本経典としたのは法然であるが、さきに述べたように、善導の著書にも、この「三経」がならんで出てくる。その順序は、主として『観無量寿経』『阿弥陀経』『無量寿経』の順であることが多い。天親の『往生論』についてては、あまり『選択集』ではくわしく説明されていないが、天親は龍樹《りゅうじゅ》とともに大乗仏教のもっとも重要な祖師であり、その天親の『往生論』を読んで曇鸞《どんらん》は道教を捨てて、仏教に入り、『往生論』の注釈を書いた。その意味で天親の『往生論』は、まさに中国浄土教の生みの親であるといえる。

こうして根本理論ができ、正依の経典が定められたからには、師資相承《ししそうしょう》の血脈《けちみゃく》が必要である。あらゆる聖道門の仏教もみな血脈がある。その血脈をどうするか。法然は、

> 今しばらく道綽・善導の一家によつて、師資相承の血脈を論ぜば、これにまた両説あり。一には菩提流支三蔵《ぼだいるしさんぞう》・慧寵法師《えちようほつし》・道場《どうじよう》法師・曇鸞法師・大海《だいかい》禅師・法上《ほうじよう》法師。〈已上、安楽集に出づ〉二には菩提流支三蔵・曇鸞法師・道綽禅師・善導禅師・懐感《えかん》法師・少康《しようこう》法師。〈已上、唐宋両伝に出づ〉（同前　第二）

であるという。ここで二説を出しているが、まもなくそれが整理され、『十住毘婆沙論《じゆうじゆうびばしやろん》』を書いた龍樹と『往生論』を書いた天親、そして『往生論註』を書いた曇鸞、『安楽集』を書いた道綽、『観経疏』などを書いた善導という系譜が確立されていく。インド二人、中国三人、それに『往生要集』を書いた恵心僧都《えしんそうず》源信、『選択集』を書いた法然が日本の祖師として加えられ、それらの人々が浄土七祖といわれるようになる。

阿弥陀の本願の正しさを証明する

こうして根本経典および師資相承の血脈も定まったからには、後は数ある行の中から口称念仏を往生の行とする阿弥陀の本願の正しさを示す文章を「浄土三部経」の中から探し、その選択の正しさを論証することである。『阿弥陀経釈』の終わりで、法然は八つの選択があるという。『無量寿経』に三つ、『観無量寿経』に三つ、『阿弥陀経』に一つ、そして『般舟三昧経《はんじゅざんまいぎょう》』に一つである。この八つの選択は、選択という思想がいかに「浄土三部経」の中に存在するかを示し、その選択という考え方で「三経」を解釈する法然の説の正しさをも示すものであろう。『選択集』の章でいえば、第三章に「選択本願」、第五章に「選択讃歎《さんだん》」、第六章に「選択留教《るきょう》」、第七章に「選択摂取」、第十章に「選択化讃《けさん》」、第十二章に「選択付属」、第十四章に「選択証誠《しょうじょう》」があたる。『般舟三昧経』の「選択我名《がみょう》」を除くと七つの選択となるが、この七つの選択の文が阿弥陀の本願の正しさを論証するものであろう。

『無量寿経』の三つの選択についていえば、第三章の選択本願ついては、たしかに法然のいうとおりであろう。そして、その他に法然があげた二つの選択すなわち、第五章の選択讃歎と第六章の選択留教はいずれも、巻末の「流通分《るずうぶん》」にある。また『観無量寿経』についていえば、第七章の選択摂取と第十章の選択化讃は「正宗分《しょうしゅうぶん》」にあるが、第十二章の選択付属は「流通分」にある。つまり、この「三経」で語られる七つの選択のうちもっとも重要と思われる三つの選択が、すべて「流通分」で語られているのである。法然は、『阿弥陀経』においても口称念仏を讃美する文を四つあげ、その三つは「正宗分」すなわち本文に語られているが、第十六章の「釈迦如来、弥陀の名号をもつて慇懃《おんごん》に舎利弗《しゃりほつ》等に付属したまふの文」は、やはり「流通分」で語られているのである。

こうしてみると、口称念仏の讃美の言葉は、とりわけ「流通分」において語られているとみるべきであろう。「正宗分」においては、あまり口称念仏については語られず、「流通分」において語られるのはどういうわけであろうか。「正宗分」で語られる説を仏の説と考え、「流通分」の説を何かのつごうで偶然ここで口称念仏がほめられたとみるべきか、それとも「正宗分」においてほんとうのことが語られず、「流通分」においてはじめてほんとうのことが語られたとみるべきかは、むずかしい問題である。おそらく他の解釈者は前者の説をとるが、法然はあえて後者の説をとって、「流通分」において、ほんとうの釈迦の意思があらわれたと考えるのである。このようにみると、法然の「浄土三部経」の解釈は「流通分」に重点をおいたものといわねばならない。

「選択」という言葉とともに、法然は「専修《せんじゅ》」という言葉をしきりにもちいる。法然はもともと専修念仏のことを「但念仏《たんねんぶつ》」と呼んでいた。但念仏は「助念仏《じょねんぶつ》」に対する言葉で、助念仏というのは諸行の助けとしてする念仏であるが、但念仏というのは諸行の助けではなくて、ただ念仏することだけを目的とする念仏である。源信の『往生要集』にはこの但念仏という言葉がつかわれていて、法然もまだ「三部経釈」においては、この但念仏という言葉をもちいることが多いが、この『選択集』にいたって、おもに専修念仏という言葉をもちいるようになる。但念仏にはまだ他の行をしないという意味はないのである。専修念仏というと、他の行はせずにもっぱら念仏をするという意味になる。また、彼はそこで「一向《いっこう》」という言葉にとくに強い注意を向けるのである。一向という言葉は、『無量寿経』の三輩《さんぱい》の中につかわれている言葉であるが、一向とは他のことをしないという意味をもつ。これは選択および専修と同じような響きをもつので、法然がとくに愛好する言葉である。

このように考えると、法然の立場は〈AかBか〉どちらか一つを選ぶという立場であることがわかる。それは〈AもBも〉という立場ではない。もともと法然の思考そのものが〈AかBか〉という思考であった。彼は『往生要集詮要《せんよう》』とか『往生要集料《りょう》簡《けん》』という『往生要集』の解釈の本を書く。その本で法然は、『往生要集』においてもっともたいせつなところはどこかという問いを問う。『往生要集』の要は念仏の行にありとして、それ以外の厭離穢土《おんりえど》とか欣求浄土《ごんぐじょうど》というところは惜しげもなく捨てる。また念仏の要はどこかと問うて、念仏の中でも第四の専修念仏を要として、後は捨てる。そして、第四の専修念仏の中でも観察だけを要として、後は捨てる。そして、観察の中でも称名だけを要として、後は捨てる。こういう論理的な〈AかBか〉という立場でそのいずれかをとり、そのいずれかを捨てていくのが、法然の思惟の方法であった。いまここで、このような法然自身の思惟方法に従って聖道門の仏教は捨てられ、口称念仏以外の諸行は捨てられるのである。

これはきびしい論理家の方法であるが、人生というものはすべてこのようなかたちで選択されたり、選捨されたりするものではない。むしろ人間のごくふつうの態度は、〈あれかこれか〉ではなく、〈あれもこれも〉であるかもしれない。とくに美的な態度はまさに〈あれもこれも〉である。あれもよろしい、これもよろしい、ピカソもよいが横山大観も捨てがたい、ゲーテもよいが司馬遼太郎もよろしい、という立場であろう。これについてデンマークの哲学者セーレン・キェルケゴールは、美の立場は〈あれもこれも〉の立場であるが、倫理的な立場は〈あれかこれか〉の立場であると論じた。たしかにそのとおりである。倫理的立場をとるとき、われわれは〈あれかこれか〉

の選択を余儀なくされる。恋人ならば、〈あれもこれも〉が可能であるかもしれないが、妻を選ぶときは〈あれかこれか〉を決定しなくてはならない。キェルケゴールは、やはり人生には〈あれかこれか〉という美的立場より、〈あれかこれか〉を選ぶ倫理的立場がより重要であることを主張したのである。

この論をかりれば、善導は〈あれもこれも〉の立場であると私は思う。観仏もよろしい、念仏もよろしい、称仏もよろしいという立場である。ほんとうは彼は観仏が大好きで、称仏を観仏や念仏ができない人に勧めたのであろう。ところが、この〈あれもこれも〉の立場を法然は許さないのである。あれかこれか、観仏が正しいか称仏が正しいか、もしも観仏ならば極楽往生をする人は少なく、称仏すなわち口称の念仏ならばだれでも極楽往生することができる。平等な慈悲をもつ阿弥陀仏は、そんなほんの一握りの人しか極楽往生させないはずがない。観仏ではなく称仏のみが阿弥陀の平等の慈悲にかなうものであり、善導自らそういうことをいっていると法然はいう。しかし、善導の著書を虚心に読めば、やはり善導は〈あれもこれも〉の人であったと思う。そこに美的立場の善導と、論理的あるいは倫理的立場の法然の大きな違いがあるように思われる。

三輩往生説と定散二善説への反論

こうして法然は、阿弥陀仏は観仏を浄土往生の行として選び給わず、称仏すなわち口で「南無阿弥陀仏」を称える口称念仏を浄土往生の行として選択したと考えて、「浄土三部経」の中からその証拠を探すわけであるが、『阿弥陀経』についてはそれでよいであろう。なぜなら、『阿弥陀経』には定散《じょうさん》二善は語られていないからである。法然は『阿弥陀経』において、口称念仏を仏たちが讃美した文を四つあげている。第十三章の「念仏をもつて多善根《たぜんこん》とし、雑善をもつて少善根としたまふの文」、第十四章の「六方恒沙《ろっぽうごうじゃ》の諸仏、余行を証誠《しょうじょう》したまはず、ただ念仏を証誠したまふの文」、第十五章の「六方の諸仏、念仏の行者を護念《ごねん》したまふの文」、第十六章の「釈迦如来、弥陀の名号をもつて慇懃《おんごん》に舎利弗《しゃりほつ》等に付属したまふの文」である。

『阿弥陀経』については問題がないとしても、『無量寿経』と『観無量寿経』については難問がある。なぜなら、『無量寿経』には「三輩念仏《さんぱいねんぶつ》往生の文」というのがあり、そこでは念仏とともに諸行によって極楽往生することができると語られているからである。しかし、それ以上に『観無量寿経』に定散二善がはなはだくわしく語られていて、あたかも『観無量寿経』は定散二善についての讃美の書であるがごとき観を呈するからである。この『無量寿経』の三輩往生および『観無量寿経』の定散二善をどう解釈するかがいちばんの難問になる。この難問が、主として『選択集』の第四章「三輩念仏往生の文」および第十二章「釈尊、定散の諸行を付属したまはず。ただ念仏をもつて阿難《あなん》に付属したまふの文」で論ぜられる。『無量寿経』の文について、第四章をのぞいた他の章については、すでに説明した。問題は『観無量寿経』の第七章から第十二章の文である。とくに法然が重視して選択の文としてあげたのは、第七、第十、第十二章である。第十二章については、法然が「三経」解釈の中心とした文であり、それについては後で論ずる。

このうち第七章の「摂取不捨」の文は、観仏の行者の讃美であり、口称念仏の行者の讃美ではない。第十章および第十一章は前に述べたように口称念仏の讃美であり、第八章および第九章は『観無量寿経釈』に出てこない新しい論点であるが、法然はあらためて三心《さんじん》四修《ししゅ》の必要性を感じたのであろう。

こうしてみると、十三の文はすべて口称念仏の讃美の文とはいいえない。とくに問題は、『無量寿経』の三輩の説と『観無量寿経』の定散二善の説である。これについて十分反論しなかったならば、専修念仏の説は成立することはできない。それゆえ、この二章には、法然はとくに力を入れている。まず第四章の「三輩念仏往生の文」であるが、三輩往生というのは念仏者を三輩に分けて、それぞれ三輩がした行によって往生することが可能であるという文である。ところが、この文の中に念仏とともに諸行が説かれている。なぜ、念仏とともに諸行が往生の行であるというのか。ここで法然は自問自答して、これに答えている。この自問自答は『無量寿経釈』においてもなされているが、『選択集』のほうがより整理されている。

上輩《じょうはい》の文の中には念仏のほかに捨家棄欲《しゃけききよく》などの行があり、中輩の文の中には起立《きりゅう》塔像《とうぞう》などの行があり、下輩の文の中には菩提心《ぼだいしん》などがある、それなのに、いま余行を捨てて念仏を選ぶというのはどういうわけであろうか、と法然は自問する。そして、その答えとして三つの解釈があると法然はいう。

一には諸行を廃して念仏に帰せしめんがために、しかも諸行を説く。二には念仏を助成《じょじょう》せむがために、しかも諸行を説く。三には念仏と諸行の二門に約して、おのおの三品《さんぼん》を立てむがために、しかも諸行を説く。（同前　第四）

この三つの解釈の一つずつを法然はくわしく説明する。第一の解釈は善導の解釈である。善導の解釈は結局、ここで諸行が説かれていたとしても、仏の意志は諸行を廃しもっぱら口称念仏を勧めることにあるという説であると法然は確信した。それを示す一つの論拠は、三輩に、それぞれ「一向専念《いっこうせんねん》」という言葉がつかわれていることである。一向専念とは、たとえば一向大乗寺および一向小乗寺は、一向に大乗および小乗を学び、大乗・小乗を兼学する寺ではないという意味であるように、一向専念とは口称念仏だけを行って余行は行わないという意味である。したがって、ここは念仏とともに諸行を勧めているようにみえるが、じつは諸行を廃して念仏のみを勧めている。これが第一の解釈であるが、第二の解釈は、この二つの行を説くというのは「一向に専ら無量寿仏を念ず」というのが正行であって、他の菩提心をおこすとか、家を捨て欲を捨て沙門《しゃもん》になるとかは助行として、その正行を助けるという解釈である。第三の解釈は、諸行に三品を立てたのは、念仏においても三品を立てるためであったというのである。

この三つの解釈をならべて法然は次のようにいう。

> およそかくのごときの三義、不同ありといへども、ともにこれ一向念仏のための所以《ゆえん》なり。初めの義は、即ちこれ廃立《はいりゅう》のために説く。謂《い》はく諸行は廃せしむがために説き、念仏は立せむがために説く。次の義は、即ちこれ助正《じょしょう》のために説く。謂はく念仏の正業《しょうごう》を助けむがために諸行の助業《じょごう》を説く。後の義は即ちこれ傍正《ぼうしょう》のために説く。謂はく念仏・諸行の二門を説くといへども、念仏をもつて正《しょう》とし、諸行をもつて傍《ぼう》とす。故に三輩《さんぱい》通じて皆、念仏と云ふなり。但しこれ

らの三義は、殿最《でんさい》知りがたし。請ふ、もろもろの学者、取捨《しゅしゃ》心《こころ》にあり。今もし善導によらば、初めをもつて正とするのみ。（同前　第四）

この『無量寿経』の文以上に問題なのは、『観無量寿経』の定散二善を讃美した文である。これをなんとか反論しないと、彼の解釈は成り立たない。それで第十二章において、釈迦が阿難に定散の諸行を付属せず、口称念仏のみを付属したという『観無量寿経』の文に、彼の「三部経」解釈の努力がもっとも注がれている。ここは、善導が『観経疏』で「上来《じょうらい》、定散《じょうさん》両門の益を説きたまうといえども、仏の本願に望むれば、意《こころ》、衆生をして一向に専ら弥陀仏の名を称せしむるに在り」という「流通分」の文によって、善導が『観無量寿経』の解釈のどんでん返しを行ったところである。あらためて問う、なぜ「流通分」にいたって定散の余行をもって付属せず、口称念仏だけを付属したのか。

すべからく浅業《せんごう》を捨てて、深業《じんごう》を付属すべし。もし観の浅深によつて嫌うて付属せずは、十三観の中《うち》に浅あり深あり。その浅観《せんかん》といふは日想《にっそう》・水想《すいそう》これなり。その深観《じんかん》とは地観《じかん》より始めて雑想《ぞうそう》観に終るまで、惣《すべ》て十一観これなり。すべからく浅観を捨てて、深観を付属すべし。中について第九観は、これ阿弥陀仏観なり。即ちこれ観仏三昧《かんぶつざんまい》なり。すべからく十二観を捨てて、観仏三昧を付属すべし。

（同前　第十二）

たしかに法然のいうとおり、第九観はまさに観仏のクライマックスである。そこに、仏と行者が一体になった観仏三昧、念仏三昧がある。それを、どうして釈迦は阿難に付属しないのか。

観仏三昧は殊勝の行なりといへども、仏の本願にあらず。故に付属せず。念仏三昧は、これ仏の本願なるが故に、もつてこれを付属す。「望仏本願」と言ふは、双巻経の四十八願の中の第十八の願を指すなり。「一向専称」と言ふは、同経の三輩の中の一向専念を指すなり。本願の義、つぶさに前に弁ずるが如し。

（同前　第十二）

その理由を法然は、観仏三昧はすぐれた行であるが阿弥陀仏の本願ではない、それに対して念仏三昧は阿弥陀仏の本願であるがゆえに、付属したというのである。としたならば、次のような疑問が出ることは当然である。それならば、なぜ釈迦が直接、この本願の念仏のことを説かず、わずらわしく本願ではない定散の二善を説いたのかという疑問である。それに対して法然は答える。本願念仏の行はすでに『無量寿経』に説かれている。だから、あらためて説かなかっただけである。また定散の二善を説いたのは、念仏が余行にすぐれていることをあらわすためである。それはちょうど「法《ほっ》華《け》の三説《さんせつ》」といって、『法華経』以前の経で説かれた説を已説《いせつ》、および『法華経』と同一座において説かれた『無量義経《むりょうぎきょう》』や『普賢観経《ふげんかんぎょう》』の説を今説《こんせつ》、『法華経』以後において説かれた『涅槃経《ねはんぎょう》』の説を当説《とうせつ》というふうに三つの経を釈迦は説いているが、それはもっぱら『法華経』がすぐれていることをあらわすためであり、それと同じように釈迦が念仏とともに定散二善を示したのは、結局、念仏の行が定散二善よりすぐれていることをあらわすためである、と法然はいうのである。

法然は、再三ここで定善の行がすばらしい行であることを述べている。とくに第九の真身観《しんじんかん》の観仏三昧はすばらしい、「この観の利益《りやく》、最も甚深《じんじん》なり」という。しかるに、この真身観をはじめいっさいの定善および散善の行を阿難に付属しなかった、それこそもっとも大事なことであると法然はいう。

まさに知るべし、釈尊の諸行を付属したまはざる所以は、即ちこれ弥陀の本願にあらざるの故なり。また念仏を付属する所以は、即ちこれ弥陀の本願の故なり。今また善導和尚《ぜんどうかしょう》、諸行を廃して念仏に帰せしむる所以は、即ち弥陀の本願たるの上、またこれ釈尊の付属の行なればなり。故に知んぬ、諸行は機にあらず、時を失す。念仏往生は機に当り、時を得たり。感応《かんのう》あに唐捐《とうえん》せむや。まさに知るべし。随他《ずいた》の前には、暫《しばら》く定散の門を開くといへども、随自《ずいじ》の後には、還つて定散の門を閉づ。一たび開いて以後《のち》、永く閉ぢざるは、ただこれ念仏の一門なり。弥陀の本願、釈尊の付属、意《こころ》ここにあり、行者まさに知るべし。

（同前　第十二）

これはまさに、法然が主著『選択集』においてもっとも語りたいことであったであろう。口称念仏こそ阿弥陀の本願であり、また釈迦がそれのみ阿難に付属したことである。それは、諸行は末世において機を失し、念仏往生だけが末世の凡夫に可能な行であるから、このような易行のみを釈迦は阿難に付属したというのである。いったん方便《ほうべん》として釈迦は定散の二門を開いたが、それはできるだけ多くの人を浄土の門に迎え入れるためで、ほんとうの釈迦の心は定散の門を閉じて、やはり念仏の一門に衆生を帰せしめることにあったというのである。

首尾一貫した論理体系をもつ思想書

こうして法然は、「浄土三部経」はすべて口称念仏の行をほめたたえた経典であると解釈するのである。私が「三経」を読み、善導の『観経疏』を読み、法然の「三部経釈」を読み、『選択集』を読んだかぎり、ところどころに解釈の無理を感ぜざるをえなかったが、多少無理な解釈があるにせよ、ここまで首尾一貫した論理体系をもつ新しい浄土教の立教開宗宣言書である『選択集』をよくぞつくった、と考えざるをえなかった。法然の論理追究の粘り強さは驚くべきものがある。彼はこの論理を信じて、そして多少無理な解釈をしてでも、みごとに論理的に首尾一貫した新しい浄土教の聖典である『選択集』をつくった。私はさきに、『無量寿経釈』において法然の理論がほぼできあがったと述べた。そして、その『無量寿経釈』には、法然の悪戦苦闘の思弁の跡があるといった。しかし、この『選択集』は『無量寿経釈』と比べると、論理がいっそう整理されている。論理的に少し曖昧なところは明晰にされ、不要なところはのぞかれている。それは、日本では珍しくすがすがしい、論理的に一貫したむだのない思想書である。そしてその思想は、インドにも中国にもない法然独自の思想である。そのような思想の根底には、彼が信ずる阿弥陀や釈迦の平等な慈悲がある。阿弥陀や釈迦が平等な慈悲をもつ以上は、どうして少数の人間しかできない行を往生の行とするかという強い確信が法然にはある。

『選択集』の終わりに法然は、自分の「三経」の解釈において、どうして数多い浄土教の祖師の中で善導のみを選んだかを語る。それは法然の選択であるが、その選択は客観的に正しいと、彼は経典をあげて証明する。なぜ懐感《えかん》を選ばず善導を選んだか。

懐感は弟子であり善導は師であり、そればかりか善導と懐感には説の違いがあるからである。それならば、なぜ師の道綽を選ばずに弟子の善導を選んだか。それは、道綽が三昧発得の人ではなく善導が三昧発得の人であるからだと法然はいう。その三昧発得の証明を、彼は善導の『観経疏』などで述べる。そして、善導は阿弥陀仏の化身であるという。さきに述べたように、『選択集』制作の途中、法然もまた三昧発得の体験をもった。彼もまた、善導なみの聖者になったのかもしれない。あるいはひょっとしたら、彼は自分に阿弥陀仏がのりうつったと感じたのかもしれない。このような三昧発得の念仏者である法然によって、この『選択集』はつくられた。弟子に手伝わせ、その文章は、すでにつくられていた「三部経釈」などを、そのまま引用したものが多いにせよ、それはこの書の価値を否定するものではない。

『選択集』が名著であることは疑いない。しかし、『選択集』に法然の思想のすべてが盛られていると考えることは誤りである。たとえば、『無量寿経釈』においてくわしく述べられている女人往生の説などが『選択集』にはなく、カットされている。そして悪人往生の説も、『選択集』よりむしろ『観無量寿経釈』においてよりよく語られている。そしてここにはまた、あの二種廻向《にしゆえこう》の説はほとんど出てこず、往相廻向《おうそうえこう》のみが語られている。『選択集』は法然の説の一部がたいへんよく整理されて語られたものであり、それがすっきり整理されていればいるほど、また落ちるものも当然ある。ここで落ちるもの、すなわち『選択集』に語られる法然の表の思想に対して、裏の思想を深く深く思索して、新しい浄土思想体系を立てた弟子がある。それが親鸞である。それで私は、後に親鸞の思想を語り、その親鸞からもう一度、法然の思想を照射してみることにしよう。それによって、『選択集』ではかならずしも語られていない法然の思想が明らかになってくるのではないか。

SHOGAKUKAN BUNKO

最新刊

法然の哀しみ（上）（下）
梅原 猛

一生不犯の聖人といわれる法然は、なぜ凡夫・女人などの庶民を救おうとしたのか。人生に秘められた謎に迫る。

女は三角 男は四角
内館牧子

〝あんたのかわりに言ってやる、浮き世の溜飲下げとくれ〟ますます冴える内館牧子の人気エッセイ待望の文庫化。

［文庫版］メタルカラーの時代7 デジタル維新の一番走者
山根一《かず》眞《ま》

デジカメ・音楽CD・デジタルビデオ・液晶パネル……。景気を牽引する「デジタル家電」、日本発の大技術に迫る！

青春18きっぷで愉しむ鉄道の旅
青春18きっぷ探検隊／編

誰でも使えるの？どれだけお得なの？格安旅行の代名詞「青春18きっぷ」のノウハウをわかりやすく解説。

鍛えてこそ子は伸びる「鬼かあちゃん」のすすめ
金 美齢

子供の成長には「ビタミンNO！」が必要だ。いじめ、受験、就職……涙と笑いの「鬼かあちゃん」奮闘記。

ヌーブラ下着革命
平久保晃世

1年間で40万個！話題のブラジャーを売った会社は、社員数23人の中小企業。45歳女性社長の経営&下着哲学。

SHOGAKUKAN BUNKO

最新刊

〈時代小説版〉「人物日本の歴史」
江戸編（下）
縄田一男／編
江戸後期をいろどる快人物・傑物・大事件を短編小説で読み解く。第四巻は、平岩弓枝、童門冬二らの豪華執筆陣。

天国の本屋 恋火
松久淳＋田中渉
『恋する花火』と『恋するピアノ組曲』が奇跡を起こす。竹内結子主演映画のベストセラー原作待望の文庫化。

蒼い瞳とニュアージュ
松岡圭祐
異色のギャル系カウンセラー、一ノ瀬恵梨香登場。日本を震撼させる手製爆弾テロを阻止せよ。「松岡ワールド」新境地。

逆説の日本史（8）
中世混沌編 室町文化と一揆の謎
井沢元彦
貴族と武士、階級間の軋轢が泥沼化、政治的混乱が頂点をきわめる中、日本歴史上有数の文化が開花した謎に迫る。

ぼくの出会ったアラスカ
星野道夫
野生動物や風景など、壮大な四季の巡りをとらえた写真90点と、友との交流を描いた文章を編んだ〝アラスカ交友録〟。

ル・ディヴォース
パリに恋して
ダイアン・ジョンソン／著
雨海弘美／訳
アメリカ人お気らく娘とフランス人中年紳士がパリで出逢った、モラルとお金とセックスのカルチャー・ギャップ。

小説家になりたい人へ!

第6回募集

小学館文庫小説賞

賞金100万円

【応募規定】

〈資格〉プロ・アマを問いません

〈種目〉未発表のエンターテインメント小説、現代・時代物など・ジャンル不問。(日本語で書かれたもの)

〈枚数〉400字詰200枚から500枚以内

〈締切〉2004年(平成16年)9月末日までにご送付ください。(当日消印有効)

〈選考〉「小学館文庫」編集部および編集長

〈発表〉2005年(平成17年)2月刊の小学館文庫巻末頁で発表します。

〈賞金〉100万円(税込)

【宛先】〒101-8001東京都千代田区一ツ橋2-3-1
「小学館文庫小説賞」係

*400字詰め原稿用紙の右肩を紐、あるいはクリップで綴じ、表紙に題名・住所・氏名・筆名・略歴・電話番号・年齢を書いてください。又、表紙のあとに800字程度の「あらすじ」を添付してください。ワープロで印字したものも可。30字×40行でA4判用紙に縦書きでプリントしてください。フロッピーのみは不可。なお、投稿原稿は返却いたしません。

*応募原稿の返却・選考に関する問合せには一切応じられません。また、二重投稿は選考しません。

*受賞作の出版権、映像化権等は、すべて本社に帰属します。また、当該権利料は賞金に含まれます。

*当選作は、小説の内容、完成度によって、単行本化・文庫化いずれかとし、当選作発表と同時に当選者にお知らせいたします。

本書のプロフィール

本書は、「梅原猛著作集」第十巻『法然の哀しみ』（二〇〇〇年十月小社刊）に加筆・訂正して、上下巻に分冊、文庫化したものである。

シンボルマークは、中国古代・殷代の金石文字です。宝物の代わりであった貝を運ぶ職掌を表わしています。当文庫はこれを、右手に「知識」左手に「勇気」を運ぶ者として図案化しました。

「小学館文庫」の文字づかいについて

- 文字表記については、できる限り原文を尊重しました。
- 口語文については、現代仮名づかいに改めました。
- 文語文については、旧仮名づかいを用いました。
- 常用漢字表外の漢字・音訓も用い、難解な漢字には振り仮名を付けました。
- 極端な当て字、代名詞、副詞、接続詞などのうち、原文を損なうおそれが少ないものは、仮名に改めました。

法然《ほうねん》の哀《かな》しみ（上）（全二冊）

著者　梅原《うめはら》　猛《たけし》

二〇〇四年七月一日　初版第一刷発行

編集人——飯沼年昭
発行人——佐藤正治
発行所——株式会社　小学館
〒一〇一-八〇〇一
東京都千代田区一ツ橋二-三-一
電話　編集〇三-三二三〇-五一四〇
制作〇三-三二三〇-五三三三
販売〇三-五二八一-三五五五
振替　〇〇一八〇-一-二〇〇

©Takeshi Umehara　2004　Printed in Japan
ISBN4-09-405621-1

印刷所——図書印刷株式会社

造本には十分注意しておりますが、万一、落丁・乱丁などの不良品がありましたら、「制作局」あてにお送りください。送料小社負担にてお取り替えいたします。

Ⓡ〈日本複写権センター委託出版物〉
本書の全部または一部を無断で複写（コピー）することは、著作権法上での例外を除き、禁じられています。本書からの複写を希望される場合は、日本複写権センター（☎〇三-三四〇一-二三八二）にご連絡ください。

小学館文庫

この文庫の詳しい内容はインターネットで
24時間ご覧になれます。またネットを通じ
書店あるいは宅急便ですぐご購入できます。
アドレス　URL http://www.shogakukan.co.jp